アンビバレント・ヒップホップ

AMBIVALENT HIPHOP

吉田雅史
a.k.a. MAAHI

ゲンロン叢書｜016

genron

アンビバレント・ヒップホップ

Ambivalent Hiphop

目次

凡例

・引用文中の［　］は引用者による補足を示している。

・本文中の楽曲のリリース年は、媒体を問わず最初に発表された年を記した。注ではその楽曲が最初に収録されたアルバムを記している。そのため本文と注で年号が異なる場合がある。ただし、アルバムに収録されていない楽曲についてはシングル盤の情報を記載している。

・英語詞の和訳は引用者による（別途注記のものを除く）。

はじめに

1

ヒップホップという生き方

ヒップホップとは一体何だろうか。音楽ジャンルとしてのヒップホップを考える以前に、文化としてのヒップホップ、そしてそこで重要視されている理念とは何だろうか。それがなければヒップホップと呼べないものとは。

ほぼ四半世紀のあいだヒップホップのグループで活動しながら、自分がずっと追い求めているのはその答えかもしれない。音楽について文章を書いたり、話をしたりすることになったいまでも、この問いはずっと続いている。

ヒップホップのことを考えながら生きていると、その答えのヒントとなりそうな場面は、たまにやってくる。

たとえば、ビートメイカーとしてともに曲作りをしてきたラッパーたちのなかで、OMSBという人物は、わたしにとってヒップホップを体現した存在のひとりと言える。彼の作るビート、彼のラップのリリック、フロウ、DJでの選曲といった作品に表れるスタイルから、仕事の選び方にいたるまで、それらのすべてが、彼独自の美学に貫かれており、「ヒップホップ」としか言いようがないのだ。

それをセンスと呼ぶ人もいるかもしれない。しかしそれは決して先天的なものだけでなく、人生を賭けてヒップホップという文化をどれだけ愛し、リスペクトしてきたかが反映される、後天的なバロメーターでもあるはずだ。

ＯＭＳＢはアメリカ人の父親を持ち、父親の国で生まれたヒップホップという文化を愛している。しかし幼少時の両親の離婚により離れ離れとなったその父親に対してはアンビバレントな感情を持っており――それはたとえばＥＰ『喜哀』に収録の「Blood」（二〇一三）で開陳されている――、結果的に彼は父親の母語である英語ではなく、日本語でラップをするに至る。そのある意味でねじれた状況が、最終的には、彼のオリジナルなスタイルに結実することとなる。

穏やかな物腰と愛嬌満点の笑顔が印象的な人当たりの良い彼は、ひとたびヒップホップのこととなると決してブレない、頑固なまでに譲らない美学を持ち――かつてＲＨＹＭＥＳＴＥＲが「Ｂ－ＢＯＹイズム」（一九九八）で「決して譲れないぜこの美学」と歌ったように――、特にアンダーグラウンドなヒップホップに造詣が深く、会話をすればいつもその話題で軽く数時間はあっという間に過ぎてしまう。誤解を恐れず言えば「ヒップホップ馬鹿」という褒め言葉が実に似合う人物。さらには（わたしの方がいくつも年上のはずなのに）わたしのラッパーとして、またビートメイカーとしてのあり方といった個人的な悩みにも度々相談に乗ってくれる懐の深さを持ち合わせている。

彼と一緒に作った「Justify Myself」という曲がある。自分自身の行為を正当化する、というタイトルだ。彼はフックで「挫折を嗜み／風に吹かれ赤くなる果実／多分、今が最高のとき」と歌う。二〇二一年の曲だが、この時期のOMSBは様々な事情から苦境に立たされていた。二〇一五年に傑作『Think Good』をリリースしてから、ソロ音源としてはブランクが空いていた。

彼にとって、ヒップホップ以外の仕事で生きていくことは考えられなかった。しかし一方で、ヒップホップを生業にして家族を養っていくのはもちろん簡単なことではない。それでもコンスタントに作品をリリースし、過去の自分を次々に超えていかなければならない。だがそのような「挫折」と表現できる自身の状況を、「嗜む」という前向きな言葉で受け止め、対峙する。その状況こそが「最高のとき」なのだと言い放つ。ここにわたしは、ボースティング（誇張）や価値転倒を武器に、抑圧や苦境と向き合う、ラッパーの姿を見ていた。

このラインを聴くたびに当時を思い出す。OMSBが置かれていた切実な状況と、その後リリースした傑作『ALONE』（二〇二二）によって彼がその苦境を乗り超えていったことを。そして背筋が伸びる思いで、自分がヒップホップという偉大な文化に力を貰っていることを実感する。

ヒップホップを通して出会ったのは、人としての生き方や考え方をリスペクトできる同志や先人たちだった。わたしはヒップホップと出会っていない人生を想像することができないが、彼らもきっとそうに違いない。彼らは自身のオリジナリティを重要視し、長年の研鑽で獲得したスタイルに信念を持っている。そして逆境を跳ね返しながらも、現状に決して満足することなくその研鑽を続ける。おそらく人生を賭けて。

自分がリスペクトする者たちのそのようなヒップホップ観に向き合いながら、日々自らの姿勢を確認する。そして、もっとまっすぐに背筋を伸ばさなければならないと反省する。そう、ヒップホップとは、単なる音楽ジャンルの名称ではなく、まともに向き合うと「背筋が伸びる」ような生き方のことに違いない。[※1]

2

なぜヒップホップについて考えるのか

わたしはこの文章を、個人的な体験から書き始めた。だがここでヒップホップ——とりわけ日本語で歌われる「日本語ラップ」——について語るのは、なにも私的な思い入れを披露するためではない。ヒップホップとは一体何だろうか。それは日本語でこの文章を読んでいる、あなたに関わる問いである。そう思っているからだ。

たとえば、ヒップホップはアメリカ、日本にかかわらず若者を中心に盛り上がってきた文化だ。ラッパーたちは自分の身の周りの事象をリリックで表現する。それは日記のようでもあり、エッセイのようでもあり、SNSの投稿のようでもある。

※1 レジェンドMCのひとりであるKRS・ワンは、「ヒップホップは〝生きる〟ものなのである」と定義している。KRS-ONE『サイエンス・オブ・ラップ』、石山淳訳、ブルース・インターアクションズ、1997年、20頁。

だから当然、わたしたちが生きている世界の様々な状況を映し出す。
その他の多くの芸術作品と比べて特筆されるのは、ヒップホップが「リアル」かどうかをひとつの争点としている点だ。

いまやその誕生から五〇年が経過したヒップホップは、キッズからベテランまで、多くのプレイヤーとファンを抱える大きなコミュニティを形成している。だから様々な価値観が、歌われている内容やサウンドと、ときに共鳴し合い、ときにぶつかり合う。

ラップにおいては、日本語英語を問わず、そのとき流通している言葉遣いやスラングを交えた言語の、いわば現在進行形の姿が浮き彫りになる。たとえば日本語ラップにおいては、黎明期の一九八〇年代から現在にいたるまで、時代と共に日本語が変化していく様が反映されているし、歌われる対象の変遷も示されている。つまり日本語ラップには、日本語の面白さや多様性が凝縮されている。だからこそこのジャンルは、日本語の表現の可能性を拡大し続けるものと言えるだろう。

また、サウンド面に目を向ければ、ヒップホップのビートは、他のダンスミュージックのジャンルと共鳴しながら、時代の先端を形作っている。アメリカでは二〇一八年にはロックを抜いて最も聴かれている音楽ジャンルとなった。もう新しい音楽は誕生しないと言われるなか、その言葉をよそにサブジャンルを更新し続けるヒップホップは、常に皆がフォローする最新のモードと個別の作家の独創性の交配によって前進していく面白さがある。[※2]

人々はなぜヒップホップで踊るのか。ラップのリリックにおける言葉の意味と、人々がダ

※2　"For the first time in history, hip-hop has surpassed rock to become the most popular music genre, according to Nielsen," *BUSINESS INSIDER*, 2018. URL=https://www.businessinsider.com/hip-hop-passes-rock-most-popular-music-genre-nielsen-2018-1
　また音楽ストリーミングサービスのSpotifyは、2023年には世界全体のストリーム数の約4分の1がヒップホップであり、世界中で最も聴かれるジャンルのひとつだと指摘している。URL=https://newsroom.spotify.com/2023-08-10/hip-hop-50-murals-new-york-atlanta-miami-los-angeles/

ンスするためのリズムは、両立するものなのだろうか。こと日本語においてはどうなのか。

ヒップホップは、一九七〇年代のニューヨークのアフロアメリカンやラティーノのコミュニティから生まれた。この文化は一九八三年に公開された映画『ワイルド・スタイル』に牽引されるようにして日本に上陸し、この国でもその四大要素であるＤＪイング、ＭＣイング（ラップ）、ブレイキング（ブレイクダンス）、グラフィティがそれぞれに探求されていくことになる。とりわけラップは、言語の違いという巨大なギャップだけでなく、日本でどんな内容のラップをするか、そこには果たしてニューヨークのゲットーで生まれたヒップホップのオーセンティシティ（真正性）が担保されるのか、という困難な問いと向き合うことになった。

だから日本における先人たちは、アメリカからやって来たスタイルに則りつつ、同時にオリジナリティを生み出さなければならない、という極めてアンビバレントな課題を抱きながら、道を探ってきた。そして現在でも、日本語を用いることでしか生まれないであろうスタイルの探求は続いている。

日本語ラップの黎明期である一九八〇年代と比較すると、近年日本においては「洋楽離れ」が囁かれ、特に欧米の音楽への見方が変わってきていると言われている。[※3] だがことヒップホップに関して言えば、当時もいまも、いわば「アメリカの影」を意識しないわけにはいかないはずだ。ラップのリリックには「いまここ」が映し出され、否応なしにある種の政治性が反映される。日本語ラップの立ち位置自体が、アメリカと日本のアンビバレン

※3　「洋楽離れ止まらぬ日本　薄れる欧米への憧れ、国籍意識せず」、日本経済新聞（ウェブ版）、２０２４年３月４日。URL=https://www.nikkei.com/article/DGKKZO78940470T00C24A3TL7000/

トな関係性を映し出してしまっている。要するに「日本語ラップ」のあり方とは、アメリカの強い影響下にありながら近代国家としてオーセンティシティを保たなければならないという、戦後日本のアンビバレンスの相似形なのだ。そしてそれはアメリカでヒップホップが誕生し、いまでも常に最新のモードを生み出し続けていることと関係している。

だから日本でヒップホップについて考えることは、このグローバルな時代に、ある場所や時代にルーツを持つ文化・芸術を、どのように受容し、ローカライズするかを考えることでもある。そのときそこに立ち現れるオリジナリティとは、一体何だろうか。もとより言語表現やサウンド表現において、オリジナリティを持つとは、一体どういうことなのだろうか。

わたしたちは、いまの時代に、自分の持っているものをどのように見つめ直し、誇って、生きていくのか。ヒップホップとは、そのヒントとなる文化にほかならない。

3 ヒップホップの黄金期

ではそもそも、ヒップホップとはどんな文化なのだろう。

本書では、ラップ（言語）とビート（音楽）のスタイルそれぞれを取り扱っていく。ここではそれらの議論の前提として、ヒップホップの歴史を、スタイルの変遷を中心にごく簡単に見ておこう。

一九七三年八月一一日が、ヒップホップの誕生日と言われている。ニューヨークのブロンクスで、ＤＪクール・ハークが妹のために多目的スペースで開催したパーティ。曲のなかの間奏部分（ブレイク）で、観客が盛り上がることに気づいていた彼は、二台のターンテーブルを用いて、間奏部だけをつなげる「メリーゴーラウンド」と名付けられた技を編み出す。やがてこれが進化し、曲のなかの任意の部分がループされ続けることになった。そこで鳴り響くドラムのパートの反復は、「ブレイクビーツ」と名付けられた。

こうして、ニューヨークのアフロアメリカンとラティーノのコミュニティからヒップホップは生まれ、育っていく。やがてＤＪたちはプレイを盛り上げるためにマイクを握ってオーディエンスを煽るようになり、その役割を専門とする者たちが登場し、ＭＣと呼ばれるようになる。その煽りの文言はひと塊のフレーズとなり、やがてひとつの曲のような形をなす。それを録音するために急ごしらえのスタジオバンドがバックトラックを演奏し、最初期の楽曲のひとつ「Rapper's Delight」(一九七九)が生まれる。

　さらに一九八〇年代に入りドラムマシンが利用されるようになると、こぞってこれを用いた楽曲が制作され、それまでのパーティ音楽の雰囲気とは異なる攻撃的な内容の楽曲が生み出されていく。自らの存在とスキルを誇り=ボースティングし、他のラッパーたちをディスる。それがラッパーと楽曲のスタンスのひとつの軸となっていく。もとより、ヒップホップの四大要素——ＤＪイング、ＭＣイング(ラップ)、ブレイキング(ブレイクダンス)、グラフィティ——にはコンペティションの思想が通底している。たとえば二〇二四年にパリオリンピックの種目となった「ブレイキン」において、選手たちがオリジナリティのあるスキルフルなブレイクダンスの技を競い合う様は記憶に新しいが、これは黎明期から引き継がれているバトルの形だ。あるいはグラフィティライター同士がオリジナルなスタイルを誰よりも目立つ場所に描き誇示するもまた競争だった。

　クール・ハークをはじめ、アフリカ・バンバータ、グランドマスター・フラッシュといった黎明期のＤＪたちは、スキルや選曲、サウンドシステムの凄さで自分のパーティが一番であることを誇り、そこにＭＣたちが加わり、バトルは加速していった。

　こうして、パーティを盛り上げるための「パーティラップ」から「バトル・ラップ」の系譜が生じ、さらにその流れの延長で、ラップがなにを歌っているかによって、いくつものサブジャンルが生まれていく。一九八二年のグランドマスター・フラッシュ&フューリアス・ファイブの「The Message」を代表に、彼らの置かれている環境や社会状況をリアルに描く楽曲が登場する。たとえばMCのKRS・ワンは、ストリートに蔓延る暴力を描きながらも、ブラックコミュニティ内の暴力の連鎖を断ち切ろうと「Stop The Violence」運動を立ち上げたし、パブリック・エナミーはラップの役割を「ブラックアメリカのCNN」なのだと位置づけ、彼らの抑圧された社会状況を歌った。これらの政治的なメッセージをリスナーに投げかけるラップは、「コンシャス・ラップ」あるいは「ポリティカル・ラップ」と呼ばれるようになる。

これらと並行するようにして一九八〇年代後半から、アイス・キューブやドクター・ドレを擁するN.W.Aをはじめとする「ギャングスタ・ラップ」の存在感が西海岸を中心に大きくなっていく。こうしたラッパーたちの興隆は、実際の経験にせよ伝聞にせよ、否応なしにギャングと関わらざるをえないフッド＝地域環境があることをそのまま映し出している。その意味では先述の「The Message」同様にリアリティが歌われるのだが、犯罪や暴力をリアルに肯定的に描くことから、しばしばコンシャス・ラップとは対照的に語られる。

この一九八〇年代後半から一九九〇年代前半は、ヒップホップの黄金期と呼ばれる。この時期は、マーリー・マール、DJプレミア、ピート・ロック、RZAといったビートメイカーたちが大活躍する時期だ。

ビートメイカーとは文字通り、ドラムマシンやサンプラーといった機材（後にはPCと音楽編集ソフトウェア〈DAW　Digital Audio Workstation〉）を用いて、ビートを制作する者のことだ。サンプラーは既存の楽曲の任意の部分をサンプリング＝抽出して繰り返し再生できる機材で、一九八〇年代終盤に登場した。最初はマシンの限界からごく短い音にしか使えなかったが、一九九〇年代にかけて一、二小節程度のフレーズのサンプリングが可能となり、複数のフレーズをループさせ重ねるというビートメイキングの手法が普及していく。

　こうして生まれたヒップホップ黄金期のニューヨークのビートは、事後的に「ブーンバップ」――「ブーン」がキックドラム、「バップ」がスネアやクラップのサウンドを指す――と呼ばれるようになる。

　ビート（＝トラック）の基本的構造はシンプルだ。リズムを刻むブレイクビーツ＝ドラムのパターン（主にキック、スネア、ハイハットから成る）が、小節単位で反復される。これはベースとあわせて、ビートのリズムを支える下部構造となる。そのうえに、サンプリングされたフレーズ（鍵盤や弦楽器などのフレーズやコードなど）が、これも反復的に再生される。本書ではこれを「ウワネタ」と呼ぶ。

　サンプラーを用いた制作の場合、基底を成すドラムパターンは、一定の長さのドラム演奏をそのままサンプリングした音源の場合もあるし、それらをキック、スネア、ハットのような各パートに切り刻み＝チョップし、再構築する（打ち込む）場合もある。ドラムのブレイクビーツをループさせ、あるいは打ち込み、そこにウワネタやベースラインをループさせ組み合わせて楽曲のビートを制作するわけだ。

　サンプリングのソース＝ネタは、当初はファンクやソウル、R&Bが基本だったが、パブリック・エナミーのサウンドチームであるボム・スクワッドがノイジーなサウンドをサンプリングして攻撃的なビートを構築したり、ア・トライブ・コールド・クエストやギャングスターといったグループがジャズネタを使用したりと、一九九〇年代前半にかけて多様なビートが生まれるようになる。

するとアルバムも、それまで一般的だったひとりのプロデューサーが一枚のアルバムをプロデュースする形式ではなく、複数のビートメイカーたちが一枚のアルバムを作り上げる形が散見されるようになっていく。歴史的名盤とされるナズ『Illmatic』（一九九四）はその制作手法を象徴する一枚だ。このアルバムでは、クラック（コカイン）が蔓延し、ドラッグディーラー＝ハスラーたちが闊歩するフッドやコミュニティを背景にしたストリートの現実がスキルフルに描かれる。

ナズのしばしば文学的とも評されるリリックと高度な押韻やフロウが、ビートメイカーたちの渾身のビートと融合し、まさにクラシックと言うべきアルバムに結実する。黄金期と呼ばれるだけあって、この時期にはこうした作品が次々と誕生する。

ビートメイカーは、実際には自分のビートをラッパーに提供するだけであっても、「プロデューサー」としてクレジットされることがままある。一方で、直接機材を触ってビートを作らずとも、ネタやサウンドの指示を出して楽曲を形にするスタイルのプロデューサーも存在する。その代表例であるドクター・ドレは、一九九〇年代にスヌープ・ドッグらと共に、生演奏を取り入れたGファンクというスタイルを牽引し、サンプリングだけではなく生楽器も用いた豊かな音楽性でギャングスタ・ラップの言葉を彩る手法を確立していく。

4 ローカライズからトラップへ

こうして黄金期を迎えたヒップホップだが、一九九〇年代後半にはますますマーケットが拡大することから、商業主義的な＝セルアウトしたヒップホップへのカウンター的な動きも目立つようになる。東のリリシスト・ラウンジ、西のプロジェクト・ブロウドといったイベント周辺で実力派の個性的なアーティストが次々と現れ、東のロウカス、西のストーンズ・スロウといったインディペンデントレーベルから次々と革新的な作品がリリースされていく。さらに二〇〇〇年代には、フライング・ロータスなど個性的なビートメイカーたちが輩出されるなど、インスト作品中心のＬＡビートが注目されるなど非常に多様なヒップホップシーンが盛り上がっていく。

こうした広がりは、ニューヨークで生まれたヒップホップが各地方に飛び火していく過程として見ることもできるだろう。一九八〇年代終盤にはすでにその傾向が見られたが、一九九〇年代にはそれがより強く表れ、おおざっぱに東のニューヨーク、西のLAに南のアトランタやニューオリンズ、ヴァージニア等が加わり、ヒップホップは巨大化の一途を辿る。一九八〇－九〇年代の「マイアミ・ベース」や「メンフィス・ラップ」、二〇一〇年代には「シカゴ・ドリル」「ブルックリン・ドリル」など、地域の名を冠するサブジャンルもまた、時代ごとに興隆していく。

特に南部の勢いは著しく、「ダーティ・サウス」とも呼ばれる南部のヒップホップが、先述のブーンバップ（ニューヨーク中心）、Gファンク（LA中心）と並んでメジャーな存在となる。その過程で、ヒップホップを象徴するサウンドも更新されていく。

なかでも東部のヴァージニア州では、ティンバランドやネプチューンズといったビートメイカーたちが、サンプリングに依拠せず、シンセサイザーの音源でドラムやウワモノを組み上げる「キーボードビーツ」とも呼ばれるスタイルを築いた。KORG社などから発売されたオールインワンシンセサイザーが可能にしたそのサウンドは、バウンスという語で形容されるダンサブルなリズムに重心を置いたもので、特にサウスで受容されていく。

そしてそのサウンドの延長線上で、二〇〇〇年代から二〇一〇年代にかけて、「トラップ」と呼ばれるスタイルが生まれる。南部では一九八〇年代からの一九九〇年代にも、「マイアミ・ベース」「クランク」といったサブジャンルがそれぞれ生まれていた。だがアトランタから生まれたトラップは、それらとは一線を画する大きな人気を博し、数々のヒット曲が生まれることになる。

そのサウンドはブーンバップとは全く異なるものだ。トラップの多くはRoland社のドラムマシンＴＲ－８０８の電子音的なドラムに、同機のサブベース＝超重低音を効かせたリズムを基調にしている。ウワネタはブラスやストリングスといった楽器音から抽象的なシンセ音まで様々だが、いずれの場合も一定の間を持った、あえて言えば「スカスカ」の作りになっている。テンポはブーンバップより遅いが、それゆえむしろダンスフロアでは倍のテンポで飛び跳ねるようにノルこともできる。これもまた重要なポイントだ。ラップも対応するように、言葉の意味よりも響きのインパクトやリズムに重きを置くスタイルが主流となっていく。

誰もが身体を揺らせるリズムとサウンドゆえに、トラップのビートは大きなポピュラリティを獲得し、ヒップホップの各ジャンル間の勢力図を大きく塗り替えることになった。

ニューヨークで生まれたブーンバップが、アメリカ各地に広がるとともに系統樹的にサブジャンルを生んでいき、なかでも二〇〇〇年代以降は南部での盛り上がりを端緒にトラップのようなジャンルが隆盛した——最もおおざっぱなヒップホップのスタイルの変遷として、そのように言うことができるだろう。[※4]

※4　本書がリリースされる2020年代にはトラップの興隆は落ち着いているが、本書ではブーンバップとトラップを、制作方法の違い、テンポとノリの違い、そしてドラムのリズムの違いなどから、対照的なものとして位置づける。

5

リアルとアートのアンビバレンス

このようにしてヒップホップのスタイルは変わっていくのだが、一方で変わらないものもあるように思える。ラッパーはいつも「リアル」を歌うという点だ。トラップという名称が、ドラッグの製造・取引所である「トラップハウス」からきていることからも分かる通り、二〇一〇年代のヒップホップのリリックで歌われる世界も、基本的には一九九〇年代当初のギャングスタ・ラップが描いたストリートの現実と連続性があると言っていいだろう。

具体的に見てみよう。トラップを代表するグループのひとつであるミーゴスによる二〇一六年のヒット曲「Bad and Boujee」は次のように始まる。

Raindrop (Drip), drop-top (Drop-top)
雨粒（のような宝石）　オープンカー
Smokin' on cookie in the hotbox (Cookie)
盗んだ車で葉っぱを吸う
Fuckin' on your bi**h, she a thot, thot (Thot)

お前の女とヤッテる　尻軽女め
Cookin' up dope in the crockpot (Pot)
クロックポットでヤクを仕込む※5

金、宝石、車、大麻、ドラッグ、女性。そしてこの直後には、銃やギャングに言及するラインが続く。パーカッシブでリズム重視のラップに先導されるこの冒頭部は、現在に至るまでヒップホップがまとっているイメージを、過不足なく映し出しているように見える。そしてそれはそのまま、この音楽が批判される所以となっている。曰く、男性中心主義で暴力的、享楽的で拝金主義に陥っているこの音楽は、ポジティヴなものを何も生み出さない。退廃的なリリックが反復的に垂れ流されているだけだ、と。

確かに単なるテクストとしてこのリリックを目にしただけなら、そのような判断を下さざるをえないかもしれない。一部の楽曲のリリックやラッパーの言動に、受け入れ難いものがあるのも確かだ。わたし自身もその点、ヒップホップに愛憎入り混じった視線を送らざるをえない。

だが一方で、ヒップホップにおいては、すべては「リアル」であることが求められる。ヒップホップはなにより、独特の美学に沿って、言葉とサウンド、そしてヴィジュアルでリアルを生み出す芸術《アート》=技法だ。同時にヒップホップは、否応なしにリアルを映し出して

※5　Migos, "Bad and Boujee," *Culture*, Quality Control Music, 2017. 以下、特にことわりのない場合引用はApple Music配信のリリックより。

しまうある種のドキュメンタリーでもある。

では、そこで求められるリアルとは何だろうか。

ミーゴスの詞に映し出されるのは、わたしたちが囚われている資本主義の容赦のなさと相似形のリアリティだ。批評家のマーク・フィッシャーはわたしたちの置かれている「資本主義リアリズム」的状況について同名の著書で論じている。そこで彼は、音楽ジャーナリストのサイモン・レイノルズがヒップホップの関連語として定義した、「リアル」が持つふたつの意味に着目する。サイモンは一九九六年に雑誌『The Wire』で次のように「リアル」を定義している。


まず一つ目は、妥協のない、オーセンティックな音楽、つまり、音楽産業の側についたり、または様々な層に届くために、自分のメッセージを曲げたりするようなことを拒否した音楽のことだ。それと同時に、「リアル」という言葉には、この音楽が後期資本主義経済の不安定さ、制度的な人種差別、そして警察による若者の監視とハラスメントの増加を伴う「リアリティ」を反映している、という意味もある。[※6]

ひとつめは、誰にも共感されずとも自分にしか書けないリリックを歌うことで、あくまでも自身を貫く、という意味においての「リアル」だ。そしてふたつめは、ヒップホップが否応なしに現実を映し出してしまうという意味での「リアル」だ。ヒップホップは、リ

※6　マーク・フィッシャー『資本主義リアリズム』、セバスチャン・ブロイ、河南瑠莉訳、堀之内出版、2018年、29-30頁。

アルな自己の表出であると同時に、リアルな社会状況を映し出す鏡だ。しかし、とフィッシャーは言う。いまや「自分のメッセージ」は、社会状況に吸収されてしまった。オーセンティシティをまとったメッセージ自体が高い市場価値を持ち、後期資本主義経済の「リアル」に呑み込まれてしまっているからだ。フィッシャーは続けて次のように指摘する。

『スカーフェイス』や『ゴッドファーザー』、『レザボア・ドッグス』、『グッドフェローズ』、そして『パルプ・フィクション』といったギャングスタ映画とヒップホップの類似点は、それらが世界に対する感傷的な幻惑を破壊し、その「生の姿」をとらえたという主張にある。その世界はホッブズ的な「万人の万人に対する戦い」、果てしない搾取と犯罪で成り立つシステムである。レイノルズが述べるように、ヒップホップにおいて「『リアルになる』〔to get real〕ということばは、食うか食われるかという勝ち負けの世界で、ほとんどの人が負け組になるという自然状態を直視することを意味する」[※7]。

フィッシャーはここで、ヒップホップの「リアル」とは「ほとんどの人が負け組になるという自然状態」に直面することだというレイノルズの指摘に賛同している。だがわたしの考えでは、ミーゴスのリリックが誇示していたような露悪的なリアリティは、過酷な現実＝「自然状態」の写し鏡には留まらない。ラッパーたちは「勝ち負けの世界」でのし上

※7　同書、31-32頁。

がることを動力源として、時として「フィクション」を用いるからだ。彼らは自らの生きる苛烈な世界を描くうえで、ボースティング＝「盛ること」によって、そこに現実以上の価値付けを図り、あるいは現実の価値転倒をもたらす。

その意味で、ヒップホップとは何重にもアンビバレントな存在である。それは「リアル」であるために「フィクション」を必要とする。同時にそのあり方自体が、「食うか食われるか」のためならなんでもありという、「勝ち負けの世界」のリアリティを映し出してもいる。

だからラップの言葉を字義通り捉えることは、様々な意味で危険を伴うかもしれない。しかしフィッシャーが『資本主義リアリズム』で主張するような、資本主義の制度外にある社会を想像することすらできない状況にわたしたちが生きているのだとすれば、その資本主義を最も体現した音楽であるヒップホップを通して、わたしたちにとっての「リアル」という概念を、アップデートすることができるのではないか。そしてひいては、言葉そのものが持ってしまう現実と虚構のアンビバレンスと、わたしたちが共にどのように生きていくかを考えることができるのではないか。それこそが、本書の試みだ。

しかしもちろん、ヒップホップは最初から資本主義と結びついていたわけではない。黎明期のヒップホップの現場では、それが富を生み出すことさえ想像されていなかった。DJやMC、B‐BOY（ブレイクダンサー）やグラフィティライターたちは、単に自身のオリジナルなスタイルで、誰よりも勝るパフォーマンスをすることだけを望んでいた。

だから一九七九年にヒップホップがレコードとなってパーティの現場を離れ、コミュニティの外の世界へ流通して富を生むことが分かった時点で、「ヒップホップは死んだ」と考える者もいた。したがって本書では最新の潮流を紹介するだけではなく、過去の作品を含めてヒップホップが、とりわけラッパーやビートメイカーたちの営為がなにを映してきたのかを見ていくことになる。

それにあたっては、日本語ラップの黎明期にも注目することになる。一九七〇年代にニューヨークのアフロアメリカンやラティーノのコミュニティから生まれたヒップホップ文化に衝撃を受けた先人、どうやったら自分たちのやり方で、それを立ち上げることができるのかに直面した。単なる模倣では、ヒップホップ的とは言えない。そこにはオリジナリティがなければならないのだった。

資本主義の世界で勝ち上がるためにリアルを誇張しなければならないというねじれ、日本独自のヒップホップを追求するためにアメリカのそれを参照し続けねばならないという日本語ラップのねじれは、「アンビバレント」という語によって共鳴し合うだろう。それゆえこの時代に、日本でヒップホップについて、あるいは日本語ラップについて考えてみることは、意義のある営為のはずだ。だから、本書は「アンビバレント・ヒップホップ」と名付けられている。

6 本書の流れ

序章を閉じるにあたり、本書の大きな流れについて見ておこう。

ここまで見てきたとおり、ヒップホップの特徴はリアリティを持つ表現にあるとわたしは考えている。ラッパーは、意識的にせよ、無意識的にせよ、自己の言動や作品の中に立ち現れるリアリティと対峙し、それと共棲しなければならない。特にSNSが発達した昨今においては、多くの人々の注目を集めれば集めるほど、ラッパーとしての虚像と個人としての現実との二重性について考える必要が出てくる。第一章では、ラッパーがなにを歌っているのかを見ながら、現代における「リアル」について考える。

第二章は、主に日本に焦点を絞る。ヒップホップは一九七〇年代のニューヨークで生まれたが、日本語で書かれる本書にとって、同じく日本語で書かれる「日本語ラップ」が切り開いてきた世界は避けて通れない。特定の地域で特定の背景を背負って生まれてきた文化の、表面的なスタイルだけを輸入したところで、それを自分のものとすることにはならない。だから「日本のヒップホップ」という文化にとって、独自の「オーセンティシティ」を獲得することは急務だった。それは結局のところ、日本語ラップはどのようなリアリティを持ちうるのか、という問いでもある。この章では日本語ラップ黎明期における先人たちの格闘を追ってみたい。その闘いは常に「アメリカの影」との距離感をいかに保つかに象徴されることになる。

そして第三章ではラップの「フロウ」に注目し、特に日本語ラップのリズムや言葉の置き方という、表現面の進化に踏み込んでいく。オーセンティシティが求められるのはなにもリリックの内容だけではない。日本語で格好良く聞こえるラップを可能にすることが、黎明期における大きな課題だった。日本語と英語は根本的に大きく異なる言語なのだから、日本語でラップすることなど不可能だ、という声が大きい時代も確かにあった。そこから「日本語ラップ」が確立されるまでに取ってきたアプローチの進化を、具体的な作品を見ながら辿りつつ、日本語で歌われるラップの表現上の特性に迫る。

そして日本語英語を問わず、ラップがオーセンティシティを獲得するうえで重要な役割を果たしたものとして「風景」がある。ラッパーのリリックや言動の支持体となるストリートやフッド、パーティの風景こそが、リアルを担保するからだ。それはリリックのみならず、MVの中にも映り込む。第四章ではリリック、MVの両面から、ラッパーたちと共にある「風景」について考える。

そしてもちろん、ヒップホップはなによりダンスミュージック＝音楽である。第五章ではラッパーの声による演奏＝フロウを支える「ビート」を分析する。サンプリングや反復、テクノロジーといった鍵概念に着目しつつ、ヒップホップをサウンドとリズムの側面から考えていく。パーティの現場から誕生したヒップホップは、ブレイクビーツを反復し、サンプリングによって引用や文脈を作り出す。それは幾重にも反復をベースとした音楽だが、そのことはリアルであることとどう関わるのか。その楽曲の進化をけん引する機材＝テクノロジーについてもビートの進化とともに考察する。

そして終章となる第六章では、アメリカで生まれたヒップホップがグローバルなものとなっている現在において、改めて「日本語ラップ」の立ち位置とその可能性について考察する。二〇一〇年代以後のアメリカのヒップホップの潮流を踏まえた上で、DJ KRUSHとJinmenusagi、Tohjiに Lootaとブロディンスキ、そして舐達麻という三組の作品を取り上げ、日本語ラップならではのオリジナリティの形を見ていく。

長くなったが前置きはここまでだ。まずは、ヒップホップにおいてリアルとは、どのような形で歌われるのだろうか。議論を始めよう。

第1章

リアル

Real

1 ボースティングという名の構え

ヒップホップ黎明期、ラップは脇役だった。元来MCイングと呼ばれたそれは、主役のDJのプレイを盛り上げるための「煽り」のようなものだった。

Throw your hands in the air
両手を宙に上げろ
And wave 'em like you just don't care[※1]
そしてなりふり構わず振り回せ

その煽りはたとえばこの二行のようにしだいに覚えやすい決めフレーズ（パンチライン）となっていき、DJたちは、ライバルより自分のプレイを盛り上げるために、よりスキルフルな韻を踏むMCたちを必要とした。

そうしてMCたちの間でもバトルが始まる。それらのライムの断片はひとつのヴァースにまとめられ、パーティを盛り上げる持ちネタに、そして曲という単位の作品になる。やがて録音されレコードとなり現場だけのものではなくなることで、アウラを失って商業化

※1　これは現場で広く用いられた表現で、たとえば以下の音源の冒頭部でも使用されている。Rock Master Scott & the Dynamic Three, "The Roof Is on Fire." Reality Records, 1984.

されていく。先述の通りヒップホップの黎明期を知る者たちのなかには、この時点で「ヒップホップは死んだ」と言う者もいた。

その発言に反するように、MCたちのラップは単なるパーティを盛り上げるための手段から、ひとつのアートへと昇華されていく。リリックの内容でジャンル分けすることの無粋は承知で、多様化するヴァースをいくつかの典型に分類することは可能だ。

たとえばポール・エドワーズは『HOW TO RAP』(二〇〇九)で、次の五つの分類を採用している。[※2] もちろんこれらは相互に排他的ではなく、クラシックとされるリリックは複数の属性を併せ持つ。

①ほら吹き/バトルの形態
②コンセプチュアルな形態
③物語の形態
④抽象的な形態
⑤ユーモラスな形態

ラップのリリックにおける基本的な構えは①だと言っていい。それはヒップホップ黎明期にDJが主催するパーティを盛り上げるために求められたスタイルだった。ライバルのDJとMCたちに対して、より洗練されたライムで自分たちの優位性を誇る必要があった。

※2 ポール・エドワーズ『HOW TO RAP――104人のラッパーが教えるラップの神髄』、池城美菜子訳、Pヴァイン・ブックス、2011年(原書は2009年)。原文を参照し一部訳を変更。

さらにはヒップホップが商業的になるにつれてエンターテインメント性も備えたラッパー同士のディスり合いは注目を集め、自分が一番だと誇り、それを楽曲で証明するコンペティションの要素がヒップホップというゲームを一層巨大化させていく。ポールは「自慢やほら話」がリリックにおいては常に重要な位置を占めており、「それ自体がアートフォームのひとつである」ことを指摘している。つまり想像力を駆使した自慢話をスキルフルなライムやリズミカルなフロウを用いて提示することに、ラッパーたちの情熱が注ぎ込まれ、大きなコンペティションの渦を描きながらラップ史は進化していく。その原動力となるのが自慢話＝自分語りなのだ。

「自慢やほら話」と聞くとネガティヴな印象を受けるかもしれないが、これらにはもっと本質的な意義がある。

一九八〇年代にホームレスのような生活からヒップホップ界の「ティーチャー」と呼ばれるラッパーに上り詰めたＫＲＳ・ワンは、著書で次のように指摘している。

　ヒップホップとは、アメリカの抑圧された若者が、自分には価値がある、日々生きているのだと実感するためのサヴァイヴァル・ツールである。ヒップホップは、インナー・シティの若きアフリカ人たちが、自分たちの心のあり方、考え方を正確に形にして表現する手段を見いだせなくなった時に創造された。つまり、ヒップホップは抑圧された創造力による心の活動なのだ。[※3]

※3　KRS-ONE『サイエンス・オブ・ラップ』、20頁。

ここで前提となっているのは、あくまでも一九七〇年代にブロンクスのアフリカンアメリカンたちが中心となって形作っていったヒップホップという文化だ。DJイング、MCイング、ブレイキング、グラフィティの四大要素からなるヒップホップも、ひいては音楽ジャンルのひとつを指すヒップホップも、彼らが発展させてきたものだ。制度的差別にさらされ、貧困に喘ぐ人々のコミュニティからヒップホップは生まれた。以来、どんなに商業的に成功し、多くのポップミュージックにヒップホップからの影響が見て取れる時代になっても、コアにあるのは抑圧された者による「サヴァイヴァル・ツール」という側面だ。その側面には、近年のブラック・ライブス・マター（BLM）運動であらためて光が当てられた。

だから、彼らを取り巻く様々な社会状況が、ヒップホップのリリックやサウンドのスタイルに直接表れる。

ギャングスタ・ラップの創始者のひとりであるアイス－Tが指摘したのは、ヒップホップはドラッグを追いかける、という観点だ。[※4] 時代ごとに社会で流行するドラッグが、ヒップホップのスタイルに影響を与えるというのだ。一九八〇年代のクラック（コカイン）の爆発的な流行が彼自身をラップの世界に導いたのはもちろん、必ずしもギャングスタ・ラップにカテゴライズされるわけではないウータン・クランのようなグループの登場にもつながったという。

※4　Red Bull Music Academy Festivalでのアイス－Tへのインタビューより。"Ice-T on LA Rap, Rhyming and Creative Growth," 2017 URL=https://www.redbullmusicacademy.com/lectures/ice-t

彼らの育った環境で生き延びるため、あるいは貧困から抜け出すための手っ取り早い手段がドラッグディールであり、それとまったく無関係に生きていくことは難しかった。実際にウータン・クランの当初九人のメンバーのうち、七人がドラッグか銃に関連した逮捕歴を持つとリーダーのＲＺＡはいう。[※5] 彼らはカンフー映画の世界観に依拠し、個々がファンタスティックなキャラクター性を獲得しながら大成功を収めたが、その世界観にもかかわらずフッドのハードな現実やマフィアのストーリーを歌う。そのスタイルは必然的なものなのだ。

それだけではない。彼らのサウンドのスタイルにも、社会状況はリアルに反映される。先行するパブリック・エナミーが「Bring The Noise」（一九八七）で証明したのは、文字通りヒップホップにおいてはノイズをもビートの素材にできること、そしてそのビートは、ある人々にはノイズに聞こえるようなポリティカルなラッパーのメッセージと拮抗し、それをエンパワーすることだった。それを引き継ぐ形で、ウータン・クランは「Bring Da Ruckus」（一九九三）をデビューアルバムの一曲目にひっさげ「騒ぎを起こせ！」と合唱しながら登場したのだった。彼らのビートメーカーでありプロデューサーのＲＺＡの慧眼は、このグループと彼らの世界のケイオスさを、カンフー映画で関節を「ポキッ」と鳴らすような音——それが騒ぎを起こすサインとなる——をスネアに被せることで表現した点だった。[※6]

クラックの流行は一九八〇年代中盤から一九九〇年代初頭まで続くが、二〇〇〇年代以

※5　ＶＨ－１で放送されたドキュメンタリーより。"Planet Rock: The Story of Hip-Hop and the Crack Generation," 2011. リチャード・ロー、マーティン・トーゴフ監督。

※6　ウータン・クランのビートメイカーのＲＺＡは同アルバムの「Wu-Tang Clan Ain't Nuthing Ta F' Wit」でも同様のサウンドを使用している。これは彼らのオリジナルな世界観にも負けず劣らず、サウンド面におけるＲＺＡのアイディアの非凡さを象徴している。

降は流行が変化していく。たとえばコデイン（咳止めシロップ）をスプライトなどの炭酸飲料で割った「リーン」と呼ばれるドリンクの流行は、二〇〇〇年代にアトランタで発祥した、酩酊感と高揚感を同時にもたらすトラップのサウンド作りとシンクロしているし（そのルーツには一九九〇年代にヒューストンで発祥した、既存曲の再生速度を遅くした――その結果テンポは遅くなりすべての音が低くなる――チョップド・アンド・スクリュードの存在がある）、フェンタニルなどのオピオイド（合成麻薬性鎮痛剤）の流行やオーバードーズによる死亡者の増加は、社会への絶望感という背景をエモ・ラップが持つ退廃的なサウンドと共有している。

結果として一九八〇年代後半から一九九〇年代のいわゆるブーンバップのスタイルと、二〇〇〇年代以降のトラップやエモ・ラップといったスタイルがまったく異なったものになっているのを見れば、確かにアイス－Tの「音楽はドラッグを追いかける」という指摘にも納得がいく。

ここであらためて注目しておきたいのは、クラックの大流行の時期はまさにヒップホップのゴールデンエイジと呼ばれる時期とシンクロし、一九九〇年代後半のさらなる商業的成功へとつながっていくことだ。だからラッパーたちがクラックにまつわる経験を歌ったり、それを参照するのは――それがギャングスタ・ラップの文脈であれ、コンシャス・ラップの文脈であれ――自然なことであり、様々な楽曲に当時の状況が映し出されている。

クラックの流行は、アフロアメリカンのコミュニティにおける犯罪率増加の直接的な原因のひとつにもなったと言われている。音楽批評家で作家のネルソン・ジョージは、たとえば「女性への猜疑心、クルー（仲間）への忠誠心、世界と対峙するための能面顔、権威への敵意」といったギャングスタ・ラップで歌われるテーマが実際に成立し、それがオーディエンスにも受け入れられた背景には、一九九〇年代に投獄されたアフリカンアメリカンの数の増加があると指摘している。[※7] ラッパーに特有の「尊大な態度とプライド」はそのようなアフロアメリカンが置かれた状況を生き延びるための「防衛機能」のようなものだというのだ。

傲慢なまでのプライドで自身を武装しない限り、「黒人を貶め、その性根を腐らせ、侮蔑し、嘲ることが長くはびこってきたこの惑星で生きていく」ことはできない。[※8] こうして見れば、KRS・ワンの言う「サヴァイヴァル・ツール」としてのラップが、自己肯定に溢れる尊大で傲慢なボースティングを基本とするのは必然だと言えるだろう。

エドワーズの『HOW TO RAP』のなかでも、LA出身のアンダーグラウンドラッパーであるマーズがアメリカの若い黒人の声を代弁している。彼らは「無力感に襲われ」、「声を持たず、参政権も役に立たないような気になる」のだと。だからこそ「マイクを持った時は、自分を持ち上げ」「虚勢」を張るのだと。[※9]

そう考えれば、より近年のラップでひとつの型となっているフレックス（Flexing＝富などの見せびらかし）もまた、ヒップホップの基本的なスタンスの上に成り立っていると理解できるだろう。彼らは高級車やジュエリー、ブランド物などをレンタルしてまで「虚勢」を張る。その一見行き過ぎで不可解に映る行為は、一人称の個人的な視点から、自分が手

※7　ネルソン・ジョージ『ヒップホップ・アメリカ』、高見展訳、ロッキング・オン、2002年（原書は1998年）、105頁。

※8　同書、116－117頁。

※9　エドワーズ『HOW TO RAP』、41頁。

にしているもの——才能や富、そして仲間など——を「大盛り」で誇示し、他のラッパーたちより優れていることを巧みなライミングで示し、バトルする「①ほら吹き／バトルの形態」のうえに成り立っているのだ。

また、この「サヴァイヴァル・ツール」としての役割があるからこそ、ヒップホップはグローバルにこれだけ広まったのだと、少なくともその理由のひとつがボースティングなのだと考えることができるだろう。表面的なファッションやサウンドの格好良さに牽引されつつも、核の部分にあるのは、ヒップホップ黎明期からのアフロアメリカンたちの、自己肯定で状況を好転させようとする戦い方のはずだ。抑圧された状況に置かれた者がなんとか自分を保つために言葉を吐く。リリックを書き、マイクを握る。世界中いたるところで。逆にいえば、その前提が忘却され表面的なサウンドのスタイルのみをなぞったところで、それはヒップホップとは似て非なるモノにほかならない。

以上、ラッパーの基本的な構えである「①ほら吹き／バトルの形態」のスタイルを確認した。五つの分類の残りについても見ておこう。特に重要な③物語の形態については後ほど詳しく見るとして、②コンセプチュアルな形態、④抽象的な形態、そして⑤ユーモラスな形態を、いわば①の「味付け」と捉えることができるかもしれない。なにかしらのコンセプトを取っ掛かりにラッパーとしてのスキルを見せつける。コンセプトが興味深いものであれば、アウトプットは非常にユニークな楽曲となるだろう。

たとえばよく引き合いに出されるのは、ブラッカリシャスの「Alphabetical Aerobics」

（一九九九）だ。これは頭文字がAからZまでそれぞれのアルファベットで始まる単語でリリックを構成し、さらにはビートのテンポが徐々に速まって早口言葉のようになっていくというとんでもないスキルを必要とする代物だ。

もちろん②から⑤までの複数の味付けを混ぜ合わせることも可能だ。たとえば確固たるコンセプトを持ち（②）ユーモアに溢れた（⑤）ほら吹きラップ（①）としてマスター・Pの「Hot Boys And Girls」（一九九八）のような曲がある。「俺はギャングスタだ／俺はリアルだ」から始まり「俺はお前がモノを考えるときの脳みそだ」「俺はお前のビールの泡だ」といったナンセンスなユーモアから、「私はあんたの仲間が殺されたとき／あんたの心に生まれるドラマ」「俺はいつもお前のところに戻ってきてお前に取り憑く過去だ」といった詩的なラインまで、コンセプト（ここではエスカレートしていく比喩の腕比べ）を決めさえすればライムによってリリックがつながり、曲が成り立ってしまうのもラップの面白さだ。

頭をひねって、前例のないコンセプトを発明する、その時点で他のラッパーたちとのバトルは始まっている。一九七〇年代のパーティでラップが生まれてからこれまで、競争に勝つためのほら吹きをどのような斬新な味付けで展開するかは、揺るぎないラップのテーマのひとつだ。

一方で、バトルからは距離を置いた領域で表現を突き詰めているラッパーの例もある。「④抽象的な形態」について、ここではエイソップ・ロックの「Zero Dark Thirty」（二〇一二）を見てみよう。

Unsigned hype, front line aeronauts flurry
アンサインド・ハイプ　最前線の飛行士が狼狽する
Zero dark thirty
ゼロ・ダーク・サーティ
Zero friends minotaur-fugly stepchild
友達のいない　ミノタウロスの醜い継子
Evoke lunch jumped over plunging necklines
（嘔吐して）襟元を超えて落下するランチを喚起させる
Up, beside tongue-tied hungry enzymes
口ごもる空腹の酵素の隣に
Devote one into mothmen munching textiles ※10
テクスタイルを喰らうモスマンに身をゆだね

ここには高級車も、ブランドファッションも、現金も、ジュエリーも、ドラッグも、ギャングの仲間たちも、典型的なラッパーにつきまとう具体的なアイテム——多くのラッパーたちのリリックにおいて、それらの固有名はリアリティに寄与している——はなにも登場しない。その代わり、ここではひたすら抽象的で焦点を結ばない断片的な言語のイメー

※10　Aesop Rock, "Zero Dark Thirty", *Skelethon*, Rhymesayers Entertainment, 2012. なお『ゼロ・ダーク・サーティ』は2012年のアメリカ映画のタイトル。また、軍事用語で00時30分を指す。「モスマン」はアメリカの未確認生物で文字通り「蛾人間」のこと。

ジだけが連結されていく。しかしそれらのイメージは、確かにつながっている。ストーリーラインによってではなく、パズルのように複雑に入り組んでいる押韻によって。むしろ押韻が先行し、イメージが遡行的に誕生すると言ってもいい。内容がひとつながりでなくとも、押韻を蝶番にして多様なイメージがコラージュのように連結されていく。いわばその「不自由な自由さ」――韻を踏まなければならない代わりに、韻さえ踏んでいればどんな語をもつなげてリリックを紡いでいける――がラップの面白さの前提となっている。

しかもそれらのイメージの多様さは、エイソップが最も語彙の多いラッパーであるという事実に裏打ちされている。[※11] 上記のリリックのなかにも、これまで使ったことのない語を忍び込ませようという意図が読み取れるかもしれない。そして現代詩の読者であれば、そこに一部の詩人と同じような感性を嗅ぎ取るかもしれない。

エイソップ・ロック自身は、このような抽象的なアイディアが「自然に思い浮かぶ」とインタビューに答えている。そしてそのアイディアが「羽化」するまでにはしばらくの時間を要するのだと。[※12] 本書ではこれ以上深く掘り下げることはできないが、抽象的なイメージを束にしてひとつの世界観を作り上げるラッパーたちの存在もまた、ラップのひとつの魅力だ。なんら緻密なストーリーラインがなくとも、連想的に浮かぶイメージ、あるいはアイディアの数々を韻で接続していくだけでドープなリリックは十分成り立つし、そうすることでしか表現できない世界が立ち上がるだろう。

以上、エドワーズが定義した五つの分類のうち四つを見てきた。五〇年にわたる歴史を

※11 Matt Daniels "The Largest Vocabulary In Hip Hop," *The Pudding*, 2019. URL=https://pudding.cool/projects/vocabulary/index.html

※12 エドワーズ『HOW TO RAP』、54頁。

持つヒップホップなのだから、これまでに生まれてきたクラシックは無数にある。だから当然例外も程度の差もあるのだが、ラップの基本的な構えは「サヴァイヴァル・ツール」としてのボースティングであり、それを様々な味付けで展開できるところに面白さがあった。ラップのリリックの前提は、それが誰かに向けて――ときとして自分自身を鼓舞するために――発されている言葉であることだ。それを受け取って自らもマイクを握る者がいるから、ヒップホップは広がってきたはずだ。

ヒップホップは、かつてRHYMESTERの宇多丸が鋭く指摘したように「俺は、こうだ」を叫ぶ一人称の文化であり、反カラオケ的であり、いくら一緒に歌ってみても置かれた環境の異なる自分のものになることはない。だからヒップホップから得た刺激を昇華するには、自らがマイクで応答するしかない。その意味で同時に「で、てめえはどうなんだ？」の文化なのだ。[※13]

だからこそ、「サヴァイヴァル・ツール」としてのボースティングは、そのような応答の連鎖を引き起こす装置だ。一見単なる自慢、デカい態度に見えるリリックの裏側には、ポジティヴな強がりがある。自分の弱さを嫌というほど分かっていながら、ウソぶく。言葉にしただけではなにも変わらないのではと疑いつつも、まずはライムを紡ぐ。結果、自らの置かれた状況に価値転倒をもたらし、自らの精神を逆境から引き上げられるように。逆境においてこそ自らを誇るというアンビバレントな格闘の記録としてのリリックが、次なる者へマイクを渡すだろう。

※13 『FRONT №6』、シンコー・ミュージック、1996年、91頁。

2 ストーリーテリングの誕生

では最後に残った「③物語の形態」はどうだろう。先ほど見たように、ヒップホップ黎明期のMCたちはパーティを盛り上げるのが仕事であり、それは印象に残るパンチラインによる観客とのコール・アンド・レスポンスや、複数のMCたちの掛け合いの鮮やかさといった形で競われ、進化していった。

こうして聴衆たちの視線はDJからMCに移っていく。ステージの上でマイクを握り、言葉だけで観客を盛り上げるためには、どうすればよいだろう。どのような持ちネタにポテンシャルがあるだろうか。観客をエンターテインするクリエイターたち、コメディアンや落語家、漫才師といった存在を思い出してみよう。そこで必要とされるスキルのひとつは、ストーリーテリングの能力だろう。起承転結があり、最後にオチをつけるストーリーがひとつの理想となる。

だからこそエドワーズが定義していた「③物語の形態」が、ラッパーに求められる。さらにラップの場合は、ライムが存在する。ライムで接続される一行目が前フリ、二行目がオチのような機能を果たし、上出来なものはパンチラインとも呼ばれる。いわばそこで、ストーリーはつねに小出しされる。さらにはそのストーリーが全くのフィクションではなく「自分の話」「本当の話」に基づくところがポイントとなる。つまり「リアル」かどうかが問われるわけだ。

元祖ストーリーテラーとして有名なスリック・リックが、当時のMCリッキー・D名義でダグ・E・フレッシュのヒューマンビートボックスの上でライムした「La Di Da Di」(一九八五)は、数多くのパンチラインを残し後年無数のラッパーたちに引用され続けている、まごうことなきクラシックだ。

彼はここで「朝一〇時に起きて／ストレッチと欠伸をして」というラインから始め、自身の一日の出来事を語るというストーリーテリング曲のプロトタイプを提示した。[※14]リックが物語を語ることで示したラップの本質とは、それが生身の人間の肉声によって、基本的には一人称で語られるものだということだ。ストーリーテリングという形で自分の身に起きたことを巧みなライムと共に語ることが、人を惹きつけるラップのひとつのフォーミュラとなる。

この翌年の一九八六年には早速、よりストーリーテリングらしさが押し出された、アイス－Tの「6 'N the Mornin'」のような曲が現れる。ギャングスタ・ラップの元祖のひとつと目される曲だ。[※15]

※14　さらにリックはストーリーテリング曲の金字塔となる「Children's Story」(1988)で、軽い気持ちから盗みに手を染め最終的には警官に射殺されてしまう少年の話を、三人称の視点からライムする。彼はラップにおいて、三人称の視点での語りも可能であることを示したわけだ。

※15　1985年には、同じくギャングスタ・ラップの元祖のひとつと言われているフィラデルフィア出身のスクーリー・D「P.S.K. What Does It Mean?」がリリースされていた。アイス－Tもこの曲からの影響を公言している。

6 'n the mornin', police at my door
朝六時に警官がやってきた
Fresh Adidas squeak across the bathroom floor
おろし立てのアディダスのスニーカーがバスルームの床をきしませるが
Out my back window, I make my escape
裏口の窓から　逃亡成功だ
Didn't even get a chance to grab my old-school tape
オールドスクールラップのカセットテープを持ってくる間もなかったけどな※16

この時点で、ラップにおけるある観点が生まれたと言ってもいいかもしれない。裏稼業で生活するアイス-Tは、スリック・リックのように朝一〇時までゆっくり眠っている余裕はなかった（アイス-Tは奇しくもこの曲でスリック・リックの「La Di Da Di」の名前を持ち出している）。だが彼は、本当に早朝押しかけてきた警察から逃げおおせたのか？　もっと言ってしまえば、ラップは「本当のこと」を歌っているのか？という問いがつきまとうことになる。

「6 'N the Mornin'」のリリックには「七年服役した」というラインが出てくるので、少なくともすべてが本人の話ではないことはすぐに分かる。だが一人称で書かれている以上、どこまでが本人の経験で、どこからがフィクションなのかの境は見えない。少なくともこ

※16　Ice-T "6 'N the Mornin'," *Rhyme Pays,* Sire Records, 1986.

の時点でアイス－Tは、「彼は」と書かずに「俺は」からライムを書き始めたのだ。

　ラッパーがどのようなペルソナを被ってそのヴァースを披露していたとしても、一人称で語る以上、まずはその声を発しているラッパー本人の話として受け取られる。そのときオーディエンスの態度は、日本でいえば私小説、あるいは自伝やエッセイ、日記のような「本当のこと」が書かれていることを前提としたテクストを前にしたものと比較しうるだろう。

　ここで重要なのは、それが「本当のこと」かどうかという問いとは別に、それが「本当のこと」に聞こえるようにラップするスキルが求められることだ。ストーリーテリングが巧みなラッパーとは、それを「本当のこと」として聞かせる者である。リスナーはストーリーに自己投影することはできずとも、まるでそのラッパーの隣にいるかのようにそのストーリーを味わうことはできる。

　ではストーリーテリングのリアリティをもたらすスキルさえあれば、歌っているのが「本当のこと」でなくとも問題ないのだろうか。

　二〇〇六年にファーストアルバム『Port of Miami』でメジャーデビューを果たし、ビルボードチャートでトップに輝いたリック・ロスの例を見てみたい。アルバムに並ぶ「Huslin'」「I'm Bad」「Boss」「Street Life」という曲名からも想像できるように、そこでのリック・ロスの語り手としてのペルソナは、ストリートでドラッグディールなどの稼業（ハスリング）に手を染めながら生き延び、ギャングスタのボスに成り上がった男のイメージだった。リック・ロスという名前自体、一九八〇年代にLAから全米へのクラックの取引でドラッグ帝国を築き上げたフリーウェイ・リック・ロスから取ったものだ。たとえば「Huslin'」のMVを見てみれば、彼が描こうとしている自己像は一目瞭然だろう。

しかし彼が刑務官の制服に身を包んでいる姿が二〇〇八年にウェブメディアで公開され、物議を醸す。犯罪に手を染めるマフィアのボスキャラだったこの男は、実は犯罪者たちを監視し更生させる側に立ったことがあった。最初はこれを否定していた彼も、最終的には一九九五年の末から一年半ほど刑務官の職についていたことを認める。彼は後に、刑務官の仕事も家族の生活のために必要だったことと、そういう意味でハスリングの一部であり、後悔もしていないし、もう一度同じ場面に遭遇しても同じことをするだろうことを述べている。つまりそれが「リアル」なのだと。このように自身が批判を受けている状況をもそのまま受け入れるある種の開き直りもまた、リアルを貫くひとつの態度と言えるだろう。[※17]

そのようなリスナーからの批判は、ヒップホップが抱えているゲットー中心主義（Ghettocentricity）を良く示している。ヒップホップのリアリティはゲットー、ストリートに存在し、それを語ることが許されるのは、当事者だけだという考え方だ。しかし作家のマイケル・エリック・ダイソンは、そのようなゲットーの神話化や美化に警鐘を鳴らす。[※18] ラッパーの出自のオーセンティシティを巡る議論は繰り返されており、多くのコンシャスなラッパーたちが自分たちのルーツと崇めるマルコムXでさえ、ハスリング時代の経歴を「誇張した」として非難されたことがあったと彼は指摘する。

※17　"Rick Ross Talks On C.O. Past, Says He'd Do It Again To Feed His Family," *Hot New HipHop*, 2022. URL= https://www.hotnewhiphop.com/18449-rick-ross-talks-on-co-past-says-he-d-do-it-again-to-feed-his-family-news
なお、彼が仕事としたのは「Correctional Officer」でありここでは刑務官と訳したが、矯正職員や保護観察官とも訳しうる。

※18　Michael Eric Dyson, *Know What I Mean?: Reflections on Hip-Hop*, Basic Civitas Books, 2007, pp.12-13.

マイケルが強調するのは、元々アーティストとは、曲中で様々な人物に成りきるような想像力を持っている者だということだ。どのジャンルにおいても、リアリズムとは簡単に達成されるものではない。そこには優れたアーティストの力量が必要であり、彼らは自らが描く世界の中で本当に生きているように、リスナーに思わせることができるのだと。確かにN.W.Aのアイス・キューブをはじめ（彼はサウス・セントラルの自宅から郊外のハイスクールへ通学するバスに乗りながら目にする本物のギャングスタの身のこなしや言動に、大きなインスピレーションを受けたといわれている）、高学歴のスタジオ・ギャングスタと呼ばれるようなアーティストたちがこのジャンルを発展させてきた側面がある。

Today was like one of those fly dreams
今日という日はひとときの夢のように過ぎていった
Didn't even see a berry flashin' those high beams
パトカーのハイビームを見ることもなく
No helicopter lookin' for a murder
殺人事件を追うヘリコプターも飛ばず
2 in the morning, got the Fatburger
深夜の二時にファットバーガーをゲットして
［中略］

Today I didn't even have to use my AK
今日はAK-47をぶっ放すこともなかった
I gotta say, it was a good day
間違いない、今日はいい日だった[※19]

アイス・キューブの代表曲のひとつ「It Was A Good Day」（一九九二）は、彼の地元コンプトンのなにもなく平穏な一日を歌った一曲だ。キューブは犯罪が多発するこの地域で、逆になにも起きない一日の珍しさを強調することで、別の角度からリアリティを照射しようとした。アイズレー・ブラザーズの「Footsteps in the Dark」（一九七七）のメロウなイントロをそのままループさせたDJ・プーによるビートは、この曲のテーマであるハードな日常のなかの束の間の「安息」を端的に表現している。そして本作のMVは、ライムのそれぞれのラインがそのまま映像化されている。リリック、ビート、映像が完全にシンクロする三位一体によって、彼の描くリアリティが見事に「本当のことのように」オーディエンスに提示される模範的な例と言えるだろう。

ネット上にはこの「良い日」が具体的にいつのことだったのかを考察する人々が現れ、ライムの中の複数の条件から候補日は数日に絞られた。だがあるとき本人がインタビューで応えたのは、それは実際存在した一日のことではなく、多くの事象を「盛り合わせて」素晴らしい一日に仕立て上げたという事実だった。[※20]「良き日」はこんな日に違いないとい

※19　Ice Cube, "It was a Good Day," *The Predator*, Priority Records, 1993.

※20　"Ice Cube finally resolves 'It Was a Good Day' theories: 'It's a fictional song'," *Entertainment Weekly*, 2012. URL=https://ew.com/article/2012/03/05/ice-cube-it-was-a-good-day-theory/

う、彼流の解釈なのだと。だが歌われていることが本当であろうとなかろうと、本作がクラシックに相応しい楽曲であることには変わりない。

以上のように、エドワーズの五分類のうちの「③物語の形態」をどのように見事に披露できるかが、魅力的なラッパーのひとつの資質として問われる。そこで鍵となるのは、必ずしもすべてが事実ではなくとも、それを「本当のこと」のように聞かせられる能力だった。一方でそれがまったくの荒唐無稽な空想であることが判明すれば、フェイクだと揶揄されるだろう。つまり「リアル」と、ボースティングを交えた「盛った現実」の狭間でライムを探すアンビバレントな存在こそが、ラッパーなのではないだろうか。

3 ジェイ・Zとケンドリック・ラマーの話法

「リアル」であるためには、単に「本当のこと」を歌えばよいわけではない。では「本当のこと」と「盛った現実」とはどのような関係性にあるのだろうか。ふたりのラッパーの例から考えていこう。

商業的に最も成功したラッパーのひとりであるジェイ・Zは、インタビューで「keep it

real」というフレーズがヒップホップにおける単なる常套句には留まらないものになっていることを指摘していた。[※21]

本書の序文で参照したマーク・フィッシャーが、ギャング映画を引き合いに議論を展開していたことを思い出してみよう。実はジェイ・Zも同じように、映画との比較でヒップホップとラッパーについて考察している。

ジェイ・Z曰く、マーティン・スコセッシやデンゼル・ワシントンは自分たちの作り出す映画＝アートに縛られることはない。一方で、ショーン・カーター（ジェイ・Zの本名）とジェイ・Zは分離しえない。同じ「アート」でありながら、ヒップホップにおいてラッパーが語ることは、現実の出来事だということになってしまう。

にもかかわらずジェイ・Zが強調するのは、彼にとっての「リアル」とはファンタジーの基礎となるものにすぎないということだ。曲のなかの出来事は真実とは限らない。人生のなかから小さな出来事を取り上げ、それを元にファンタスティックな（現実離れした／素晴らしい）ストーリーを作り上げるのだと、ジェイ・Zは言う。[※22]

たとえば『The Black Album』（二〇〇三）に収録の「99 Problems」が良い例となるだろう。舞台は一九九四年のニューヨークだ。クラックをトランクに積んで車を走らせていたジェイ・Zが、警官に呼び止められ、車を路肩に寄せる。そこから両者の緊張感に満ちた会話が展開される様子が、そのままヴァースに描かれている。

※21 "Jay-Z Sounds off on Racism, Gangsters & Censorship," *HIPHOP DX*, 2007. URL=https://hiphopdx.com/news/id.6088/title.jay-z-sounds-off-on-racism-gangsters-censorship

※22 以下に掲載のジェイ・Zのインタビューより。*Stop Smiling Magazine*, Issue 33, 2007, pp.45-46.

I heard, "Son, do you know why I'm stopping you for?"
警官の声が聞こえた「なぜ呼び止めたか分かるか？」
'Cause I'm young and I'm black and my hat's real low?
俺が若くて、黒人で、ハットを深くかぶっているから？
Do I look like a mind reader, sir? I don't know
俺があんたの心を読めるように見えるかい？　正直わからないね
Am I under arrest, or should I guess some more?
俺を逮捕するつもり？　それとももっと別の理由を考えてみた方が良いかな？
［中略］
"Well, do you mind if I look around the car a lil' bit?"
「じゃあ少し車の中を見させてもらってもいいか？」
Well, my glove compartment is locked, so is the trunk in the back
ダッシュボードの小物入れも、後ろのトランクも鍵がかかってるよ
And I know my rights, so you gon' need a warrant for that
俺には権利があることも知ってる。もし調べたいなら捜査令状が必要だよな
［中略］
もう十分だろ、法を犯してまで車を調べはしないよな
"Well, we'll see how smart you are when the K9 come"

「そうだな、K9（麻薬探知犬）が来たら頭の良いお前がどうするのか、見てみようか」
I got 99 problems but a bi**h ain't one, hit me
俺は九九のトラブルを抱えてるけど、「雌犬」は数に入らないぜ[※23]

このリリックは事実に基づいているものの、「究極的にはフィクショナルなものだ」と彼は述べている。[※24]

楽曲としてのキモ＝コンセプトは、最終行のBワード（bi**h）にある。その前行で麻薬探知犬への言及があることから、ここでは「雌犬」という意味で使われている。みっつのヴァースからなるこの曲では、侮蔑の意味を含め、ヴァースごとに別々の意味を持たせている。つまりみっつの「事実に基づくファンタジー」を連結させてできたのがこの曲なのだ。

ワールドワイドに広まったヒップホップという文化において、「事実に基づくファンタジー」をラップするという考え方はアメリカに限らず普遍的な前提となっているように思える。たとえば二〇〇〇年代に新宿というフッドを日本のヒップホップにおける重要なトポスとして登録したMSCは、リリックで言ったことは実行しなければならないという「リアル原理主義」――リリックのなかであるラッパーに対して「お前を刺す」と歌ったがために、それを「本当のこと」にするべく「実際に」襲撃したというエピソードが端的にこれを表している――とでも言うべき指針を自らに課したグループだ。

※23 Jay-Z, "99 Problems," *The Black Album*, Carter Enterprises, Roc-A-Fella, Def Jam, 2003.

※24 Jay-Z, *Decoded*, Spiegel & Grau, 2010, p. 61.

とはいえ彼らの一員であるMC漢は著書『ヒップホップ・ドリーム』で、彼流のギャングスタ・ラップを「ギャング映画やヤクザ映画」と「同じ感覚で」楽しむことを推奨している。[※25] ジェイ・Zと同じように彼らも、必ずしも「リアル原理主義」を額面通り捉えているわけではなく、ヒップホップは映画のようにフィクショナルで「「リアル」なエンターテイメント」だと考えているのだ。[※26]

一方で、ファンタジーやエンターテインメントという発想から遠ざかるように、「リアル原理主義」を突き詰めるという方向性も存在するだろう。その場合ヒップホップはドキュメンタリーに近いものとなる。たとえばケンドリック・ラマーは、彼にとって「本当のこと=リアルな話」の方が、想像上のクレイジーな物語を生み出すより簡単なことなのだと言っている。[※27]

彼は二〇二四年時点で六枚のアルバムと複数のミックステープをリリースし、他のアーティストたちの数多くの楽曲にゲスト参加している。これらを万遍なく聴きまくったファンたちは、大量のリリックを通してケンドリックの人生の様々な断片に触れることで、彼のなにを知ることになるのだろうか。

わたしたちは知っている。ケンドリックが五歳のときに初めて人が撃たれるところを目撃したこと。高校生のときには突然やってくるかもしれない死に毎日怯えていたが、一方では恋人のホイットニーと出会い、やがてふたりの子供を授かること。叔父のひとりが一五年の刑期を終えて戻ってきたが結局またDVで告発されたこと。親友の兄弟のデイヴが

※25　漢 a.k.a. GAMI『ヒップホップ・ドリーム』、河出書房新社、２０１５年、１５３頁。

※26　同書、１５４頁。

※27　"The Making of Kendrick Lamar's 'good kid, m.A.A.d city'," *COMPLEX*, 2012. URL=https://www.complex.com/music/a/insanul-ahmed/the-making-of-kendrick-lamars-good-kid-maad-city

撃たれて亡くなってしまうこと。さらにツアー中に他の近しい友人が亡くなり、妹のケイラが一〇代で妊娠したにもかかわらず地元で彼女らと一緒にいられなかったがために、自己嫌悪に陥り鬱症状に悩まされること。

ギャングカルチャーが支配的なコンプトンで生まれ育ち、ギャングと関わらないように生きていくのが不可能な環境下で、それでもギャングスタ・ラップを歌うのではなく、内向的な「Good Kid」としての自身の独特のスタンスを彼は貫く。

ケンドリックの半生を追ったマーカス・J・ムーアは、彼のスタイルの基盤となった「問い」を次のようにまとめている。

確かにギャングバンギンは文化だが、でもなぜ？　なぜ黒人男性は、コンプトンやサウスサイド・シカゴのような場所では、選択肢がないまま放置されているのか？　なぜ俺たちには、不安を和らげるために酒かクサしか残されていないのか？　これらの依存状態は、コミュニティにどんな影響を与えるのだろうか？[※28]

ギャングスタ・ラップとコンシャス・ラップが表裏一体であることを思い出させるスタイルで、彼はアフリカンアメリカンが置かれた制度的人種差別が蔓延る社会の現実を、ときに詩的に、ときに生々しく暴力的に描く。

そして本人だけではなく、家族やコミュニティ内の知人の身に起きた「本当のこと」に

※28　マーカス・J・ムーア『バタフライ・エフェクト――ケンドリック・ラマー伝』、塚田桂子訳、河出書房新社、2021年（原書は2020年）、111頁。強調を削除。なお、「ギャングバンギン」とは敵対するギャングとの抗争にコミットするなど、ギャングメンバーとして活動すること。

よって彼の表現のリアリティは担保され、説得力のあるものになっている。さらにはそれらを語る際の類い稀なるライムやフロウのスキル、多層的で多視点からのアルバムの制作法によって、それら「本当のこと」を最大限に引力を持つアートとして提示することに成功している。

たとえば『DAMN.』（二〇一七）に収録された「DUCKWORTH.」を見てみよう。しばしば家族や友人からの視点によるヴァースを織り込むのがケンドリックの方法論だが、この曲でスポットライトが当たるのは曲名でもある「ダックワース」という姓から「ダッキー」と呼ばれていた、ケンドリックの父親だ。

元々シカゴのサウスサイドのギャングの一員だったダッキーは、その生活から足を洗ってケンドリックの母親と一緒にコンプトンへ一九八四年に移り住んだ。ダッキーはケンタッキー・フライド・チキン（ＫＦＣ）で職を得てなんとか食いつないでいた。

ある時そのＫＦＣは強盗の被害に遭う。実行犯の男がこの曲のもうひとりの主役だ。実はその男とは、後に一六歳のケンドリックとサインをすることになるインディーレーベル、トップ・ドッグ・エンターテインメント（ＴＤＥ）のオーナーであるアンソニー・〝トップ・ドッグ〟・ティフィスだったのだ。音楽の世界で大きな成功を摑むアンソニーだが、当時はギャング稼業に従事していた。そしてたまたま、ダッキーが勤務中のＫＦＣに乗り込む。だがダッキーは命を奪われずに済んだ。なぜならダッキーは常連客であったアンソニーらに、チキンやビスケットのオマケをつけていたからだ。実はダッキーは、アンソニーらが以前も強盗に入り、マネージャーや客が被害に遭ったことを知っていた。かつて自らもギャング組織に身を置いていたダッキーは、ストリートにおける身の守り方を熟知していたというわけだ。※28

それから二〇年後、ケンドリックは父親をレーベルオーナーであるアンソニーに引き合わせる。その様子が「DUCKWORTH.」の一節にも描かれている。

Twenty years later, them same strangers, you make 'em meet again
二〇年後、ふたりの他人同士を再び出会わせることになる
Inside recording studios where they reaping their benefits
いまや彼らがお互いにその恩恵を受けているレコーディングスタジオで
Then you start reminding them about that chicken incident
そしてチキンの事件があったことを彼らに思い出させてみる
Whoever thought the greatest rapper would be from coincidence?
もっとも偉大なラッパーは、そんな偶然の産物だったなんて、思いもよらないだろ?
Because if Anthony killed Ducky, Top Dawg could be serving life
もしアンソニーがダッキーを殺していたら、彼は終身刑になっていたかもしれないんだから
While I grew up without a father and die in a gunfight

※29 "Kendrick Lamar Tells Wild Story About His Father Meeting Top Dawg on 'Duckworth'," *Complex*, 2017. URL=https://www.complex.com/music/a/kyle/kendrick-lamar-tells-story-of-his-father-meeting-top-dawg-on-duckworth

一方の俺は父親なしで育って、やがて銃撃戦で命を落としていただろう[※30]
なんという運命のいたずらだろうか。リリックで明らかにされるのは、ケンドリックの父親は偶然にも殺されず、その父親を見逃したアンソニーは音楽業界で身を立て、偶然にもケンドリックと出会い彼を送り出すという「本当のこと」だ。「現実は小説よりも奇なり」を読み替えて、「ラップはフィクションよりも奇なり」と言いたくなるような出来事だ。そしてこの引用部はなによりもケンドリックが「本当のこと」を歌っているという実感の詰まった証左になっている。もちろん、ストーリーテリングを武器にしているラッパーは、「本当のこと」に基づいて、あるいはそこから着想してリリックを書いている。ケンドリックだけでなく、アイス-Tも、ジェイ・Zもみな口を揃えてそう明言している。
だが興味深いのは、ケンドリックの場合「本当のこと」の意味を、異なったニュアンスで捉えうることだ。
たとえば『To Pimp A Butterfly』(二〇一五)に収録の「The Blacker The Berry」は、その露悪的でショッキングなリリックが様々な議論を生んだ。黒人を憎み差別する白人に対する憤りを表現した最初のふたつのヴァースが非常に攻撃的で生々しいものだったうえ、それに続くみっつめのヴァースが同胞の黒人たちに向けての批判として捉えられる内容だったからだ。そのヴァースは次のように締めくくられる。

※30 Kendrick Lamar, "DUCKWORTH.," *DAMN.*, Top Dawg Entertainment, Aftermath Interscope, 2017.

So why did I weep when Trayvon Martin was in the street
トレイヴォン・マーティンが通りで殺されたとき、なんで俺は涙したんだ？
When gang-banging make me kill a **** blacker than me?
俺はギャングバンギンのせいで俺より肌の黒い同胞を殺してるっていうのに
Hypocrite!
この偽善者め！[※31]

ケンドリックは自らを「偽善者」と呼ぶ。黒人同士で殺し合っている自分たちが、トレイヴォン・マーティンが殺されたこと——二〇一二年に若干一七歳で白人警官に射殺され、後のＢＬＭにもつながっていく事件——に涙するのは偽善だというのだ。彼はインタビューで、彼の近しい友人が殺された経験のせいで、今でもフッドの隣人に憤りを感じているのだと、長年抱いていた複雑な心境を告白する。[※32]

どんなに音楽業界で成功を収めても、コンプトンで生まれ育った歳月とそこでの経験からは決して逃れられないし、それらを忘れることもない。そのようなケンドリックのどこまでも切実で、常に思い詰めているようなスタンス。それは楽曲だけでなく、インタビューでの彼の語り口や態度——ドクター・ドレはケンドリックと出会ったころ、なによりも彼の話し方に惹かれたという[※33]——に表れている。超好戦的に他のラッパーたちを煽り（ビッグ・ショーンの「Control」〈二〇一三〉にフィーチャーされ披露したヴァース）、露悪的で下品

※31　Kendrick Lamar "The Blacker the Berry" To Pimp a Butterfly, Top Dawg Entertainment, Aftermanth Interscape 2015.

※32　MTVのケンドリック・ラマーへのインタビューより。"Kendrick Lamar Still Feels Anger & Hatred On 'The Blacker The Berry' (Pt. 3)," 2015. URL=https://www.youtube.com/watch?v=BwXlimryKJM

※33　ムーア『バタフライ・エフェクト』、１０８頁。

な表現で己の欲望とエゴを爆発させる（「Backsheet Freestyle」〈二〇一二〉で見せるように）男と同一人物とは思えない、繊細で、内向的な話し方とトーン。人生の不条理を悟っているようなその眼差し。

そのような彼の言動から「ケンドリックのリリックはすべてが事実である」という極端な見方すら生まれる。先ほどの「The Blacker The Berry」の引用部も含め、ケンドリックには「人を殺めたこと」を示唆するラインが複数ある。いくら「本当のこと」を歌っているとはいえ、彼のリリックは常に巧みなダブルミーニングや比喩で満ちているから、字面をそのまま事実と考えることはできないだろう。だがファンたちは投稿サイトでその真偽について意見を交わし、それが事実かを考察する記事すらも存在する。※34

多くのラッパーにとっては、「彼らのリリックはフェイクなのではないか？」と疑いの眼差しを向けられることが問題となる。だがケンドリックの場合は逆なのだ。彼のリリックはむしろ比喩やファンタジーではなく「「本当のこと」なのではないか？」と疑いの眼差しを向けられてしまうのだ。

それが「本当のこと」だと考えた方が、腑に落ちてしまうような態度をまとったラッパー。そのような言動のリアリティを積み重ねてきたケンドリックに対して、比喩ですら「本当のこと」であってほしいとどこかで願うヘッズとその欲望。卵が先か。鶏が先か。この事例こそは、ヒップホップにおいてリアルが担保されるための、真の共犯関係を示している。

※34 DJ Booth, "What if Kendrick Lamar Really Did Kill Someone?," 2015. URL=https://djbooth.net/features/2015-04-20-kendrick-lamar-kill-someone/

4 ヒップホップはリアリティ・ショーなのか

ジェイ・Zも言及していた「Keep It Real」というフレーズは、一九九〇年代に盛んに用いられた。「リアルにやれ」「フェイクはやめろ」、あるいはラッパーのリリックに対しては「本当のことを歌え」という意味にもなる。これをタイトルに冠する曲もいくつか存在する。これは当時巨大化し、コマーシャルになっていったヒップホップビジネスに対する、ストリートやアンダーグラウンドからの批判として現れたフレーズであった。

文学であれ映画であれ音楽であれ、そもそもなにが本当に経験したことでなにがそうではないかは、主観性を免れない。客観的な定義は不可能だ。すべてはフィクションとノンフィクションの間のグラデーションでしかない。

だとすれば、なぜヒップホップについてはこんなにもリアルか否かが問われるのだろうか？　少し考えてみよう。それを問いかけるのは当然ながらオーディエンスだ。その姿勢について、ジェイ・Zが上手に言語化してくれている。

俺が子供の頃に議論になったのは、LL・クール・J対ラン・DMCの評価だった。そしてその後には、ビッグ・ダディ・ケインとラキムの対決。次は、ドレイクとJ・コールを比べるかもしれない。このことはヒップホップの素晴らしさを示すものだ。それにどれほど感じ入っているのか。人々はただ座って音楽を聴いているだけじゃ満足できないのさ。人々はそれを噛み砕いて、リリックを批評して、同じように熱い別のファンと議論する。

人々がメディアの型について話すとき、リーンフォワード・メディア（前傾姿勢でインタラクティヴに接する、TVゲームやインターネット）とリーンバック・メディア（後傾姿勢で受動的に接する、テレビや雑誌）を比較するかもしれない。音楽はリーンバック・メディアの一種と考えられるだろう。音楽は気に留めずに流れ去るかもしれないし、BGMとして流されるかもしれないから。だけど、ヒップホップは違う。ヒップホップは人々を前傾姿勢にさせてしまうんだ。[※35]

一般的にはリーンバック・メディアの一種とされる音楽のなかでも、ヒップホップというジャンルは例外なのだとジェイ・Zは強調する。ヒップホップのオーディエンスは前傾姿勢でラッパーの言葉を「傾聴」する。さらにそのなかでも前のめりが著しいヒップホップファンは、「ヘッズ」と呼ばれる。文字通り、頭のなかがヒップホップでいっぱいの人々のことだ。

※35　Jay-Z, *Decoded*, p.213. 引用者訳。

ちなみに、ヘッズという呼称はヒップホップのほかにメタルでは使われるが、ジャズやロックでは使われない。ヒップホップもメタルも、誕生してしばらくは規模が小さく、一般の音楽ファンからは眉をひそめられ「音楽ではない」とレッテルを貼られるようなジャンルだった。共にサウンド面でも歌詞の面でもノイジーさを特徴とする。だからこそコアなファン同士がその特徴的なファッションから互いをすぐに認め合い、ファンのコミュニティが発達したという経緯も共通している。

そのようにして一般のオーディエンスのコアにヘッズが生まれるが、その誕生によってラッパーたちの「リアル」は「監視」されることになる。一般のオーディエンスは少し距離を取ったところから傍観するが、ヘッズはもっと前のめりに自分の考えを投げかける。ジェイ・Zが言うように、リリックを「批評して」別のヘッズたちと「議論する」のだ。

では、なぜそのように前のめりにならずにはいられないのだろうか？　その疑問の答えを探すために、少し目線を変えて、テレビ番組の場合を考えてみたい。

先に見たように、従来テレビは「後傾姿勢」で受け取る、受動的なリーンバック・メディアのひとつだ。だがヒップホップと同じように、視聴者を「前傾姿勢」でテレビに向き合わせ、あれこれ議論させてしまう番組がある。「リアリティ・ショー」（リアリティ番組）がそれだ。

このジャンルはアメリカで爆発的に人気を拡大してきた。日本でも二〇一〇年代には『テラスハウス』や『バチェラー・ジャパン』といったヒット番組が展開されているし、近年YouTubeで展開されている『令和の虎』や『ブレイキングダウン』といったシリーズも広義のリアリティ・ショーと言えるだろう。

社会学者のダニエル・J・リンデマンは著書『リアリティ番組の社会学』(二〇二二)のなかで、リアリティ番組を視聴することは「受動的な経験ではない」と指摘している。それは視聴者に影響を与え、わたしたちを変化させる。画面の向こう側の出来事は、わたしたちの実生活で考えたり行動したりすることと直接的につながっている。視聴者は、登場人物をいわば自分自身の「パロディー」かのように「共感」を持って見つめる。その人物が直面する「ドラマティックな状況について熱心に想像する」からこそ、「台本なんてものがないほうが」良い。台本のあるドラマとは異なり、視聴者はSNSなどを通して番組に参加し、投票によって番組の進行の結果を左右することもある。リンデマンはこれを「視聴者を運転席に座らせる」と表現する。つまりリアリティ・ショーは、視聴者を自然と前傾姿勢にさせ、そのことで成功したジャンルであるように見える。[※36]

ここまでの記述から想像に難くないように、ヒップホップとリアリティ・ショーとの親和性は非常に高い。カーディ・Bをブレイクさせた『LOVE & HIPHOP』、パブリック・エナミーのフレイヴァー・フレイヴがバチェラー役を務めるデート番組『Flavor of Love』といった、ヒップホップを題材にした、あるいはラッパーたちをフィーチャーした番組や、シンプルにラッパーとその家族たちを追うリアリティ・ショーがいくつも生まれている。

両者には人々を前傾姿勢にさせてしまう共通した理由があるのだろうか。リンデマンが

※36　ダニエル・J・リンデマン『リアリティ番組の社会学——『リアルワールド』、『サバイバー』から『バチェラー』まで』、高里ひろ訳、青土社、2022年(原書は2021年)、11、302、17-18頁。

指摘していたのは、リアリティ番組の登場人物たちはわたしたちの「パロディー」だということだった。そこに共感が生まれる。だからわたしたちは前傾姿勢を取ってしまう。

　ではヒップホップの場合はどうだろう。わたしたちが前傾姿勢を取るのは、ラッパーたちに自分自身を投影し、ラッパーたちに共感するからだろうか。ここまで見てきた通り、ラッパーたちのリリックは基本的に一人称で語られる、個人の物語だ。である以上、リスナーが自己を投影するのは容易ではないだろう。

　たとえばポップスでは、より抽象的で普遍的なテーマ——恋愛や、人間関係、人生観など——を歌い、歌詞の登場人物に自分の姿を投影して、「共感」を軸に楽曲に入り込ませる楽曲が一般的だろう。それとは対照的にヒップホップのリリックは、具体的で、個人的で、特異性の高いトピック——ラッパーの個人的なヒストリーや出来事、成功譚やギャングスタライフなど——を歌っているのだから、「共感」を軸に感情移入することは難しいように思える。

　だとすれば、一体ヒップホップが視聴者にもたらす前傾姿勢の要因は、どこにあるのだろうか。

5

マック・ミラーという特異点

それについて考えるために、リアリティ・ショーとも縁が深く、オーディエンスからの視線を浴び続けたひとりのラッパーの例を見ておきたい。

マック・ミラーは、ピッツバーグ出身の白人という、ラッパーとしては珍しい出自ながら、ビルボードチャート一位を獲得するほどの成功を収めた数少ない例である。そのことからも前傾姿勢の視線にさらされた彼は、自らのドラッグ依存症や鬱と戦いながら、主にSNSで祭り上げられる自らの名声に対して、苦悩を表明したラッパーのひとりだった。

音楽制作に対して人一倍の熱意を持ち、持ち前のユーモアとカリスマ性で多くのファンやアーティストたちから好かれる存在であったマックだが、一時期までの彼の一日は、朝目覚めてまず手に取るスマホでTwitterやインスタグラムのアカウントをチェックし、エゴサーチすることから始まったとインタビューで告白している。そこで自分に対するネガティヴな書き込みを見つけ、最悪の気分でその日を過ごすことになる。さらに彼は自分よりも有名なラッパーたちとの比較に陥ってしまう[※37]。

多かれ少なかれ、誰にでも似たような経験があるだろう。だがシンガーのアリアナ・グランデ――女性としてインスタグラムのフォロワー数が初めて二億を超えた――と約二年

※37 アップルミュージックのラジオ「Beats 1」でのゼイン・ロウによるインタビューより。"Mac Miller - Interview with Zane Lowe," 2018. URL=https://www.youtube.com/watch?v=Uuj39gHDakE

間交際していた彼は、四六時中ゴシップのタネとして世界中から好奇の視線を向けられていた。そんな最中、彼は飲酒運転で電柱に激突する事故を起こし、それを機にネットを断つとともに、音楽作りに集中する。彼は同じインタビューで、ネットから解放されたことは、「最高の出来事だった」と語っている。

彼はまた自身の名声について名物テレビ司会者のラリー・キングとの対話で答えている。[※38] 一五歳からミックステープを作り始め、『K.I.D.S.』（二〇一〇）と題された作品の通り高校生のキッズでありながら成功を収めるが、しだいに鬱に悩むようになった。ネット上に書き込まれている自分の像と自身が認識している本来の自分の境界が、いつの間にかあやふやになっていったのだ、と。

ネット上に書き込まれる自身のイメージは、それがポジティヴなものであれ、ネガティヴなものであれ、本人にとってはリアルでないだろう。にもかかわらず、マックが指摘するように、いつの間にか、自身の輪郭の方をそのイメージにフィットするよう矯正してしまう。

マックは傑作『Watching Movies with the Sound Off』（二〇一三）収録の「I'm Not Real」で「俺はリアルな存在じゃない／そうだったことも一度もない」と歌っている。[※39] そして同アルバム収録の「S.D.S.」の解説では、次のように言及している。

> 俺は自分のことを実在する人間だって信じてないんだ。俺は皆にとって単なるアイ

※38　ラリー・キングによるインタビュー。"Mac Miller On New Album, Battling Depression + Donald Trump," 2017. URL=https://www.youtube.com/watch?v=bdO3SqZXDCg

※39　Mac Miller "I'm Not Real (feat. Earl Sweatshirt)," *Watching Movies with the Sound Off*. Rostrum Records, 2013.

ディアなのさ。俺たちは、誰にとっても実際に存在しているわけじゃない。俺たちは世界に対して発信するアイディアを通して存在してるんだ。※40

マックの言うように、ラッパーは「ラッパーというキャラクター＝アイディア」を世界に対して提示する。衆目を浴びる芸能人と違ってラッパーは、ほかならぬラップのリリックによって、言葉を尽くして自己像を作り上げる。なによりも楽曲やそのMVによって、言葉や視覚イメージで構築される姿がラッパーのキャラクターであり、SNSやテレビで流れる作品外の生身の言動を、それと一致させることが求められるわけだ。

だから楽曲の歌詞を自身では書かなかったり、書いたとしても抽象的で言葉数の少ない歌モノが中心となるいわゆる伝統的なアイドルや、自分ではない誰かの演技をする俳優といった芸能人とは、本質的に異なる存在だ。これはリスナーが自分を重ねることができるポップスと、固有名を駆使しながらディテールを尽くして自分語りをするラップの対照性とも重なるだろう。

しかし作品に描かれ人々の目に触れる「キャラクター＝アイディア」は、実はラッパー自身の実存からはかけ離れたものかもしれない。あまりに多くの目にさらされたために、ラッパーのなかでも人一倍「キャラクター＝アイディア」が膨れ上がってしまったマックは、まるでそう言わんばかりだ。

突然想像もしていなかったスターダムに駆け上がることになったマック。その後

※40　歌詞サイトGenius.comに掲載された「S.D.S.」のリリックにマック本人が書き込んだ解説より、引用者訳。URL=https://genius.com/1702176

MTV2で放送された『Mac Miller and the Most Dope Family』（二〇一三-二〇一四）と題されたリアリティ・ショーに出演すると、彼の名声はさらに高まることとなる。

この番組は、マックが故郷のピッツバーグを離れてLAに用意された一軒家に移り住み、そこで仲間たちと共に音楽制作に励む様子を収めたリアリティ・ショーだった。なかでも印象的な場面のひとつは、マックが友人に自身のペルソナについて打ち明けるシーンだ。マックは「マック・ミラー」の他に、「ラリー・フィッシャーマン」「ラリー・ダラズ」「ラリー・ラブステイン」など多くの別名義＝a.k.a.を使用した。みっつのファミリーネームは、fisherman＝漁師、doller＝金、love＝愛を示しているのだから、それぞれのペルソナの特徴をあるていど反映していると考えられる。それらは彼の内面での「葛藤」を示しているのだと、マックは言う。そしてこれらのペルソナは自分自身を乗っ取って「俺になる」のだと。いま現在はマック・ミラーという人間であるけれど、「同時に別の人格にもなれる」のだと。※41

このリアリティ・ショーのなかで制作していた楽曲たちが、彼のセカンドアルバム『Watching Movies with the Sound Off』として結実する。それはフライング・ロータスやファレル・ウィリアムス、アール・スウェットシャツやタイラー・ザ・クリエイターといった第一線級のプロデューサーやアーティストたちと、アバンギャルドかつポップなヒップホップを追求した骨太の作品集だった。

音楽こそ、マックが全力を尽くす価値のあるものだった。彼はラジオで、あるとき飛行

※41　2013-2014年にMTV2で放送されたドキュメンタリー番組 *Mac Miller and the Most Dope Family* より。

機に乗っていると「リアリティ・ショーに出てるマック・ミラーだ！」と声をかけられたエピソードについて語っている。そのとき腹が立ったのを認識したことで、自分にとってなにが重要なのかに気づいたのだという。[※42] 多くの人々は、音楽を通してではなく、リアリティ・ショーで「おバカ」をやっている姿から、マック・ミラーという人間を認識していた。その反動が「音楽バカ」たちと組んだドープなヒップホップらしい作品として結実したということだ。

しかし「音無しで映画を観る」というアルバムタイトルの真意はどこにあったのだろう。音量をゼロにして映画を観ること。ラッパーの立場に当てはめてみれば、大量の言葉を吐きまくっているのに、それらは人々に届かないということだ。人々の目に映るのは、その表層的なアイディアとしてのラッパー像にすぎない、そうしたマックの思いからきているタイトルだとしたら。

音のない映画。それは一方で、表面的な見た目だけで、ステレオタイプに従って物語を判断させるだろう。だが他方では、物語を自由に空想する想像力を誘引する。もしかしたら観客は、映像に興味を持って音量を上げ、俳優たちの声と言葉を聴き、物語を理解し、自分の想像が正しかったかどうかを確認するかもしれない。言ってみれば、前者はリアリティ・ショーの断片やアリアナとの交際といったゴシップから表層だけを消費するオーディエンスの目線、後者はラッパーとしての彼を前傾姿勢で見つめるヘッズの目線にそれぞれ対応する。両者の視線に挟まれることで、生身の身体と観念的なキャラクターの間を漂

※42　スウェイによるインタビューより。"Mac Miller Speaks on Addictions + talks Love & Working with Kendrick & Anderson. Paak," 2016. URL=https://www.youtube.com/watch?v=gs9E6lFzSE4&t=183s

うアンビバレントな自己像を引き受けるのが、大成功を収めたラッパーの宿命なのかもしれない。

マックはこのアルバム以降、自らの表層的なラッパー像を次々と更新するかのように、リリック面でも音楽面でも新しい表現を追求する。しかし二〇一八年、オーバードーズにより道半ばにして二六年間の生涯の幕を閉じる。

彼の死後にリリースされた『Swimming』（二〇一八）や『Circles』（二〇二〇）は、ラッパーを志す以前からバンドを組みシンガーソングライターを目指していた彼のクリエイティヴィティがさらに開花し、音楽性を見事に更新した作品だった。そこにはマック・ミラーというキャラクターはぼんやりとしか存在せず、ただただ音楽だけが存在しているように見える。

リック・ロスの例のようにヘッズに監視されるギャングスタ・ラッパー的なリアルとは無縁だったマックだが、キッズからスタートし階段を駆け上がるライフスタイルを彼なりにメディアでさらけ出した。なかでも音楽家として創作に没頭するその姿勢は、彼自身にとっては極めてリアルなものだっただろう。だがその音楽を追求する姿勢がきちんと認知される以前に、彼はリアリティ・ショー出演によって世間から注目され、アリアナ・グランデとの交際といったゴシップが大きく取り上げられる。それゆえに彼は、最も切実に「リアル」の意味と格闘しなければならないラッパーのひとりとなった。そしてその格闘そのものが、メディアや彼の作品を通して、ある種のリアリティ・ショーとして多くのオーディエンスにウォッチされ、ヘッズたちに監視されていた。

マックはインタビューで、ケンドリックのようなラッパーであっても人間なのだから当然ユーモアも持ち合わせているし、「自分自身に対してどれだけリアルでいられるかが重要」なのだと答えていた。その「リアル」とは、アンビバレントな自己像との格闘そのものがもたらすリアリティだったのだ。[※43]

6 ラッパーという名の芸術家

マック・ミラーは、前傾姿勢のオーディエンスの視線を浴び続けるなかで、リアルとフェイクのフレームが歪んでしまった例だった。

マックはラッパーとしてもがきながら、多くのコラボレイターたちと共に音楽家の側面を拡大していった。もっと広く「芸術家」として彼のようなラッパーを捉えてみると、新たな視座を獲得できるだろう。たとえば美術批評家のボリス・グロイスの芸術家論は、ラッパーのケースを考えるうえでも有効に思える。

グロイスは、芸術作品を通して伝えられるものは「主体性」なのだと指摘する。[※44] 人間と

※43 2015年にニューヨークのラジオショー「The Breakfast Club」出演時のマックのインタビューより。

※44 ボリス・グロイス『流れの中で――インターネット時代のアート』、河村彩訳、人文書院、2021年（原書は2016年）、151-167頁。

いうものは何者かに監視されながら生きており（グロイスはこれを「透明化」と表現する）、見られることで初めて個人は「主体性」を獲得する。その監視の主体は近代において「神の眼差し」から「世俗の権力」に移行し、その延長にはインターネットを介した個人情報の監視やSNSの公衆監視が待っていた。

これらの世俗の権力によってもたらされる自己の透明化は、一方で過剰に思われるが、他方では不十分なものだ。なぜなら世俗の権力がどんなに監視網を張り巡らせようとも、神の眼差しほどの効果を得ることは決してないからだ。人々は神という存在に眼差されるほどに「透明化」されることはない。どのような監視システムが駆使されても、わたしたちは「部分的」にしか主体化されないのだ。

グロイスが前提としている現代の主体とは、そのように「部分的」にしか主体化されないことが原因で、アンビバレントな期待を無意識に抱いている。自分の身体や欲望が他人からは見えないことを望みながらも、同時に神の眼差しにさらされること、社会を超えた何者かによってもたらされる完全な透明化をも望んでいるのだ。

確かに個人差はあれど、わたしたちのなかには、SNSにさらされることを恐れながら、同時に発見されたいと願い、自己を顕示しようとする心性があるだろう。他者の視線の下で透明化し、主体化を図ることへのアンビバレントな欲望。

グロイスにとって現代美術は、そのようなアンビバレントな欲望に対する、ひとつの応答として位置づけられる。現代美術によって実践されるのは、徹底した自己透明化であり、徹底した自己の主体化であるのだと、グロイスは強調する。ここには芸術のポジティヴな効用がある。その方法を用いることで、透明化は人々をコントロールするために社会によってなされる監視の手段ではなく、芸術家自ら主権を持ってなす行為となるからだ。

それではこのような議論を、ヒップホップについて読み替えることは可能だろうか。わたしは可能だと思っている。KRS・ワンが力説した「サヴァイヴァル・ツール」としてのヒップホップも、抑圧された者が主体性を回復するためのアートだったのだから。

グロイスの議論は、コンセプチュアル・アートをテーマとした論考におけるものだった。彼が指摘するのは、現代におけるコンセプチュアル・アートがわたしたち大衆の実践の相似形になっているということだ。現代人が自らをコンテンツとしてウェブ上にアップしている様相は、アーティストによる美術の展覧会でのインスタレーションと大差がない。テクスト、写真、動画を駆使して、人々はインスタレーションのようにして自己を顕示する。

そのような大衆の実践を先鋭化させたいわば「自己開示のプロ」が芸術家なのだとグロイスは言う。グロイスの議論をヒップホップに援用するなら、自らの人生の物語をライムで語り、自慢話をスキルフルに展開し、SNSを活用して自己発信に明け暮れるラッパーたちもまた、自己開示のプロと言えるだろう。どこまで自己開示ができるのかによって、そのラッパーのリアルが測られると言ってもいい。いわばラッパーとは、一九八〇年代から自己顕示のアートにコミットしてきた専門家集団のことを指すのだ。

考えてみればマック・ミラーの例が示していたのはまさに、人間として最低限のプライバシーを守りつつも、大衆にさらされたいというアンビバレントな欲望だった。彼はリアリティ・ショーに積極的に関わりながら、インターネット上で形成される自己イメージに悩んだのだった。

　ラッパーは、自己を積極的にオーディエンスに向けて提示することで主体性を獲得し、自意識と向き合う。社会のコントロールから離れ、自己透明化を図る。その際の主権はあくまでもラッパー個人にある。しかしマック・ミラーにせよ、本書で後に取り上げるJ・コールにせよカニエ・ウエストにせよ、オーディエンスたちに主体性を持って提示する自己像と、自身の内側に匿うプライベートな自己像――いわゆる本当の自分という幻想――のギャップに、様々な場面で対峙することとなる。

　それはときに、ラッパーならではのリアルとフェイクの狭間での悩みとして表面化するだろう。だがその苦悩がまさに主体性を獲得することにつながる。その姿さえもありのままにさらすのが、ラッパーのリアルな姿勢なのだ。

　リンデマンは、リアリティ・ショーが人々を引きつける理由のひとつに「共感」を挙げた。一方でヒップホップにおいてラッパーのリリックは極めて個人的な物語であり、共感とは遠いものではないかというのが差し当たっての本章の疑問だった。

　だが芸術家と自己開示に関する議論を踏まえて、このように考えることはできないだろうか。ヒップホップがリアリティ・ショーと同様にオーディエンスに前傾姿勢を取らせる理由のひとつにも、やはり「共感」があるのかもしれない、と。

それは決して、ラッパーたちが自己開示する物語自体に共感するということではない。そうではなくて、ラッパーたちが主体性獲得のための自己開示に励み、ときに失敗し、自らを見失う姿にこそ、「共感」は生じるのではないだろうか。他者のまなざしの下でアンビバレントな欲望を抱えながら、リアルとフェイクの狭間でもがくその姿。それはわたしたち自身が日々ネットやリアルで行なっているセルフ・プレゼンテーションにおいて多かれ少なかれ経験していることだから、目を奪われるのではないだろうか。

その意味でヒップホップに熱狂するわたしたちは、みな少しだけ内なるラッパーを匿いながら、前傾姿勢を取っているのかもしれない。

7 フェイク・ドキュメンタリーをまなざす

リアルとフェイクの狭間でもがくラッパーにとって、その姿をリリックで描く楽曲群は、ときに自らのドキュメンタリー作品のような機能を果たす。もっと言えば、それらの楽曲と、その外側のSNS等で発信される言動を併せて、複数メディアの組み合わせによるインスタレーションが完成されると言ってもいい。しかしそれは「本当のこと」とは限らない、話を盛ったものかもしれない。

ラッパーは話を盛っている同業者をフェイクだと罵るが、むしろフェイクとは、ラッパーがラッパーであるために必要不可欠なひとつの要素なのではないだろうか。実際「ほら吹き／バトルの形態」は、ラップのリリックにおける基本的な姿勢でもあるのだった。本章を閉じるにあたり、映像作品としてのドキュメンタリーを通してそれについてあらためて考えてみよう。

かつてゴダールは「全ての映像とはドキュメンタリーだ」と喝破し、黒沢清も「どう考えてもドキュメンタリーとフィクションの境目はない」と言及した。ふたりの映画監督の発言を引用しながら「フィクションとノンフィクションの狭間を探したところで意味などない」と述べるのは、ドキュメンタリー映画監督の森達也だ。彼はドキュメンタリーにさえ純粋な客観は存在せず、誰かが動画を録り、それらを編集する時点で主観的なものになると強調する。制作のプロセスは劇映画とほとんど変わらない[※45]。

森は続けて言う。それは私たちの「実生活」と同じなのだと。私たちの実生活こそ、フィクションとノンフィクションの「狭間を行きつ戻りつしている」のだからと。

フィクションとノンフィクションの狭間とはなんだろう。それはこれまで見てきたリアリティ・ショーが持つ引力の根幹でもあり、マック・ミラーのようなラッパーの立ち位置でもあった。

そのようなラッパーの立ち位置について考えさせられる映像作品がある。『容疑者、ホ

※45　森達也『それでもドキュメンタリーは嘘をつく』、角川文庫、2013年、156、264、114頁。

アキン・フェニックス』(二〇一〇)は、邦題の通り俳優のホアキン・フェニックスに密着した記録映画だ。映画史上でも稀な、最初から最後までリアルとドラマの間のグラデーションについて考えさせられる作品である。

カメラは、ドキュメンタリーの手法でホアキンを追う。順風満帆な俳優としてのキャリアの最中、二〇〇八年に突然引退を宣言する彼の姿がカメラに収められる。そこで彼が選んだのは、「ラッパー」への転向だった。

ホアキンは本作の冒頭で自らを振り返る。彼は自分が作った牢屋の中で身動きが取れずに苦しんでおり、ずっと幼いころから「〝俺〟を演じてきた」のだという。本来の自分と、世間の期待に応える自分が、鶏と卵のようにどっちが先なのか分からない。そのような「現実」に耐えられなくなる。そこで彼は「フェイク」であった俳優業からの引退を決断し、同時にドキュメンタリーを制作することを思い立つ。

ホアキン役を「演じる」のはウンザリで、「本当の俺」でありたいと祈るように彼は言う。このシーンの彼の真剣そのものの面持ちは非常に印象的だし、彼の語り口には引き込まれるものがある。

ともあれそのような理由で彼はラッパーになろうとするわけだが、その試みはあえなく失敗に終わる。彼にラップの才能はなかった。ライブのシーンを見れば即座にそのことが分かるだろう。ホアキンは挫折する。

自ら作りものだと告発した「ホアキン・フェニックス像」を破り捨てたはずが、内側から現れた「本当の自分」としてのラッパーのペルソナもまた、彼の逃避願望が生み出した作りものであり、幻想にすぎなかったのだ。この作品だけに触れた観客の目には、これはシンプルに、本当の自分探しに失敗したひとりの人間のドキュメンタリー映画に映るだろう。

だが少し視野を広げてみると、「本当の自分」としてのラッパーのペルソナが「文字通り」の作りものだったことが分かる。なんと本作のすべてはホアキンの演技による「フェイク・ドキュメンタリー」であり、俳優の引退もラッパーへの転向もすべてはヤラセだったのだ。

リアルタイムでこの映画を見た観客たちは、奇妙な状況に置かれていた。ホアキンが有名トークショーでラッパーへの転向を明らかにしたり、彼のラッパーとしての最初のライブパフォーマンスが悲惨なものであったりしたことは、ニュースなどを通して伝えられていた。ファンであっても、彼の奇妙な言動やメディア等での扱われ方にどう対処すればいいのか分からなかったに違いない。

やがてこれらの経緯をまとめた『容疑者、ホアキン・フェニックス』が公開されるわけだが、これは当時「フェイク・ドキュメンタリー」として公開されたわけではない。あくまでもドキュメンタリー映画として視聴者に届けられた。ヤラセなのではないかと世間から疑いのまなざしを向けられており、米国でのプレミア上映後すぐに「フェイク」であることが公表されたのだ。ホアキンは度を超えた人騒がせの張本人として、「容疑者」として、世間から一斉に批判を浴びることになる（邦題はこの経緯を踏まえている）。ホアキンは私財と時間を投げ打ってまで本作を制作した理由を語っている。リアリティ・ショーを信じる人々が数多くいる中で、逆に制作側が最初から意図をもってリアリティを演じ、人々を騙そうとすると、一体どうなるのか。彼はそれを試してみたかったのだという。※46

リアリティ・ショーもフェイク・ドキュメンタリーも、現実とドラマの中間に位置するという点では同じだろう。だがプロの俳優を主演に据え、過剰に演じられたドラマであることが漏出してしまった本作は、リアリティ・ショーのように人々の共感を呼ぶことはなかった。

観客が「本当のこと」だと思っていたことがフェイクだった。「フェイク・ドキュメンタリー」として視聴者との間に共犯関係を結べないまま、結果的に視聴者を欺くことになったために本作は炎上を招いたのだった。

この炎上劇は先述の、刑務官だった過去を暴かれたリック・ロスの例と比較できるだろう。ヒップホップを「本当のこと」を歌うものとして捉えると、同じようなことが起こりうるわけだ。

コンシャス・ラップの第一人者として名高いJ・コールもまた、「Snow On Tha Bluff」（二〇二〇）のなかで本当の自分を演じることについてラップしている。タイトルは、二〇一二年に公開された同名の映画から取られている。あるドラッグ・ディーラーの日常をハ

※46　2010年、デヴィッド・レターマンのTVショーに出演時のホアキンの発言。"Understanding 'I'm Still Here.' This can't be real, right?," *diggit magazine*, 2020. URL=https://www.diggitmagazine.com/papers/understanding-im-still-here-cant-be-real-right

ンディカメラで追った、こちらも極めてリアルに制作されたフェイク・ドキュメンタリーだ。J・コールは、「コンシャス」ラッパーとされている自分自身のことを「本当は『Snow On Tha Bluff』よりもフェイクな存在」だと感じてしまうとラップしている。[※47] コールはあるとき通りすがりの男に話しかけられる。そして彼の楽曲のリリックに助けられたのだとお礼を言われたにもかかわらず、その言葉をそのまま受け取ることができなかったのだ。自分が演じるラッパーとしてのペルソナに近づくためには、もっとやれたはずだと内省する。

　このようにJ・コールやマック・ミラーは、自身がフェイクだと感じてしまうことを楽曲で告白している。あるいは先述のケンドリック・ラマーのケースも思い出しておこう。彼は「人を殺めたこと」を示唆するリリックさえも「本当のこと」とリスナーに理解される状況に陥っていた。これもあらためて裏を返せば、他のラッパー同様、彼のリリックにもフェイクが潜んでいて当然だということだ。このようなフェイクの存在が、オーディエンスがラッパーたちを前傾姿勢でまなざすひとつの遠因になっているはずだ。

　これらを踏まえると、次のような疑問がわく。

ホアキンのラッパーとしての振る舞いはフェイクだったわけだが、重要なのは、ホアキンがこのフェイク・ドキュメンタリーのなかで選択した職業が「ラッパー」だったことなのではないか。そしてラッパーを選択した理由は、俳優の彼が、演技と不可分の存在、言い換えればフェイクと隣り合わせの存在だと考えたのが「ラッパー」だったからなのでは

※47　J. Cole “Snow on tha Bluff,” Dreamville, Roc Nation, 2020.

ないか。

それではラッパーを演じているとき、彼は偽の演技をしていたのだろうか。俳優の彼にとって、演技することとはいつも「本当に」その役になることではなかったか。だから彼は「本当に」ラッパーになっていたのではないだろうか。

いや、俳優でなくとも、ラッパーたち含めわたしたちがみな他者の視線を前に少なからず演技をしているのだとすれば、そこにリアルもフェイクもないのではないか。先ほど引用した森の言葉の通り、わたしたちの誰もが、フィクションとノンフィクションの狭間を生きている。カメラの前で、ドキュメンタリーを撮影されているかのように。

かつてこの考え方を体系化して議論したのは、社会学者のアーヴィング・ゴッフマンだった。彼は『行為と演技』（一九五九）で、個人というものはふたつの側面から構成されていると指摘する。ひとつは、パフォーマーとしての側面。もうひとつは、それが演じる役柄、ある場面の登場人物としての側面だ。後者の「役柄としての自己」がいわゆる「パーソナリティ」として他人の目に映ることになる。

単純に考えれば、パフォーマーとしての主体がいわゆる「本当の自分」であり、役柄としての自己が「パーソナリティ＝ペルソナ」にあたるだろう。前者が本体で、後者は前者に従属するものと考えられる。しかしゴッフマンによれば、役柄とはパフォーマーに帰属するものでも所有されるものでもなく、あくまで主体が提示する様々な印象を寄せ集めて生じる「劇的効果」なのだという。

そしてこの「劇的効果」は、パフォーマーたちと、オーディエンスたちの協働によって制作される。自己のイメージやパーソナリティは社会的に産出されるのだ。主体とその肉体は、その「役柄としての自己」をしばらくの間ぶら下げておくために壁に打ちつけられた「くぎ」でしかない[※48]。

このようなゴッフマンの議論をラッパーに引きつけてみよう。ラッパーはしばしばいくつものペルソナを持つ。マック・ミラーの三人のラリーのように、それぞれの人格に「a.k.a.」と記し、別の名前をつけて、同時に別の生を生きてしまう。そもそも、本名とは別の名前を名乗った時こそが、ラッパーとしての生の始まりなのだ。いくつもの劇的効果を巧みにスイッチし、トリックスター的に乗りこなすのがラッパーの本分なのだろう。そしてそれは、関わる社会集団ごとに異なる役割を演じる私たちの生き方のパロディーとして見ることもできる。

いずれにせよ、ラッパーが操る複数の「劇的効果」に対して、ラッパー自身は「釘」でしかなく、「本当の自分」なるものは幻想にすぎない。

そう考えれば、ホアキンが俳優からの転向先としてラッパーを選んだ末に失敗に終わったのも、当然のことだったのかもしれない。「本当の自分」なるものを探しに職業＝ペルソナを渡り歩いてみたところで、どこへも辿り着けない隘路に陥っているにすぎない。しかしその渡り歩きの過程がフェイクドキュメンタリーであったとさらされることで、ホアキンは逆に「本当の自分」の幻想性を抉り出せているのではないだろうか。「本当の自分」

※48　E・ゴッフマン『行為と演技――日常生活における自己呈示』、石黒毅訳、誠信書房、1974年、297-299頁。

なるものは存在のしようがない。そのことを、本作とそれを取り巻く炎上劇を通じて示したのではないだろうか。

あるいはホアキンのこの一連の炎上劇を、現代美術として捉えてみることも可能だろう。グロイスは政治活動家と芸術家を比較し「失敗した政治行動はアートにとっては良い作品になりうる」ことを指摘していた。[※49] 失敗こそが、その出来事の背後で動いていた主体の姿を克明に映し出すからだ。政治活動において失敗は隠蔽される必要があるが、芸術家はむしろ失敗を通して主体の透明化を推し進める。

だからホアキンのケースは映画そのものだけでなく、それを取り巻く一連の騒動を作品として捉えることで、現代芸術となる。炎上した燃え滓のなかから、極端な自己透明化を果たしたひとりのプロの芸術家の姿が示されたのだと、そう理解できるだろう。

このときプロの芸術家とは、それ自体は色を持たない「くぎ」を中心に、「ペルソナ」群を衛星のように自身の周囲に侍らせた、トリックスターのような存在だ。[※50]

このホアキンの失敗を通して、ラッパーたちの失敗の本質を見出すことができるだろう。マック・ミラーやJ・コールもまた、「リアル」をさらけ出すラッパーでいることに失敗したのだ。彼らは自分たちがリアルだと、歌えなくなった。自身の演技に無自覚であり続けるには、あまりに多くの視線にさらされ、単なる「劇的効果」への評価は――リアリティ・ショーでバズった自身、アリアナ・グランデと交際している自身、コンシャス・ラッパーとして認められている自身――疑わしきものとなってしまった。だから自らがフェイ

※49 グロイス『流れの中で』、167頁。

※50 ジェイ・Zも著書『Decoded』のなかで、ラッパーは単なる「ドキュメンタリー作家」ではなく「トリックスター」なのだと指摘している。Jay-Z, *Decoded*, p. 55.

ク・ドキュメンタリーの主人公であるかのような視線を自分自身に向け、自問自答することになった。

一方でケンドリック・ラマーは、フェイク＝適度なファンタジーが自明のラッパーでいることに失敗した。彼のリリックはすべて本当のことと認識されてしまう。彼自身は誰よりも想像力豊かなラッパーのひとりであるにもかかわらず、自身の大成功とキャラクターの周知によって想像力の介入する隙間はなくなる。ケンドリックは自身の言葉の持つ人々への影響力の大きさと、実際に自分が家族や仲間にできることの間のギャップに悩むこととなった。

このような失敗をまなざすことへの欲望が、わたしたちに前傾姿勢を取らせるもうひとつの理由ではないだろうか。

わたしたちは、リアルを見たいのでも、フェイクを見たいのでもない。なにがリアルか、なにがフェイクか分からなくなってしまっている人間の姿に惹かれる。自分を疑うことのない成功者ではなく、失敗のなかでもがいている人間に惹かれる。その言動をよくよく観察したうえで、あいつはフェイクだと、批判するかもしれない。だがどちらの場合も、前傾姿勢を取って、その言葉に耳をすますことに変わりはない。

リアルとフェイクの中間地帯に佇むアンビバレントな存在への共感と、反感。わたしたちが抱えるのも、そのようなアンビバレントな感情ではないだろうか。

第2章

オーセンティシティ

Authenticity

1

アメリカの影、再び

前章では、ヒップホップにおいてラッパーたちがなにを歌っているのか、それがリアリティをどのようにもたらすのか、さらには現代のSNSやリアリティ・ショーに囲まれたわたしたちとラッパーの関係性についても考えた。だがそこには、そもそもラッパーの言葉のリアリティを担保するものはなにかという問題がつきまとっている。とりわけ、ストリートやゲットーを持たなかった黎明期の日本語ラップにおいて、その問題は顕著になる。したがって本章および次章では、アメリカ、そしてフッド（地元）という両極に引き裂かれ、アンビバレンスを抱えざるをえなかった日本語ラップが、いかに「真正性《オーセンティシティ》」を獲得していったかを見ていこう。

ここであらためて「日本語ラップ」という名称について考えてみよう。なぜ「ラップ」の前にわざわざ「日本語」とつける必要があるのだろうか。もちろん「英語」で行われるオリジナルが存在するからだ。だから「日本語ラップ」という名称自体が、アメリカのオリジナルのうえに依って立っているわけだ。アメリカのラップなしには存在しない、しかし同時にアメリカのラップからは独立したジャンルとして立ち上がろうとする、アンビバレントな呼称。

だから他のアメリカ由来のカルチャーと同様に、やはり日本語ラップを語るうえでも日米関係に触れないわけにはいかない。様々な音楽ジャンルにおいて、近年洋楽の立ち位置はかつてとは異なっているだろう。たとえばJ‐POPは洋楽の世界の流行とは別に、独自の進化を遂げているように見える。だがことさら日本のラップ・ミュージックにおいては、いまなおアメリカが参照項として機能し続けている。そこには、常にアメリカの影がちらついている。日本語ラップ誕生から長い年月が経過したにもかかわらず、なぜアメリカを忘却できないのだろうか。

日本語でラップをする時点で、多かれ少なかれ意識せざるをえない「アメリカの影」。それは、加藤典洋が一九八二年に雑誌掲載されたデビュー作につけたタイトルだ。加藤は村上龍の『限りなく透明に近いブルー』（一九七六）と田中康夫の『なんとなく、クリスタル』（一九八〇）というふたつの小説に対する文壇の一般的な評価と、江藤淳による評価の差異に着目する。『限りなく透明に近いブルー』の「ヤンキー・ゴウ・ホーム！」というメッセージは「反抗の子」として文壇から評価され、逆に『なんとなく、クリスタル』は文壇からほとんど評価されなかった。しかし、江藤は前者の「反抗心」が虚勢でしかないことを見抜いていたがゆえにこれを評価せず、後者にこそ日米関係における日本の「弱さ」の自覚という批評精神を見出す。つまり日本が隠蔽しようとしている、アメリカなしではやっていけないという「弱さ」が作品に表れているというのだ。だからこそ文壇は弱さを見せつけられたことで怒り、これを全否定した。わたしたちは経済だけでなく文学においてもアメリカなしではやっていけないという思いがあるにもかかわらず、それを隠蔽している。わたしたちが考えているよりもずっと深く、アメリカの影は私たちに浸透しているのではないか。それが加藤の指摘だった。

その指摘から四〇年以上が経過したが、以来ことあるごとに何度でも繰り返されてきた「アメリカの影」についての議論を、ここでもう一度立ち上げてみたい。わたしたちには、アメリカの影の下で自らの姿を探る日本語ラップの自意識と向き合う必要があるからだ。

ヒップホップというジャンルの一般化に伴い、日本語ラップの黎明期を支えた多くのアーティストによる、当時を回想した証言が集められている。皆が口を揃えて言及するのが、一九八三年に公開された映画『ワイルド・スタイル』の衝撃だ。[※1] 当時正体不明であったヒップホップなる文化はこの映画を通して視覚的に捉えられた。グラフィティ・ライターの主人公が、ビジネスとアーティストとしての信念との間で葛藤する――いかに自由を制限されずにオリジナリティのある作品を生み出せるか――劇映画だが、実在のDJやMCたちも出演しており、グラフィティ、ブレイキング、DJイング、MCイングといったヒップホップの四大要素を、ドキュメンタリータッチでカメラに収めたことでクラシックとなった。その豪華出演陣が揃って訪日しパフォーマンスを行ったことにより、日本での影響力も否応無しに増すこととなる。日本語ラップの自意識にとって「『ワイルド・スタイル』の衝撃」は、圧倒的な駆動力となると同時に、穿った見方をすれば、トラウマティックな敗北感をも残した。

※1 『ワイルド・スタイル』は1983年公開のアメリカ映画。チャーリー・エーハーン監督。日本でも同年に公開された。

この映画に衝撃を受けたアーティストたちは一様に、まずは作中人物や来日した出演者たちの格好を真似ることから一歩を踏み出す。日本による欧米文化の輸入が得てしてそうであったように、ヒップホップにおいてもDJやラップなどの聴覚的なコンテンツに先行して、まずはファッションやブレイクダンスなど、見た目で分かりやすい部分から着手された。[※2] しかし『ワイルド・スタイル』が「どのように他と異なる独自の「スタイル」を打ち立てるか」というヒップホップの理念を象徴するフィルムだっただけに、この態度は非常にアイロニカルに映る。このアイロニーから脱しない限り、日本語ラップの自意識が、いわば加藤が指摘したような戦後的な状況——日米安保に守られアメリカなしではやっていけない——から自由になることは難しいだろう。

実際、スタイルから入った先駆者たちは、直ちにとある問題に直面する。ラップで一体なにを歌うのか、という問題だ。第一章でも見た通り、ヒップホップがサウスブロンクスで誕生した当初は、ラップはパーティを盛り上げるための手法でしかなかった。たとえ音楽を希求せざるをえない社会状況が背後にあったとしても、本来、人がダンスミュージックを求めることに特別な理由は不要だったはずだ。だから日本でも、アメリカのラップをダンスミュージックとして受容することは難しくなかった。

しかし徐々にラップは、アフリカンアメリカンたちの置かれた差別的な状況を映し出す鏡となる。グランドマスター・フラッシュ&ザ・フューリアス・ファイブが一九八二年に「The Message」においてゲットーを描写したとき、アメリカのラップは、ただ目の前に広

※2　以下の記事では、『ワイルド・スタイル』の出演者たちが代々木公園を訪れた後、原宿でも歩行者天国でのブレイクダンスブームが来たことが語られている。「1983年『ワイルド・スタイル』初公開の熱気と「文化の衝突」——葛井克亮さんとフラン・クズイさん語る」『web DICE』2015年。URL=http://www.webdice.jp/dice/detail/4674/

がる「風景」が強力なサブジェクトとなることを発見した。[※3] やがてラップの主題は、ゲットーやストリート、ギャングスタライフなどを描くハードコアなものへと変容していった。それを「リアル」に描くことがラップの主眼となっていく。

ここ日本でも、「リアルの発信」がラップをする理由であり、真正性を保持することである、という理解が力を持つようになる。しかし一九八〇年代後半から一九九〇年代にかけて、アメリカほど民族問題が顕在化しておらず、しかも国民総中流と言われたポストモダン消費社会の日本にあって、アメリカ産のリリックをそのまま参照することは困難を極めた。つまり、日本ではストリートやゲットーをそのままラップのリリックに据えるのが困難である以上、別種の「風景」の探求が必要とされたのだ。その探求こそが、そのまま日本語ラップの歴史となったと言ってもよい。「風景」の具体例は四章に譲り、本章ではその流れを概瞰する。

『ワイルド・スタイル』の衝撃から始まった日本のヒップホップにおいても、オーセンティシティが担保できているかが問われてきた。アメリカ産をオリジナルと見たときに、日本語ラップおよびその動機は単なる虚像だと見做されないか。日本語でラップすることの理由をどこに求めるか。

以上見てきたように、日本語ラップの自意識の置きどころは、アメリカの影に囚われている。だとすれば、探るべきなのは、その理由と経緯だ。二〇一〇年代以降のシーンでは、「日本語ラップ」と一括りにするには、あまりにも多様なアーティストと表現が圧倒的な

※3　グランドマスター・フラッシュ&フューリアス・ファイブの「The Message」が発見したブロンクスの風景については、少し補足しておく必要がある。当時、パーティラップの流行の中、ゲットーの悲惨な状況を歌う同曲は異質であった。同曲はメンバーではないデューク・ブーティが大部分を制作し、ラッパーたちは誰もこの曲が売れると思わなかったため、レコーディングを拒否し、唯一口説かれたメンバーのひとり、メリー・メルのみがレコーディングブースに向かったという曰く付きの一曲だ。この曲がリリースされると、予想に反して大ヒットとなったばかりかヒップホップの歴史に刻まれる一曲となった。ラッパーたちが危うく発見し損ないそうになった風景は、この楽曲がヒットしたという事

スピード感で登場し続けている。シーンは拡大を続け、いまでは日常生活で日本語によるラップを耳にすることはなんら珍しいことではなくなった。その全体を一括りに語るのが困難であるいまだからこそ、「アメリカの影」をひとつの参照項として「日本語ラップ」という現象の総体を朧げながら捉えることの意味があるのではないか。ひいてはこの日本社会の様相も透けて見えてくるのではないか。それが本書の試みのひとつである。

実によって拾い上げられ、ヒップホップのひとつの方向性を示すことになったわけだ。Geniusの以下の記事より。"Knowledge Drop: Duke Bootee Actually Wrote & Performed Most Of Grandmaster Flash & The Furious Five's "The Message"," 2021. URL=https://genius.com/a/grandmaster-flash-the-furious-five-s-the-message-was-mostly-written-rapped-by-duke-bootee

2

日本語ラップという片割れのバンズ

『アメリカの影』で加藤が炙り出したのは、アメリカから独立してやっていきたいが、同時にアメリカなしではやっていけないという、アメリカへのアンビバレントな感情だった。それは、まさに日本語ラップがその黎明期から胚胎し、幾度となく相対することを余儀なくされてきた前提条件だ。アメリカで生まれたヒップホップに近づいては離れ、離れては近づき、そのスタイルの模倣度の洗練と、独自の「風景」の探求の間で日本語ラップは発展した。先述のように、一九八〇年代中盤の日本において、サウスブロンクスのゲットーやストリートに類する「風景」を見つけるのは困難だった。だからこそ日本語ラップの先駆者たちは、日本独自のテーマを追求することになる。いとうせいこうがその文学的想像力で東京とブロンクスを接続し、その後一九九〇年代にはMICROPHONE PAGERが渋谷のストリートの風景を立ち上げ、キングギドラが日本語ラップのストーリーテリングの型を示す。

そう書くと順風満帆なようだが、その歩みは決して楽なものではなかった。ヒップホップという文化、特に日本語でラップするという試みは、当時は言うまでもなくマイナーでアンダーグラウンドなものだった。その試行錯誤の一方で九〇年代前半には歌唱法としてのラップを用いたヒット曲がいくつか生まれ、日本語のラップはコアな層にとっては不本意な形で大衆に広く知られることとなる。m.c.A・Tの「Bomb A Head!」（一九九三）を代表にオリコンチャートにランクインするヒット作が登場し、「Ｊ－ＲＡＰ」という呼称も生まれる。

そのＪ－ＲＡＰをポップな商業主義と批判しながら、本物志向の日本語ラップは進化を続ける。九〇年代には音源をリリースするのはコストのかかることだったが、楽曲制作、録音機材の低価格化やＣＤ－Ｒの普及などによって徐々にD.I.Y.＝自主制作盤が流通するようになる。さらにヒップホップ雑誌『ＦＲＯＮＴ』での音源紹介などもあり、ＭＳＣや降神、韻踏合組合といったアーティストたちが登場し、BLACK SMOKER RECORDS、OILWORKS、Da.Me. Recordsのような自主レーベルが発足。次々とインディペンデントなラッパーたちが生まれ、アンダーグラウンドな日本語ラップシーンは活況を呈する。

二〇〇〇年代になるとMSCやTOKONA-X、ANARCHY、鬼やSHINGO★西成、SCARSといったラッパーたちがそれぞれの出身のフッドでの生活や出来事を大胆に描き、日本は描くべきストリートやゲットーという「風景」を持たないという言説は過去のものとなる。

さらにメディアの多様化により、CDやレコード作品とライブ活動以外にも、シーンで頭角を現すルートが出てくる。二〇〇〇年代から二〇一〇年代にかけてMyspaceやSoundCloudといったプラットフォームが発展することで音源の発信は容易になり、ネットを介して名声を得ることが可能となる。また二〇一五年のテレビ番組『フリースタイルダンジョン』に象徴されるようにフリースタイルバトルの普及や、これに伴い各地域で見られるようになるサイファーなどもひとつの回路となる。

同時に二〇一〇年代には、ラッパーたちのペルソナはかつてなく個性を増し、日本語ラップが描くテーマやその背後に映り込む風景も多様なものとなっていく。KOHH、舐達麻、Tohji、OMSB、ゆるふわギャング、AwichやDos Monosといったアーティストの登場によって、それぞれのMVにも映し出される彼らにとって唯一無二のストリートやフッドの景色——KOHHにおけるニューヨークやパリとの対比による王子の駅前、舐達麻における熊谷やアムステルダムの路上、Tohjiにおける郊外の家屋の屋上、OMSBにおけるクラブや地下道と対比される美しい大自然、ゆるふわギャングのサイケデリックでドリーミーな車でのドライブとネオンサイン、Awichにおける沖縄の大地と海、Dos Monos

の映画の文法で時間と空間が切り取られたＭＶのカット——はそれぞれにステレオタイプのイメージから逃れた代替不可能なものとして、アーティストのキャラクター性を非常に強く規定する要素となっている。ラッパーが背景に持つ「風景」は、ときとしてラッパー自身よりも前景にせり出すことすらある。

ストリートの現実を作品に昇華することのできるヒップホップの存在により、音楽の世界で成功し、まさにストリートの現実から脱出することが可能となる——アメリカでは、成功したラッパーたちがヒップホップのポジティヴな側面をそう喧伝してきた。そのようないわばヒップホップを実践する理由が、日本においてもねじれを含みながらようやく獲得されたと言ってよいだろう。ヒップホップを実践するラッパーたちはみな、なんらかの形で社会から抑圧され、それに対抗する手段としてマイクを握っているように見えるからだ。

そのようにオーセンティシティを求めながら前進してきた日本語ラップの自意識の核心部に迫るために、日本語ラップのアメリカの影に対する態度を探っていきたい。そのヒントとなるのは、日本語ラップと同様にアメリカの影に向き合わざるをえないこの国のサブカルチャーが、どのようにこの影と付き合ってきたかを見てみること、それらのサブカルチャーとアメリカの関係を論じた批評の言説に着目することだ。

東浩紀は『動物化するポストモダン』（二〇〇一）の中で、オタク系文化の発展の歴史を次のように記述している。それは「アメリカ文化をいかに「国産化」するか、その換骨奪胎の歴史だった」のだと。確かにアニメや特撮の表現には極めて日本的な意匠が表れており、岡田斗司夫や村上隆が指摘するように、それらは江戸時代にまで遡ることができる。とはいえ江戸時代と現代の文化の表現が直結しているわけではなく、それが「日本的」なものと認識される過程にはアメリカという「ねじれ」が存在する。つまり「オタクと日本のあいだには、アメリカがはさまっている」というのが東の指摘だった。さらには、オタク系文化には、アメリカ産の材料で伝統的な日本を擬似的に蘇らせるという欲望が潜んでいるのだと。[※4]

　ここでは東の議論を裏返し、ラップに敷衍することを試みよう。すなわち、日本語ラップへのアメリカの影響を「ねじれ」と見做し、その奥に日本語でなされてきた歌や文学との連続性を指摘することができるのではないか。なかでも俳句や短歌のように定型の韻律を持ち、テクスト上だけではなく発語される言葉を用いた文化をラップと比較する試みが想像されるだろう。

　実際に、詩人の佐藤雄一は都築響一との「ヒップホップというリアル」と題された対談において、TOKONA-Xと歌舞伎の弁天小僧の台詞を比較し、五七調の定型の問題を考察している。[※5]日本語の歌を「和風」と捉えるとき、最終的には五七調、もしくは七五調の呪縛からは逃れられない。TOKONA-Xは平板な日本語に巧みに強弱のアクセントをつけ――佐藤はこれを「新しい和風のフロウ」と呼んでいる――、それを見事に乗り越えようとしている。この対談は二〇一三年に行われたものだが、さらに一〇年以降経過し

※4　東浩紀『動物化するポストモダン――オタクから見た日本社会』、講談社現代新書、2001年、20頁。

※5　都築響一、佐藤雄一「ヒップホップというリアル」、『現代詩手帖』2013年9月号、思潮社。

た現在においても、TOKONA-Xのフロウは非常に日本語的なものに聞こえる。

この和風のフロウ、THA BLUE HERBや鬼の純文学的表現、あるいは志人の声明や義太夫をラップ化したようなフロウに、日本的な美学を感じたとしても――東がオタク系文化に対して同じように指摘しているように――、それがラップというジャンルのなかった時代、つまりつい数十年前にはありえない表現だったことを思い出す必要がある。それが「日本的表現」だと感じられることには「ねじれ」があるのだ。※6

このように、アメリカという「ねじれ」を経て初めて日本的な要素を享受できる点では、オタク文化と日本語ラップの類似性を見ることができるだろう。だが事態をややこしくする大きな相違点もある。それは伝統文化と接続されることで生まれる「日本的表現」は、少なくとも日本語ラップの初期において、「ダサい」というネガティヴな印象と結びつけられていたことだ。むろん主観的な尺度である以上「ダサさ」とはなにかを定義することなど不可能に思える。しかし日本語ラップがこの「ダサさ」と格闘してきたことは当事者、関係者たちの発言からも裏付けられる。※7

ヒップホップの考え方に沿えば、オリジナリティを有していることが重要になる。だからヒップホップを日本に根づかせるために、アメリカのヒップホップを単にコピーするのではなく、それをどのように換骨奪胎していくかを考えなければならない。日本語ラップとしてのアイデンティティを確立することで、初めてヒップホップ的だと言える以上、オリジナリティを獲得するためには当然「日本的表現」を組み合わせる必要がある。にもか

※6 「日本的表現」の例としてここでは以下の作品を挙げたい。THA BLUE HERB「続・腐食」（1998年）、鬼『火宅の人』（2017年）、志人『発酵人間』（2012年）。

※7 Major Forceレーベルの創設者のひとりでドラマーの屋敷豪太は、日本語が七五調的であるため、黎明期の日本語のラップには抵抗があったことを指摘している（後藤明夫編『Jラップ以前――ヒップホップ・カルチャーはこうして生まれた』、TOKYO FM出版、1997年、74頁）。また、いとうせいこうは、休符が入る当時のラップを「古い」と感じるとインタビューに応じている（いとうせいこう、Zeebra、般若、漢 a.k.a. GAMI、ANARCHY、KOHH、MARIA、T-Pablow『日本

かわらず、その表現は、他方では「ダサさ」につながりかねない。

この「ダサさ」を言語化するために、まずはこれを生み出す「日本的表現」を腑分けしてみよう。ひとくちに「日本的表現」と言っても、もちろん様々なケースがある。それは大きく内容面、形式面に分類できるはずだ。たとえば鬼やTHA BLUE HERBが日本的だというときリリックにおける文学的な語彙や表現、すなわち内容面が言及される場合が多い。あるいは古典や童謡を参照する志人の場合も同様だ。これらはダサいと喝破されることなく、むしろ積極的に評価され、東が指摘したオタク系文化の欲望ともパラレルな、オリジナリティと見做される傾向にある。

ということは「ダサさ」に結びつくリスクを秘めた「日本的表現」とは、内容ではなく形式に関わるものと考えられるだろう。ラッパーの表現のスキルは、フロウ、ライム、デリバリーといった項目によって評価される。「デリバリー」とは聞き慣れない表現かもしれないが、どんな風にその言葉を「届ける」のかという、リズム面を含めた声の出し方に関わるヴォーカル・テクニックを指す。これらそれぞれを考えてみれば、後ほど第三章で詳しく見るように「フロウ」においては五七調・七五調の調子が、「ライム」においてはダジャレと重ねられる表現が、さらに「デリバリー」においては、カタカナ英語や英語「っぽい」(正確ではない巻き舌などの)発音が、それぞれダサさにつながる可能性があるだろう。

他にも、日本語ラップが短絡的に古典文学を援用することへの胡散臭さや、ラップの起

語ラップ・インタビューズ』、青土社、2018年、22頁)。

アメリカの大物ラッパーたちをフィーチャリングした作品を引っ提げアメリカで活躍したDJ Hondaは一九九五年のインタビューで、当時の日本語のラップを乗せても「カッコ悪いだけ」だが、目標は日本語のラップアルバムを制作することだと答えていた。そして彼は2010年代以降、積極的に日本語ラップ作品をリリースしている(『FRONT No.3』、シンコー・ミュージック、1995年、32頁)。

承転結あるいはフリースタイルにおける即興の話術と、落語や漫談、お笑いとの類似性を指摘する向きもある。これらに対してヘッズであればあるほど拒絶に近い反応が見られるだろう。そもそもいとうせいこうのラップ最初期の作品「業界こんなもんだラップ」（一九八五）はノベルティソング（コミックソング）の一種であり、彼は当初コントなどお笑い活動もしていた。その出発点のイメージを引きずり、そこから脱却しようとするところもあったかもしれない。

実際に、落語、漫談、お笑い、ダジャレ、俳句、短歌といったキーワードは、日本語ラップは「ダサい」という批判の際のステレオタイプとして用いられがちと言える。より大きなイメージで括ってしまえば「伝統芸能」の世界と言ってもよいだろう。

つまりオタク系文化とは異なり、日本語ラップの自意識は、自身のオリジナリティ確立のために、伝統芸能を想起させる「日本的表現」を武器として振るうことを避けざるをえなかった。それは日本語ラップのオリジナリティとなりうる一方で、ダサさも呼びこんでしまうリスクを持つ、双刃の剣だったからだ。だからオタク系文化と比較してみると、日本語ラップは、アメリカというねじれをはさんでその向こう側に見出すべき伝統的な日本の像を摑み損なってしまったのだ。そうは言えないだろうか。[※8]

東は『動物化するポストモダン』の終盤で、ある指摘をしていた。それは、動物化するアメリカ型社会を批判し、スノッブ化する日本型社会を肯定したアレクサンドル・コジェーヴを、当時日本のポストモダニストたちが好んで参照していたという点だ。つまりアメ

※8　また、東が同書で提示したデータベースモデルについても、大山エンリコイサムが『アゲインスト・リテラシー』（LIXIL出版、2015年）でグラフィティにそれを応用したのと同様の手つきで、ラッパーやラップの楽曲への適用についての考察が可能だろう。特に一時期の『フリースタイルダンジョン』ブームや、「ニートTokyo」の継続的な成功等によってラッパーのキャラクターとしての受容が加速している状況を考えれば、データベースモデルへの接続は避けて通れないとすら言えるのではないか。

リカから日本への一方的な影響関係ではなく、むしろ日本がアメリカへ影響を与えているという視座を獲得することで、アメリカの影は隠蔽される。これは視線ズラしのような効果をもたらすだけで本質的な問題は変わらぬままなのだが、日本のイメージがアメリカというねじれを経由した虚像でしかないことは忘却されたのだ。実はこれに似たことが、日本語ラップの世界でも起こった。では一体、日本語ラップの自意識は、アメリカ経由の虚像と断じられかねない自己の出自をいかに忘却しようとしたのだろうか。

3 日本語ラップVS.J-RAP

Ｊ－ＲＡＰは死んだ。俺が殺した。
（ＥＣＤ、「さんピンＣＡＭＰ」の冒頭のＭＣより）

一九九〇年代半ば、日本的な「風景」の獲得に奔走する日本語ラップシーンには、次々にアンダーグラウンドの才能が登場する。しかし彼らの革新的なアーティスト像や作品群は、やはりアメリカ産との比較で語られることを免れなかった。そのような出口のない隘件《くだん》の忘却装置として機能することになる。

路を打破するように、あるイベントの開催が企画される。そしてこのイベントこそが、件《くだん》の忘却装置として機能することになる。

日本語ラップ史の歴史的モニュメント。一九九六年七月七日に日比谷野外音楽堂で開催された「さんピンCAMP」と名づけられたイベントは、あらかじめ伝説となることを宿命づけられていた。[※9] 先行して配布されたフライヤーには「RAP版ウッドストック」「後世まで語り続けられることになる」などの文言が踊り、当時のアンダーグラウンドでハードコアな気風を負ったアーティストたちが一堂に会したその様子は、ドキュメンタリーにされるべく最初からカメラに収められていた。[※10] 主催のECDはこのイベントを歴史的なものにし、さらに彼らのアンダーグラウンドな立ち位置にオーセンティシティを付与するため、彼らの「敵」を仮構し、カウンターとしての振る舞いを選択する。そこには十分な理由があった。彼らが相手取ったのは、いわゆる「J－RAP」だ。先述の通り、これは単に商業的な成功のためだけに手法としてラップを採用したポップミュージックを意味していた。そこにはオーセンティシティが存在しないにもかかわらず、世の中でのラップのイメージはJ－RAPに回収されてしまう。これまで数多くのアーティストたちが粉骨砕身してきたオーセンティックな日本語ラップ成立のための活動も、その表層をすくったポップミュージックに覆われかねない状況があった。そこで危機感を募らせた彼らは、「さんぴんCAMP」を開催し、J－RAPに勝利することでオーセンティシティを獲得しようとした。対立軸はもはや日米間ではなく、日本国内の敵との間にある。言い換えれば、日

※9　大和田俊之との対談における磯部涼の指摘。「日本語ラップ批評の現在」、『ユリイカ』2016年6月号、青土社、150頁。

※10　主な出演者はECD、BUDDHA BRAND、SHAKKAZOMBIE、RHYMESTER、キングギドラ、MURO、LAMP EYE、YOU THE ROCK★など。

本語ラップがアメリカ産の虚像なのではないかという疑念は、一旦忘却される。

この「国内の敵」たる「J-RAP」は、半ば実態のない「仮想敵」でもあった。例に挙げたm.c.A・Tの「Bomb A Head!」は、R&Bのスタイルであるニュージャック・スイング的なビートの楽曲に一部ラップという歌唱法が登場するという作りで、ヒップホップの方法論で制作された楽曲とは言い難いものだったからだ。その点は、直後にヒットしたスチャダラパーと小沢健二による「今夜はブギー・バック」（一九九四）とは異なる。フックの「歌のパート」のキャッチーさも手伝ってヒットとなった点では共通しているが、後者はサンプリングベースのビートというヒップホップ的作りの楽曲だったからだ。しかし当時シーンの外側にまで両者の違いを周知するのは容易ではなく、日本語のラップが乗ったポップな曲がヒットしている、という状況だけが共有されていた。

この「J-RAP」という名は、「J-POP」から派生している。この「J」を巡る言説の中で重要なのが、浅田彰による「〈J回帰〉の行方」と題された文章だ。そこで浅田は九〇年代を「J回帰」の時代であったとし、「J-POP」をはじめとしてあらゆるものがJ化され、グローバルな世界の中で日本が自閉しようとしたと指摘する。[※11] それは天皇制にまで及んだ。アメリカのカルチャーも、日本の伝統も、すべてが「J」で括られてしまう。浅田がこの文章で東浩紀に触れていることからも分かる通り、オタク系文化も「J回帰」現象に含まれる。要するに「J」とはシミュラークルとしての日本であり、「J回帰」とは、日本の伝統文化そのものではないカッコつきの「日本っぽいもの」への志向

※11　浅田彰「〈J回帰〉の行方」、『VOICE』2000年3月号、PHP研究所。URL=http://www.kojinkaratani.com/criticalspace/old/special/asada/voice0003.html

を指す。

そう考えてみれば、日本語ラップがさんピンＣＡＭＰで目指したのは、ヒップホップの「J化」阻止であったと言える。ＥＣＤはＪ-ＲＡＰの死を宣言した。日本語ラップはその他の「J」に括られた文化のように自閉しない。「J化」は、結局はヒップホップのオーセンティシティを失うことにつながる。それを避けるために、現在進行形で、アメリカの最新の潮流を追い続ける。アメリカの影を、一身に受け止める。自身が本物かどうかという問いに、囚われている場合ではない。

中途半端に馴染み深いものへ折衷してしまうのではなく、グローバルなヒップホップに開かれ、そのエッジを生きること。「J化」との戦いの先で、本物か虚像かという分類に回収されない自意識を持つこと。現在進行形で新たな地平を切り開き続けるアメリカ産のヒップホップの影響を強く受けつつ、その一方でヒップホップの精神性に基づいてオリジナリティのある進化を志向すること。アメリカの影とぶつかり合うこと。

そのようにして、Ｊ-ＲＡＰを仮想敵とすることで一旦忘却されたかに見えたアメリカの影は、むしろその色を濃くする。結局その影とぶつかり合うことでしか前進できない日本語ラップのあり方は、むしろ明らかとなった。

浅田は「〈J回帰〉の行方」の最後で、「ＪＡＰＡＮ」と「ＪＥＳＵＳ」の狭間で葛藤した内村鑑三を持ち出し、「J回帰」の浅薄さを指摘する。真に葛藤すべきは、日本と「外から与えられた絶対的なドグマ」の間である、と。キリスト教の次にその位置を占めたの

※12 YouTubeチャンネル「Zeebraのラップメソッドチャンネル」より、【激レア】キングギドラの秘蔵デモ音源を公開！Zeebraの声のルーツが明らかに！」（2020）にてこのスタイルの変遷について語られている。URL=https://www.youtube.com/watch?v=ip4nrTz9yVk&t=121s

は共産主義だった。そして冷戦の終わりとともに、共産主義の崩壊とほぼ時を同じくして日本に入ってきたヒップホップもまた、「外から与えられた絶対的なドグマ」と言えるだろう。ヒップホップはいち音楽ジャンルではなく生き方であるとしばしば定義され、「信者」を生み出す。ある行為や考え方が「ヒップホップであるかどうか」が度々議論される。その背景には、ヒップホップか否かを判断する、超越的な存在が措定されている。さんピン世代のラッパーたちは偏執的とも言えるほどの熱意で、この超越者の存在を証明しようとしたと言っていい。

その一角、ニューヨークからオーセンティックなヒップホップを持ち帰ったBUDDHA BRANDは「伝道師」や「黒船」を名乗ったが、その道は平坦ではなかった。あるいはキングギドラのZeebraは最初は英語でラップしていたが、複数回にわたるスタイルの変更を経て、日本語で、野生的ながなり声と落ち着いたクールヴォイスを使い分けラップするスタイルに辿り着いたという。[※12] そこには、内村鑑三と比較されうる、ヒップホップというドグマと自己のアイデンティティを巡る葛藤があったはずだ。そしてアメリカの影に囚われ、いわば手足を縛られつつもこの葛藤と向き合い続けている日本語ラップは、だからこそ、危うい緊張感の下で生き続けているジャンルなのだ。[※13]

※13　一方には、J-POPや歌謡曲など国内の音楽だけに影響を受け、ドメスティックで完結するアーティストたちが登場している。柴那典『ヒットの崩壊』（講談社現代新書、2016年）で指摘されるように、彼らはもはや洋楽にコンプレックスを抱くことなく、日本的な感性を誇りにして堂々と音楽を作っているという。これは「J化」する日本がシミュラークルであることを疑うことがなくなったというひとつの形だろう。しかし日本語ラップの自意識は、シミュラークル化を回避し、右傾化も経て、なおアメリカの影に苛まれている点で、非常に自覚的である。

4

ビートとジャズの出会い

日本でヒップホップを標榜するためにオーセンティシティを必要としたのは、なにもラッパーたちだけではなかった。もちろん言葉を相手取る彼らは、すぐさま「なにを歌うのか」という問題を突きつけられ、英語と日本語の違いに苦しむ。だがオーセンティシティの問題は、DJイングにも、ブレイクダンスにも、グラフィティにももちろんつきまとう。非言語的な営みであるそれらは、ラップとは異なる方法でこの問題と対峙するだろう。

『ワイルド・スタイル』の衝撃を受けた者たちは、まずはブレイクダンスからヒップホップにのめり込んだと記した。一方でDJイングについては、二台のターンテーブルでブレイクビーツを延々とループさせることについて、映画中で特に説明されることはない。パイオニアのひとりである高木完によると、当時はDJとラップに関してはよく分からないというのが第一印象だったようだ。[※14] そういうわけで日本のヒップホップ黎明期には、まずはDJたちがターンテーブルとミキサーを手にし、手探りで二枚使いなどのテクニックを習得していくところから始まった。

ヒップホップはしばらくの間「現場」だけの「ライブ」で生まれるエクスクルーシブなものだった。やがて一二インチレコードに録音される楽曲にその熱量が封じ込められるよ

※14 後藤編『Jラップ以前』、27-31頁。

うになると、ライブでのＤＪイングとは別に、レコードのためのビートメイクが必要とされる。無限に反復しながら駆け抜ける鼓動を刻む主が、ターンテーブルを駆使するＤＪから、リズムマシンやサンプラーと戯れるビートメイカーに移り変わっていくのだ。

一九七〇年代後半から一九八〇年代初頭のビートはバンド演奏によるものだった。その後グランドマスター・フラッシュがライブでドラムマシンを用いたのを端緒とし、一九八〇年代中盤にかけてはドラムマシンを使ったビートへと移行し、八〇年代後半には徐々にサンプラーを使ったビートメイキングが主流となっていく。

第五章で詳しく論じるが、ヒップホップのビートにおける最も豊穣な魅力は、サンプリングという手法で制作された作品群に宿っている。幾重にもレイヤー状に重ねられたサウンドはときに混沌とし、時代もジャンルもバラバラのサンプリング元を辿るというメタ視点での分析を欲望させる。同時にその引用の織物のごとき佇まいは、聴き手の安易な理解を拒絶する。にもかかわらず、それらはあくまで軽やかに、ジャストアイディアで、遊びの延長で、メイクされる。ビートメイカーたちに、クックされる。

日本にヒップホップが入ってきたタイミングでも、現場でのＤＪイングと共に必要とされたのは、楽曲制作のためのビートメイクだった。

そこでビートメイカーたちが意識的／無意識的に対峙せざるをえなかったのは、やはりオーセンティシティの問題だった。既存のレコードを二枚使ってブレイクビーツを反復させたり、サンプリングによってループし音楽として成立させてしまうヒップホップの方法論は、楽器を持たざる者の音楽であり、二束三文のレコードからドープな曲を生み出す価値転倒という精神性を伴うものだった。だからアメリカのヒップホップのビートのサウンドを、単に模倣するだけでなく、その方法論になんらかの思想を持って対峙することが必要に思われたのだ。だが逆に言えば、価値転倒というヒップホップの精神性を理解するのであれば、「本物」であることがオーセンティシティを得られる唯一の方法ではないことにも思い当たるはずだ。

これから格闘の経緯を追っていくふたりのビートメイカーも、そのことに十分に自覚的だった。ヤン富田とDJ KRUSHというある種対照的なふたりのビートメイカー。まるで光と影のような両者は、いわば日本のヒップホップの誕生に立ち会うことを通して、どのようにオーセンティシティを獲得していったのだろうか。

まずはヤン富田の方法論から見ていこう。

日本産ヒップホップビートのルーツをどこに置くか。広い意味ではたとえば坂本龍一が一九八〇年にリリースしたソロ『B-2 UNIT』収録の「Riot In Lagos」等を見出すことはできる。このレコードはYMOの「Firecracker」(一九七八)もプレイしていたニューヨークの三大DJのひとり、アフリカ・バンバータに大きな影響を与えたと言われており、ヒップホップを形成する日本発のグルーヴのひとつのピースとして認識されたからだ。[※15] しかしこれはインストの作品であった。まさに「ヒップホップらしい」、ビートの上にラップが乗る作品としては、一九八〇年代のいとうせいこうの作品群がその先駆けのひとつとされ

※15 『宝島』収録の坂本龍一インタビューには以下の発言がある。「今でもバンバータはYMOの大ファン。彼は僕のソロの『B−2 Unit』の「ライオット・イン・ラゴス」がとても好きで、ヒップホップのルーツだ、ということでDJをやっている時あれをよくかけていたみたい」。『宝島』1988年7月号、JICC出版局、101頁。

ている。一九八五年にノベルティ作品としてリリースされた『業界くん物語』収録の「業界こんなもんだラップ」を皮切りに、一九八六年にはTINNIE PUNXと共にアルバム『建設的』を、そして一九八九年にはソロアルバム『MESS／AGE』をリリースする。そしてそれらの作品で、いとうによるラップを支え続けたビートこそ、ヤン富田の手によるものだった。

ヤン富田は日本におけるスティールパン奏者の第一人者でもあるが、ここではプロデューサー、ビートメイカーとしての彼にフォーカスする。「業界こんなもんだラップ」で彼が披露するドラムマシンによる打ち込みを中心に据えたビートは、ランDMC『King Of Rock』、L・L・クール・J『Radio』、マントロニクス『The Album』などに代表される一九八五年のアメリカのヒップホップシーンと並行する、同時代的なスタイルと言える。さらにいとうによれば、当時の日本にはごく少数しかいなかったスクラッチのできるDJ――藤原ヒロシ、K.U.D.O と工藤昌之、Dub Master Xの三人――を集めたのも、ヤン富田によるアイディアだという。[※16] 三人のスクラッチが順番に繰り出される本作の展開が体現しているのは、ヒップホップの大きな特徴のひとつであるバトル／コンペティションの思想だ。バトルの場を引き込むことによって、同曲はオーセンティックな意匠／衣装をまとっている。

一九八六年リリースの『建設的』には二曲のヒップホップ曲が収録されている。一方は「MONEY」、他方は「東京ブロンクス」だ。ランDMCからの大きな影響を感じるドラ

※16　いとうせいこうが2016年にTBSラジオ「ライムスター宇多丸のウィークエンド・シャッフル」に出演した際の発言より。みやーんZZ氏の書き起こしサイトを参照。URL=https://miyearnzzlabo.com/archives/39748

ムマシンとギターリフで構成される「MONEY」に対し、「東京ブロンクス」は全く異なる世界観を備えている。それは、当時のヒップホップには、まだ少々早すぎるシロモノだった。まだぼやっとした輪郭を捉えているだけの、未来のサウンド。ヤン富田の先見の明は、このビートが、ピアノとウッドベースという「ジャズ」を連想させる楽器と、ドラムの組み合わせで構成されていることにある。

ヒップホップに引用される数あるジャンルの中でも「ジャズ」の立ち位置は特別だ。九〇年代のジャズ・ラップから二〇二〇年代のジャズに対するヒップホップの影響にいたるまで、両者は切っても切れない関係にある。とはいえ、アメリカにおいてヒップホップがジャズと出会うのは、一九八八年のステッツァソニック「Talkin' All That Jazz」や一九八九年のギャング・スター「Words I Manifest」を待たなければならない。「東京ブロンクス」のリリースはこれらに先んじている。[※17] つまりジャズネタのヒップホップ曲の発祥のひとつは日本産だったと考えることができるのだ。

「ネタ」といっても、レコードからのサンプリングはギャング・スターやステッツァソニックの楽曲が始まりで、「東京ブロンクス」のそれはミュージシャンたちによる生演奏をループさせたものだ。ピアニストの高橋誠一と、当時MUTE BEATで活躍していたベーシストの松永孝義による演奏がその正体である。特に松永による輪郭のはっきりとしたウッドベースのサウンドが、アコースティックピアノと併せて、ジャズらしさの要因となっている。

※17 1985年にフュージョンバンドのCargoが「Jazz Rap」というラップ入りの曲をリリースしているが、ジャズではなく当時モダンだったR&B的なフュージョン風の生演奏なので「ジャズネタ」の要件を満たしていないと考える。

このヒップホップとジャズとの出会いに際して、和製英語である「ウッドベース」が果たした役割は大きい。ウッドベースはクラシック音楽においてはコントラバスと呼ばれ主に弓で演奏されるが、指弾きによる独特のサウンド——構造上弦のビビりや、指で弾く際のパーカッシブなサウンドが打楽器のように響く——は、一聴してそれがジャズネタのサンプリングだと分かる記号として機能するからだ。

それを証明するようなエピソードがある。一九八九年に、『HOW TO DJ PART1』と題されたDJ教則ビデオが日本でリリースされた。このビデオには、「業界こんなもんだラップ」でスクラッチバトルを展開した藤原ヒロシ、K.U.D.O.、Dub Master Xらによる座談会とDJプレイの実践解説が収められている。そこでDJたちが使用する音源のなかでも特に目立つのは、同梱のレコードのB面に収録された「Pharaoh's Den」と題されたトラックだ。疾走するブレイクビーツにサンプリングされているウワモノは、タイトルから連想されるスピリチュアル・ジャズのテナーサックスによるフレーズと、ユニゾンでプレイされるウッドベースのベースラインだ。このドープなビート群の制作者もまた、ビデオのイントロにも出演するヤン富田その人だった。

スピリチュアル・ジャズのレコードは九〇年代中盤のジャズ・ラップの流行に伴いサンプリングネタとして重宝されるようになるが、この八〇年代終わりというタイミングでの使用は間違いなく先見の明あり、なのだ。※18

だが話はこれで終わりではない。実はこのビートはジャズを始めに様々なジャンルのサ

※18 ヤン富田によるこのビートは高木完の「ミート・ザ・リズム」（1991）でも聴くことができる。

ンプリングを特徴とするコレクティヴ「ネイティヴ・タン」を構成する代表グループのひとつであるジャングル・ブラザーズによってほとんどそのまま使用されたからだ。キーパーソンはテイ・トウワだ。坂本龍一のラジオ番組への投稿作品で頭角を現した彼は、一九八〇年代に単身ニューヨークに渡り、やがてディーライトに加入、ジャングル・ブラザーズやア・トライブ・コールド・クエスト（ATCQ）の面々とも知り合う。結果として、ヤン富田によるレコードが、テイ・トウワの手によって、ジャングル・ブラザーズの耳に届いたとされる。そのときテイは、自宅でジャングル・ブラザーズのセカンドアルバム『Done By The Force Of Nature』（一九八九）の制作中だった。そこでヤン富田の「Pharaoh's Den」のビートが、なんとそのままタイトルトラックに使用されるのだ——同アルバムの裏ジャケには、「Jungle Dj. Tohwa of Deee-Lite」の名が記されている。[※19]

ヘッズには知られているこのエピソードだが、重要なのはヤン富田のこのビートがなぜ重用されたのかを考えることだ。言い換えれば、彼のビートのどこが新しかったのか。それは彼から連なる「ジャズネタ」を使用したヒップホップの系譜を辿ることで、その革新性が遡行的に見えてくるだろう。

前述のステッツァソニック「Talkin' All That Jazz」や、ギャング・スター「Words I Manifest」、そしてジャングル・ブラザーズの『Done By The Force Of Nature』はまさに同時代的なジャズ・ラップ黎明期のオリジンだが、一九九〇年代中盤にかけてジャズネタの楽曲は量産され、ヒップホップというジャンルの一角を占めるようになる。なかでもトレ

※19 以下、テイ・トウワ本人のインタビューで、ジャングル・ブラザーズの『Done By The Forces Of Nature』のプリプロ（作品のデモ）を彼の自宅で制作したことが語られている。「あの人の音楽が生まれる部屋 Vol.1: TOWA TEI」、CINRA、2013年。URL=https://www.cinra.net/article/column-otoheya-vol1-1-php

ードマークとなるのが、ヤン富田のビートのような、ウッドベースとブレイクビーツを中心に疾走する楽曲群だった。※20

たとえばATCQの一大クラシックアルバム『Low End Theory』（一九九一）のオープニングを飾る「Excursions」。端的に、この一曲でヒップホップは新たな局面を迎えたと言ってもいい。聴いた途端にジャズだと分かるウッドベースによるベースラインのサンプリングループに重たく響くブレイクビーツが絡み合う。同時に立ち上がるQ・ティップのライムは、ヒップホップをビバップになぞらえる父親の言葉を引用し、ブリッジとラストでは演説のような詩人の声が聞こえてくる。

ジャズとヒップホップの関係性を「祖父と孫」になぞらえたのは菊地成孔だが、その比喩に則れば「父親」にあたるのはファンクだ。ヒップホップはその黎明期から、父親に瓜二つだ。ブレイクビーツのグルーヴと反復という根本的な性格を、たとえばジェームス・ブラウンに代表されるファンクの、反復しながら盛り上がっていく演奏からそのまま引き継いでいる。そんなそっくりの父親に反発し、祖父であるジャズのクールな「形見のスーツ」を羽織ってみたら想像以上にカッコよかった――『Low End Theory』とは、いわばそういう傑作なのだ。※21

これは単なる比喩に留まらない。実はビートメイカーたちにとって、現実の父親の肖像も偉大なのだった。グランドマスター・フラッシュ、Q・ティップやピート・ロックからJ・ディラにマッドリブまでが、音楽ファンの父親に多大な影響を受け、ビートメイクを

※20　ブラック・シープ「The Choice Is Yours (Revisited)」（1991年）、エリック・B&ラキム「Know The Ledge」（1992年）、ビートナッツ「Props Over Here」（1994年）など。

※21　菊地成孔インタビュー『intoxicate vol.97』（2012年）より。URL=https://tower.jp/article/interview/2012/07/06/dcprg?srsltid=AfmBOooSJyzquxGMrxntjnh-FtzpmD9OGCjw2LDcpC7jcER03aOqNEXH

志している。Q・ティップは、リリックにも登場するジャズファンの父親のレコードコレクションの影響下で、ポーズ・テープ――レコードのある一小節をカセットに録音し、一時停止したのち同じ箇所をまた録音するという作業を繰り返すことで、人力でブレイクビーツやループを作成する手法――を制作するところからビートメイカーとしての一歩を踏み出した。※22

そのようなビートメイカーたちの父親もまた、さらに彼らの父親――つまりビートメイカーの祖父――からの音楽好きの趣味を引き継いでいるかもしれない。だとしたらジャズは、文字通り孫のヒップホップに、サンプリングネタを引き渡したことになる。あるいは孫からネタをせびられて、その圧倒的なライブラリーを差し出した、という表現の方が近いだろうか。

一九八二年のグランドマスター・フラッシュ＆ザ・フューリアス・ファイブ「The Message」がリアリティ・ラップの先駆けとなったように、『Low End Theory』は知性やウィットと共にある新たなラッパーの主体像、ヒップホップの新たなスタイルを提起した。後に「ネイティヴ・タン」と呼ばれるコレクティヴを形成することになるATCQやジャングル・ブラザーズ、デ・ラ・ソウル、クイーン・ラティファらは、ルーツとしてのアフリカを参照した民族的ファッションを普段着に、黒人の若者としての自意識をあらためて確認し、ときにパーティを楽しみながらもウィットに富んだ個人的で内省的な思考を開陳していく、等身大のラッパー像を提示した。それはQ・ティップが「Excursions」で自ら

※22 Red Bull Music Academyで2013年に行われたQ・ティップのインタビューより。URL=https://www.redbullmusicacademy.com/lectures/q-tip

をシェイクスピアやラングストン・ヒューズに重ねたように、詩人のマインドと比較されるようなものだった。これはギャングスタ・ラップが興隆する八〇年代終盤から九〇年代前半のヒップホップシーンにおいて、極めて重要なスタンスとなる。さらには九〇年代後半以降、ブラック・スター、カニエ・ウエスト、ファレル・ウィリアムスといった重要なアーティストたちにその志や作風の一部が引き継がれていく。

そして重要なのは、この革新がサウンド面での変革と共にあったことだ。もっと言えば、彼らは新たなラッパーの自意識を表現するのに、革新的なビートを必要とした。それはアルバムタイトルにあるように、「低音」へ重心をかける音像の開拓と共にあった。Q・ティップは自身のライムのために、原曲の八分の六拍子の原曲をサンプラーでチョップし四分の四拍子にアジャストしてまでウッドベースによるベースラインを必要とした。エンジニアのボブ・パワーと新たな音世界を開拓した「Excursions《エクスカージョン》」は、固定化するヒップホップのスタイルからどこまで離れられるかを試す「遠足／遠出」だった。

そしてその遠足は、ヤン富田のような実験的なマインドを持つビートメイカーからパスされたバトンの延長線上に成立したものだったかもしれない。

5

ヤン富田の現代音楽

その黎明期には、楽器ではなくターンテーブルとマイクで既存の音楽を好き勝手に用いて表現する、つまり「なんでもアリ」というアバンギャルドな姿勢を持って始まったヒップホップだったが、商業的な成功と共に、流行のスタイルが生まれ——ボム・スクワッドの手によるノイジーなサンプリングネタを駆使したパブリック・エナミー的なビートや、ギャングスタ・ラップの代名詞であるG・ファンクのスタイルなど——、それらは長い目では移り変わっていくのだが、ときに特定のスタイルが支配的な力を持つようになる。

それを壊そうとする新しいモメントは、ヒップホップ史に何度も確認できる。ネイティヴ・タンの登場もそのひとつだった。そう考えてみれば、「なんでもアリ」さに面白さを見出してヒップホップにアプローチしたヤン富田が、ウッドベースやスピリチュアル・ジャズの渋いネタを選択し、それがジャングル・ブラザーズやATCQら、ネイティヴ・タン勢と共鳴するように見えたのも、必然だったのかもしれない。

先ほど見たように、彼が「Pharaoh's Den」をリリースする以前の一九八六年に「東京ブロンクス」はリリースされていた。だから遡行的に見れば、スピリチュアル・ジャズをネタにしたジャズ・ラップのルーツには「東京ブロンクス」で松永孝義がプレイしたベースラインがあったと考えることができる。

ヤン富田は、なぜそのような先見の明を持っていたのだろうか。それは彼のヒップホップへの対峙の仕方を見れば明らかだ。ヤン富田は一九八二年、彼が三〇歳のときにヒップホップに出会っている。それから研究対象として一二インチレコードを買い漁り、スクラッチの練習に励む。中学生でサン・ラ、高校生でファラオ・サンダースやロニー・リストン・スミスの音楽に親しみ、スティールパン奏者として活動しながら現代音楽を研究していた彼にとって、ヒップホップはファンクやソウル、ディスコといったブラックミュージックの延長線上に見えてはいなかった。彼は現代音楽の延長にヒップホップを捉えていたのだ。

彼の視線は、ヒップホップのサウンドが成立する思想や発想面に向けられていた。具体的には、二台のターンテーブルによるブレイクビーツの二枚使いや、サンプリングによるビートメイキングの方法に、現代音楽との共鳴を見ていた。

たとえば一九四〇年代のフランスで、「ミュージック・コンクレート」という試みがピエール・シェフェールらによって発明された。これは「自然界に存在するあらゆる音または人工的手段により得られる種々の音を録音し、機械的、電気的に操作して作品として仕上げたもの」と定義される、現代音楽のひとつのジャンルだ[※23]。自然音、人工音に限らず一旦「録音された音」を加工して作品にするというのは、まさにサンプリングの方法論にほかならない。たとえば一九四八年のシェフェールによる「五

※23　以下で松村が引用している、ブリタニカ国際大百科事典による定義。松村正人『前衛音楽入門』、Pヴァイン、2019年、150頁。

つのノイズ（騒音）のエチュード（5 Études De Bruits）」は、この場合、普通は「練習曲」と訳されるフランス語の「エチュード」（etudes）の「研究」というもうひとつの意味が示しているように、列車の走行音やオモチャから出る音、パーカッション音のような様々な騒音が実験的にコラージュされた作品だ。この方法論はヒップホップにおける、ボム・スクワッドがノイジーなギターとドラムのループをサンプリングして制作した、パブリック・エナミーの「Bring The Noise」（一九八七）と地続きだ。

さらにこれは四台のターンテーブルと、特殊な技術によって「終わりのないループ＝ロックド・グルーヴ」が刻まれたレコード盤を用いて、ラジオ放送された作品だった。要するに「DJイング」＝ターンテーブル同士のつなぎと、列車の走行音のようなノイズが「ループ」を構成するという、後世から見ればまさにヒップホップ的な方法論で制作された作品だったのだ。

このことを踏まえれば、ヤン富田がヒップホップに出会ったとき、それを現代音楽の延長線上に位置づけ、研究し、自らの手法としたのは必然だったのかもしれない。[※24]

ではなぜヒップホップと対峙するにあたって、ジャズネタを取り込む発想にいたったのか。ヤン富田の「研究」の成果は、一九九〇年にスタートした彼のラボ＝「オーディオ・サイエンス・ラボラトリー」に、機材や音楽資料、書物の形でアーカイヴされている。彼が長年をかけて蒐集した一〇七の音楽作品や書物を並べることで、その研究の足跡と、彼なりの音楽史の姿が現れるわけだ。その音楽史において、電子音楽は重要な位置づけを担

※24 ヤン富田『フォーエバー・ヤン ミュージック・ミーム1』、アスペクト、2006年、137頁。

っている。実はジャズネタのヒントは、一見ジャズとは無関係に思われるこの電子音楽の系譜にあった。

彼が研究した電子音楽の源流は、大きくふたつある。ひとつは先述のミュージック・コンクレートの流れ。もうひとつは、一九五〇年代初頭にアメリカで始まった、ウラジミール・ウサチェフスキーとオットー・ルーニングによるテープ・ミュージックの試みだ。後者の系譜にある作品群の中に、ミニマル・ミュージックの重鎮、テリー・ライリーの『Music for The Gift』(一九六三)がある。ヤン富田がアーカイヴにも入れている本作は、ジャズ・トランペッターでヴォーカリストのチェット・ベイカーとテリーの驚くべき共作だ。素材となっているのはチェットのトランペットに加え、ベースとドラムにトロンボーンという編成での演奏だ。「素材」と言ったのはほかでもない、このアルバムはチェットらの演奏を録音したテープをもとに、テリーが「演奏」している作品だからだ。といってもそれは一般的な楽器の演奏ではなく、テープ操作という名の演奏だ。

彼は二台のテープレコーダーを駆使して、特定の演奏部を繰り返し再生する。するとそこには、ディレイのような効果が生まれる。レゲエがこのディレイの力でダブというサブジャンルを生み出したように、録音されたジャズアンサンブルの演奏にディレイを付与することで、一般的なジャズとはまったく別の作品となっている。チェットのトランペットのフレーズが何度も繰り返され重なり合ってノイジーになっていくのを聴けば、これは演奏を「台無し」にしかねない、特に当時はとんでもなく実験的な作品だったことは想像に難くない。

たとえば三曲目に配置された「Music For The Gift: Part 3」の演奏はどうだろう。冒頭ではルイージ・トラサルディのフォービートで刻まれるベースラインが聞こえてくる。これはモダンジャズらしい響きなのだが、やがてトランペットやトロンボーンが演奏に加わると、テリーの操作によりディレイ効果で何度もフレーズが反復され、ベースラインもくぐもった音のかたまりとなっていく。

このホーンサウンドの反復は、モダンジャズのレコードからは聞こえてこないが、九〇年代の黄金期のヒップホップのビートにとっては欠かせないひとつのクリシェでもある。ディレイのかかったホーンのループは、楽曲のフックを派手に盛り上げるためにしばしば用いられたからだ。[※25] さらにもう少し想像力を逞しくして、冒頭のルイージによるベースラインだけを反復させたら一体どう聞こえるだろう。それはまさに、ループするベースラインから始まるジャズ・ラップの楽曲の冒頭部分と見分けがつかないのではないだろうか。

このことを踏まえれば、ヤン富田は、このテリー・ライリーの試みを引き継ぎ、推し進めるような意図を持って、先述の「Pharaoh's Den」でウッドベースによるベースラインをループさせたのではないか。そう考えてみたくなるほど、両者のアプローチは近しい。少なくとも確かなのは、現代音楽の延長としてヒップホップを捉えたとき、「ジャズネタ」をチョイスすることは、理に適った選択肢だったということだ。

テリー・ライリー的な現代音楽の延長としてヤン富田が登場し、その後ヒップホップの

※25　たとえばロード・フィネスのプロデュースによる、ビッグ・L「Steet Struck」1995年、ロード・フィネス「Hip 2 Da Game」1995年、ピート・ロックのプロデュースによるI-N-I「Think Twice」（2003年、制作は1990年代中盤）など。

世界でジャズネタを使ったビートで名を馳せるQ・ティップからJ・ディラ、さらにはNujabesまでが接続されると考えれば、「なんでもアリ」のアバンギャルドなヒップホップの一部としての「ジャズネタ」の普遍性が見えてくるだろう。

当初、ジャズネタを用いたヒップホップにはあらかじめ効果が想定される青写真はなく、実験と冒険の精神だけがあった。J・ディラやNujebesのジャズネタ使いにしても、そのスムースなサウンドの裏側には実験的な意図や野望が匿われていた。それは二〇〇〇年代以降に増えるいわゆる「ジャジー・ヒップホップ」と呼ばれる、聴感のスムースさとエモさを重視し、ジャズのマイルドな側面を抽出したスタイルとは一線を画すものだったはずだ。

ヤン富田が手掛けた『MESS／AGE』は日本のヒップホップ黎明期のラップアルバムだとされているが、それには批判的な見方も存在する。いとうせいこうはヒップホップを数ある最先端のモードのひとつとしてしか捉えておらず、彼を日本語ラップの、あるいは日本のヒップホップのオリジネイターだとするのは疑問が残るという考え方だ。だがヤン富田の試みは、最先端のモードを提示するというスタンスからはかけ離れたものだった。

たとえば彼は、アルバム制作にあたって収録曲「Dada Muffin」のビートを最初に用意する。そこではイタリアの未来派の詩人フィリッポ・トンマーゾ・マリネッティによる朗読やピアノの演奏がサンプリングのネタとなっているのだが、彼はそれらがすぐには理解されない試みであることを承知しているかのように、インタビューで「何年後かに意味を

持ってくる」と述べていた。さらにいとうには、そのビートに「見合う歌詞」を書いてほしいとリクエストしたという。[※26]

すでに小説家としてキャリアをスタートしていたいとうは、当時のUSヒップホップにもまだほとんど見られなかった、フィクショナルな想像力を発揮したライムでこれに応答した。『MESS／AGE』のリリックの「連作みたいなつもり」で小説『ワールズ・エンド・ガーデン』（一九九一）を書いたと語っているように、それはヒップホップ的なリアルとは対極にあり、それゆえ当時のリスナーにとっても評価が難しいものだった。[※27] だがたとえば、「噂だけの世紀末」のような近未来の世界観を表現したリリックによって、想像上の日本の景色を描くことは、アバンギャルドな音楽だったヒップホップにふさわしい極めて実践的な方法だったはずだ。

そのようなリリックを乗せることを含めて、ヤンは最初から、アメリカのヒップホップを単になぞるのではなく、確信犯的にさらに次のレベルを狙っていた。「Dada Muffin」の引用元が示しているように、『MESS／AGE』は考え抜かれて作られた作品だった。AKAIのS1000を駆使して制作されたビート群は、レイヤー状に重ねるウワネタとブレイクビーツのBPMをぴったり合わせるために、計算機片手に作業された。低音を抑えたミックスも、意図的に選択されたものだった。ヒップホップらしい低音が全面に出た音像を作るのは簡単だったが、本作は逆に「1年後、20年後にどう聴こえているか」を意識したものだったという。[※28]

※26 ヤン富田『フォーエバー・ヤン ミュージック・ミーム1』、138頁。

※27 同書、122頁。

※28 同書、140頁。

『ＭＥＳＳ／ＡＧＥ』がリリースされたのは一九八九年だが、一九九〇年代から二〇〇〇年代にかけてヒップホップはジャンルとして巨大化し、商業主義化が一気に加速する。上辺だけのサウンドやスタイルをなぞることでヒット曲は量産されるが、黎明期のヒップホップにあったはずの「発想の転換」や「なんでもアリ」感は当然のごとく失われていく。

その渦中にあってヤン富田は、一九九八年にはグランドマスター・フラッシュを招き、フラッシュがスクラッチしている際の脳波を音に置き換えた「Vinyl Beat Of Two Turntables With Cybernetics And Bio-Feedback」を制作する（アルバム『Music For Living Sound』収録）。ここでフラッシュが二台のターンテーブルでスクラッチしているのは、ヤン富田の「Pharaoh's Den」だった。ヤンが先見の明と共に選んだテナー・サックスのネタは、それから数年後の近未来に、ヒップホップのゴッドファーザーのひとりによって手に取られ、さらなるアウラをまとうことになるのだ。

ともあれ、ヤン富田が「二〇年後」を見据えて持っていたのは、商業主義が加速し、流行が何周かした未来にも失われない、ヒップホップの本質を捕まえるための視線だったのではないか。『ＭＥＳＳ／ＡＧＥ』がビート、リリックの両面において当時まとっていた近未来の音楽という佇まいは、リリースから三〇年以上経過してもまだ失われていない。

ヤン富田のビートが体現していたもの。それは、商業化が進むヒップホップがともすれば忘却してしまう「なんでもアリ」の実験的な精神だった。グランドマスター・フラッシュの脳波で作品を作るというのは「本来ヒップホップがやるべきこと」だとヤンは喝破した。[※29] 教条化した「本物のヒップホップ」よりもヒップホップをやっている、という感覚。それはピエール・シェフェールが騒音をターンテーブルでループさせたり、テリー・ライリーがチェット・ベイカーの演奏をテープでディレイさせ台無しにしてしまうのと同様、常にアバンギャルドであることを自らの成立要件とする、現代音楽の核となる精神性でもあった。言い換えれば、現代音楽の精神性を継ぐことで、ヤン富田はヒップホップで重視されるオリジナリティのある立ち位置を獲得することとなった。

彼のビートは、一方でストリートから生まれたものではない。その意味で、「リアル」なヒップホップではないと断じられるだろう。だがそのことによって他方では、当のヒップホップ自身が忘れてしまいかねない「なんでもアリ」の本質を誰よりもわきまえている。そのようなアンビバレントな距離感を持つ冷静な研究者のような視線が、日本語ラップの進化／深化に寄与してきたことも、また確かなのだ。

※29 同書、279頁、130頁。

6 DJ KRUSHとビートの旅路《トリップ》

ヤン富田のビート群は、ヒップホップ的だった。それはビートメイカーやDJたちが無意識に発揮する実験性との共鳴に、端的に表れていた。しかしそれは一方で、ヒップホップという方法論を現代音楽の延長で捉え直した、極めて意識的＝確信犯的なものだった。いわばコンシャス・ビート。だからそれは、偶然の連続で無意識的にストリートから発生した「ヒップホップらしさ」なるものからは距離があるようにも見えるだろう。それゆえ日本語ラップのパイオニア、あるいはオリジンを巡る議論においては、いとう＝ヤン富田のビートは、しばしば「文化系」だとラベリングがなされる。

その対極に置かれるのが「体育会系」として括られるヒップホッパーたちの存在だ。なかでも象徴的な存在として、B-FRESH 3、後のB-FRESHの名前が挙げられるだろう。DJ KRUSH と弟の BANG、そしてMC BELL の三人によって一九八八年に結成された彼らの現場のひとつは、原宿のホコ天だった。一九八〇年ごろから「竹の子族」（ディスコ曲で踊る）や「ローラー族」（ロカビリーで踊る）を生み出し、JUN SKY WALKER (S) や THE BOOM など多くの「ホコ天バンド」を生み出したホコ天。人々が行き交い交流が生まれ、大規模なブロックパーティの場となるその場所は、当時の日本語ラップにとっても、ストリートと呼ぶことができる場だった。一九八三年には『ワイルド・スタイル』の出演者たちが訪日の際に立ち寄り、「文化の衝突」が観測された現場でもある。

最初期の B-FRESH の音源は残されていないが、ライブ映像から当時のスタイルを垣間見ることができる。DJ KRUSH が二枚使いするブレイクビーツによって支えるのは、日本語をいかに英語の聞こえ方に近づけることができるのか、探っているようなラップだ。

やがてDJ KRUSHはMUROと一緒にB-FRESHを離れ、DJ GOを迎えて三名のユニットであるKRUSH POSSEとして再出発するが、そこでも同じ試みは継続される。彼らには音源として残っている楽曲が多くなく、アルバムのリリースさえなかったが、数少ない音源に収められたこの時代のMUROのラップはすでに完成されているし、ライブの映像ではDJ KRUSHのスクラッチも冴えている。[※30]

　しかしそのKRUSH POSSEも方向性の違いから解散する。後にMUROは、アメリカのヒップホップを向いていた自分に対して、DJ KRUSHは先を見すぎており「こんな音が出た、あんな音が出たっていうのが現代音楽じみた感じ」になっていたと語っている。[※31]

　そのDJ KRUSHが一九九四年にリリースしたセカンドアルバム『Strictly Turntablized』は、ヒップホップの歴史に刻まれる作品だ。決して大げさではなく、それはヒップホップの輪郭を変えてしまった。岐路に立ったDJ KRUSHが取った戦略は、明確な信念のもとに練られたものだった。アメリカ発祥のヒップホップは日本人の自分にとっては「借り物」であり、コピーやモノマネをしていても絶対に勝てない。そのように語る彼が追い求めたのは、オリジナリティだった。それは見事なまでに開花することになる。

『Strictly Turntablized』はラップのないインスト作品だ。といっても前作『KRUSH』の小曲にもその萌芽は見られたし、そもそもインストのビート自体はヒップホップ黎明期から珍しいことではなかった。先述のようにDJの後からMCが生まれたのだし、シングルカットされる一二インチのレコードには、ラップを除いたインストヴァージョンが収録

※30　KRUSH POSSEの音源はコンピレーションのレコード収録の「K.P.」1990年、「Chain Gang」1992年など。また、B-FRESHのメンバーのひとりCAKE-Kがホストを務めるYouTubeチャンネル『082TV by boomista』で当時のKRUSH POSSEのライブ映像を見ることができる。URL=https://www.youtube.com/watch?v=UbfzWdxur0&t=51s

※31　『ALL ABOUT KING OF DIGGIN': MURO』、白夜書房、2003年、33頁。

されるのが一般的だった。

しかしDJ KRUSHにとって、インストのヒップホップアルバムという表現は、必然性のあるものだった。それはラップが乗った「完成形」からの引き算ではなかった。むしろ言葉の不在を、イントロから強烈なグルーヴと魅惑的なウワネタでリスナーに忘却させ、頭を振らせ、そのまま数十分にわたり経過していく時間感覚を喪失させてしまうような音楽なのだ。リスナーは、曲が終わり、さらにはアルバムが終わって初めて思い出すだろう。あれ、ラップはどこにいったんだ？ と。

このヒップホップの新しい形に目をつけたのは、本作をリリースしたイギリスの音楽レーベルであるMo' Waxの創始者、ジェームス・ラヴェルだった。既成概念からはみ出したその音楽は、ホコ天から出発し、ヨーロッパで開花し、やがて世界で人気を博すことになる。この新しい音楽を聴いた人々は衝撃を受けるが、この音楽を指し示す、新しい呼び名が必要だった。一体どんな名前なら適切だろう？

DJ KRUSHがターンテーブルに乗せたレコードだけで制作した『Strictly Turntablized』。時期を同じくして、Mo' Waxの看板アーティストとして登場したカリフォルニア出身の盟友DJ Shadowの『Endtroducing…』。この二枚のアルバムは同じようにヒップホップの枠には収まらず、新しいサブジャンルを体現した。フロアーに溢れるオーディエンスがドラッグでトリップしているようにときに激しく暴れまわり、ときに恍惚として体を揺らすことから、それは「トリップホップ」と呼ばれることになる。

イギリスの音楽雑誌『Mixmug』（一九九四年六月号）は、その新しいサウンドを次のように形容した。

　これがトリップホップだ。頭を縦に振るビートや超太いベース、そしてアシッドハウスのレコードで聞こえてくるような異世界のサウンドへの強迫的な着目からなる器用な混合体だ。それはストリートではなく郊外から生まれ、ヴォーカルパートがないためにアメリカ人でなくとも説得力のあるものを作り出せる。必要なのはクレイジーなビートと狂ったサウンドだけで、長い間でヒップホップに起こった最もエキサイティングな出来事だ。この瞬間にも、ベッドルームのホームボーイたちが革新的でトリッピンなヒップホップを作っている。※32

DJ KRUSH への目配せであるかのように、この新たなヒップホップの担い手は、ニューヨークやLAの「ストリート」出身である必要はないことが強調されている。彼らは、世界中のどこからでも現れうる。出身のフッドというオーセンティシティ（であると同時にある種の「呪い」）を破壊したのは DJ KRUSH だけではない。盟友 DJ Shadow はカリフォルニア州のベイエリアにあるデイヴィス出身で、LAからは距離のある郊外だった。

ほかにも一般的にトリップホップの代表とされたマッシヴ・アタックやポーティスヘッドはイギリス、ブリストル出身であったし、さらには DJ KRUSH や DJ Shadow と並列に

※32　Andy Pemberton, "trip hop," *Mixmag*, Wasted Talent, 1994. 引用者訳。

語られ、イベントにも一緒に出演するなど交流を持ったDJ Camはフランス出身、DJ Vadimはロシア生まれのロンドン育ちだった。

さらに『Mixmug』で指摘されていたのは、トリップホップは「ベッドルーム」から発信される、ということだ。確かにDJ KRUSHはホコ天というストリートを体現する場所から出発した。ターンテーブルを持ち出し、ブロックパーティさながらそのプレイを不特定多数の聴衆に披露した。だが彼の創作活動の場は別だった。DJ KRUSHの初期のビートメイキングはすべて、当時の狭い自室で行われたというのだ。

ビートメイカーたちは、武器であるサンプラーやターンテーブルといった機材の制約から、必然的に決まった作業場所に縛りつけられることとなる。その制約と、ネタのレコードを掘るために（可能ならば）世界中を放浪してしまうほどの行動力との間には、アンビバレントな力学が成立するだろう。ある場所に居座ってひとつのリズムパターンを何時間も追い求める内的グルーヴの探求と、次から次へと世界中のあらゆるレコードを渡り歩いてループを探し回る外的グルーヴの追求と。これらは言い換えれば、ドラマーの探究心とDJの探究心であり、農耕民族のマインドと遊牧民族のマインドだ。両者が混じり合ったところにビートメイカーのアートは開発され、ビートは生まれる。

そのようにしてホコ天という現場から出発した「体育会系」的なDJ KRUSHのビートメイクは、結果としてベッドルームから発信され、世界中のダンスフロアーを揺らした。ヘッズたちの頭の中をかき回し、トリップさせた。いまやトリップホップを契機に、ヒップホップ

プホップのビートのグルーヴはゲットーやストリートにオーセンティシティを求める必要はなくなった。世界中のあらゆるベッドルームから、ビートメイクというコンペティションには参加できる。

そのような新しい世界が到来したのだ。

7 ビートに宿るオーセンティシティ

トリップホップはヒップホップのサブジャンルとして、ビートの美学を体現していた。DJ KRUSH の方法論は、インストゥルメンタル作品を成立させることでビートメイカーの可能性を広げた。だが彼の『Strictly Turntablized』は、単にラップ曲からラップを抜いたインスト作品ではなかった。リズム面においてもサウンド面においてもオリジナリティに溢れるものだったからこそ、従来のヒップホップという言葉では括れないものとなったのだ。

ではそれらのオリジナリティとは、具体的にどんなものだったのだろうか。本作からシングルカットされた代表曲「Kemuri」に見られる、みっつのアプローチから考えてみよ

［図1］ DJ KRUSH「Kemuri」BPM: 90.0 著者作成

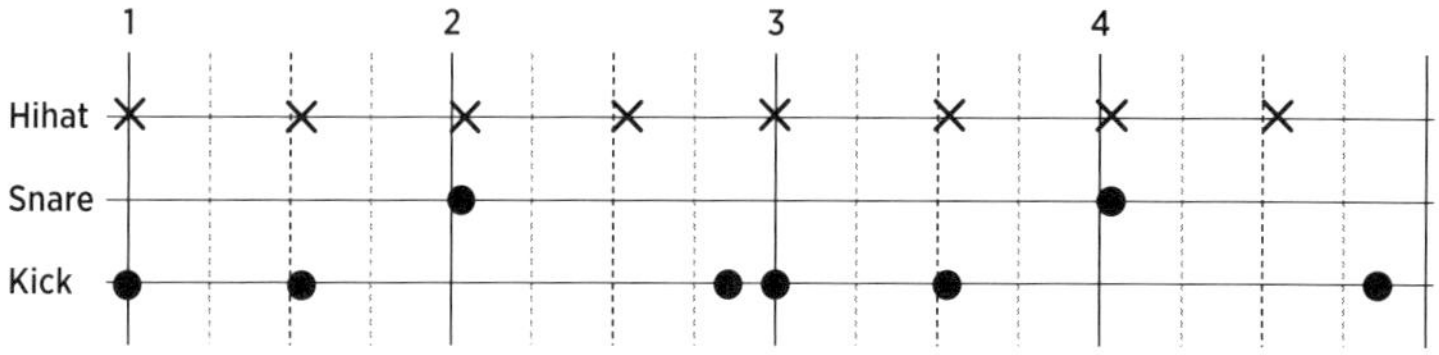

う。ひとつめはリズムストラクチャーについて。DJ KRUSHにとって、ブレイクビーツのリズムこそがその曲の骨格を成す、もっとも重要な要素となる。リスナーがその曲のパートのなかで真っ先に思い出すのが、ドラムのリズムであるような楽曲。ブレイクビーツは、言い換えればポップスにおけるサビのような役割を担うのだ。「Kemuri」のドラムは、元ネタが持っているグルーヴ＝ヨレをいわば拡大解釈し最大化したリズムパターンを有していると言える。このドラムのヨレと音色がサビとして機能し、リスナーに忘れ難い印象をもたらす。

　この曲のドラムのリズムを図1に示す。ミニマルな二拍のパターンの繰り返しは非常にシンプルなものだ。だが注目しておきたいのは、二拍ごとのミニマルなパターンの三発目に打たれるキックだ。正確に言えば、このキックの位置だ。メトロノームのような機械的なリズムでは、ドラムは上図のグリッドの位置で打たれるが、その基準からすると随分と後ろにズレている。この「ズレ」のため、次の二拍のパターンの一拍目（図の3の位置）のキックがほとんど間を置かずにやってくる。その結果、つんのめるような、階段を踏み外すような奇妙な効果をもたらしている。本曲で繰り返し現れるモチーフは「下降」だ。階段を一定のペースで降りているとき、高さが異なる段が交ざっていて転びそうになるところを想像してほしい。二拍ごとという非常に短いスパンでこの踏み外しがやって来るために、リスナーは無意識のうちに地に足のつかない不安定な感覚を抱くだろう。これは決してBGMにはなりえないビートなのだ。

DJ KRUSH本人は、このような「キックからスネアの間」を「最高の距離」だと言う。さらには「そこを動かすためにヒップホップをやっている」のだと。※33 散々ファンクのグルーヴを研究したうえで、それでも独自の間を、自分だけの距離を測ること。そうして生まれたのが「Kemuri」のヨレながら緊張感の持続するブレイクビーツだ。

ふたつめはドラム以外の音ネタについて。まず楽曲全体を通して低い重心をキープするのは、九小節目から入ってきて半音ずつ下降するベースラインだ。対するウワモノは抽象的な断片たち。冒頭から鳴り続ける浮遊感のあるサイレンのような音。あるいは通常のラップならフックにあたる部分の、旋律を伴ったミュートトランペットをさらに籠らせたようなサウンド。

ここでも「下降」のモチーフが現れる。サイレン音は楽曲の序盤から終盤まで、いくつかのビートの展開部分で、ターンテーブルのスイッチをオフにした際のように緩やかにピッチが下がる。ビートが前進しループが繰り返される程に、どこまでも下へ下へ、深みを目指して下降＝トリップを続けるイメージ。これはトリップホップがときに「ダウンビート」と呼ばれることに象徴されている。それまでアップテンポを信条としていたヒップホ

※33 Clubberia掲載の二木信による2015年のDJ KRUSHインタビューより。URL=https://clubberia.com/ja/interviews/740-DJ-KRUSH/

ップは、トリップホップによって、BPM九〇以下のテンポの、ダウナーで内省的な「深い」ビートを獲得する。※34

そしてみっつめの特徴は、DJ KRUSHのトレードマークでもあるディレイのかかったスクラッチ音に象徴される抽象的なサウンドだ。特に中盤で披露される演奏は印象的で、本曲のクライマックスでもある。ラップ曲においては、ヴァースとフックが交互に繰り返される構成が基本となっているが、フックの部分をＤＪの声ネタ――既存の楽曲のレコードのアカペラや、ビートが目立たない部分を利用する場合が多い――のスクラッチが担う場合がある。※35 だがここでのDJ KRUSHの方法論は、そういったヒップホップの定番とは大きく異なる。ビートに合わせて展開されるというよりも、スクラッチ自体が前面にせり出し、中心に据えられる。ラップ曲で言うところのフックではなく、むしろヴァースとして、スクラッチという言語が曲を前進させる。

これらスクラッチのサウンドはどれも、正体不明だ。なんの楽器が奏でているのか判然としない、「～の音」と形容不能なサウンドたち。もちろん、どのレコードからの断片なのかも分からない、出自不明なサウンドでもある。同曲のタイトルである「煙」のように、つかみどころのない抽象的なサウンド。スクラッチ音に限らず、ビートのウワネタについても同じことが言える。

彼の音楽を含むトリップホップはこの抽象的なサウンドゆえに、しばしば「アブストラクト・ヒップホップ」と呼ばれた。それは言うなれば、抽象音という声を獲得した、ワー

※34　さらにいえばこのビートの低速化と酩酊感は、90年代にDJ Screwが端緒となり、現在も様々な作品に影響を与え続けるチョップト・アンド・スクリュードとも共鳴している。咳止めシロップで作るリーンの酩酊感にマッチする低速ビートは、「トリップ」を主眼に置くヒップホップという意味ではトリップホップの親戚と呼べるかもしれない。

※35　ＤＪプレミアの作品にはこの手法も用いた数々の傑作があるが、ほかにもたとえばジェルー・ザ・ダマジャ「Come Clean」（１９９３年）、ギャングスター「Mass Appeal」（１９９４年）、ナズ「Nas Is Like」（１９９９年）など。

ルドミュージックとしてのヒップホップだ。抽象化のためしばしばフィルターやディレイなどのエフェクトを強くかけられるサンプリングネタやスクラッチの残響音は、原音を「盛って」拡張するという意味で、ボースティングを盛ったラッパーのリリックになぞらえられるだろう。インストゥルメンタルであるがゆえにシンプルなループに終始するのではなく、ネタの抜き差しや移行によって展開する楽曲構成は、前章で見たラッパーのストーリーテリングを思わせる。たとえば声ネタや意味深なタイトルによってイメージを膨らませる『Endtroducing…』における DJ Shadow のビートは、ひとつひとつが「物語」だ。

現在から振り返れば、トリップホップの誕生はヒップホップの進化において非常に重要なものだった。一九九〇年代後半以降のアンダーグラウンドヒップホップから、ジャズとヒップホップの関係性、二〇〇〇年代のLAビートまで、「抽象的」なサウンドの影響力の大きさは広範囲にわたる。

少年時代に DJ KRUSH らの音楽を聴いて育ったフライング・ロータスは、インストゥルメンタルで作品が成立することを知ると、やがて自らインストの作品群を構築していく。その作品もまた「枠にはまらない」ものであったため、彼はヒップホップという括りでは捉えられない世界観を獲得していく。[※36]

だが実は DJ KRUSH をはじめとする当事者たちは、「トリップホップ」と名指されて特別視されることに嫌悪感を覚えていた。彼らは単に独自の方法で「ヒップホップ」をまっとうしていただけで、別のサブジャンルを開拓しようとしたわけではなかった。だが裏を

※36　先述のClubberia掲載の二木信による2015年のDJ KRUSHインタビューで、叶わなかったがフライング・ロータスとの共作の可能性があったことに言及している。

返せば、そんな名称をでっち上げなければならなかったのは、彼らの音楽が「枠にはまらない」オリジナルなものであったことの証明でもあった。[※37]

独自のヒップホップを一心に追求しながらも、あまりに独自だったがためにヒップホップと見做されないDJ KRUSHの音楽もまた、ヤン富田のそれと同じように、ヒップホップとのアンビバレントな距離感を保ちながら屹立した。だからこそ、オーセンティシティの問題を無効化する力を持ちえたのだ。

本章の議論を整理しよう。日本語でラップをするにあたっては、オリジナルであるアメリカとの距離感が常に問題となり、ラップをするためのオーセンティシティが必要だった。リリックにおいてその葛藤は日本の伝統文化との距離感に表れ、やがて国内の「日本語ラップ対J－RAP」という対立に上書きされることで忘却されていく。

それではビートについてはどうなのか。ヤン富田とDJ KRUSH。日本のヒップホップの黎明期を支えたふたりは、文化系vs.体育会系という対立軸に明らかなように、水と油のように交わることはなかった。だが同時に、オーセンティシティの乗り越えについて、ふたりは方法論を共有していたのだ。両者とも、ヒップホップの表面的なスタイルに囚われず、その思想や精神性を別々の方法で深掘りした。

ヤン富田は現代音楽の自由さの延長で、「なんでもアリ」のヒップホップの精神性を貫こうとした。彼はジャズのような別ジャンルを積極的に取り入れることで、商業化によっ

※37 『エレキング』11号、エレ・メンツ、1997年、34頁。DJ KRUSHがインタビューで自ら「トリップホップ」と名指された当初の失望と、DJシャドウと一緒に彼らのオリジナリティゆえなのだと笑い合ったエピソードについて語っている。

て失われつつあったヒップホップの「なんでもアリ」の精神をむしろ徹底する。そのことが、オーセンティティを担保することとなった。

一方でDJ KRUSHの試みは、世界中のベッドルームから発信されうる新しいヒップホップ「トリップホップ」として結実する。それはラップのないインストゥルメンタルであるがゆえにワールドミュージックたりえた。その国際性によって、従来のアメリカを規範とするオーセンティシティの問題は乗り越えられたように見える。

遡行的に見れば、やがて前者はATCQ、J・ディラなどに、後者はフライング・ロータスらの試みに受け継がれていく。さらに両者の交点としてのNujabesのような存在が生まれることを考えれば、彼らの試みが世界を巻き込むヒップホップ史に非常に重要な役割を果たしたことは間違いないだろう。

ヤン富田は「本場の音はいつでも出そうと思えば出せた」と発言していた。つまり「本物」のサウンドを表面的になぞるだけではもはや不十分で、もっと核にある精神性を突き詰めなければ、オーセンティシティは宿らないと理解していた。そしてヤン富田のこの認識は、まさにDJ KRUSHが体現したことでもある。DJ KRUSHが「現代音楽じみた」と評されるサウンドを追求した結果もまた、「本物」のはるか向こう側へ辿り着き、ひとつのサブジャンルを形作ってしまうことになるのだから。逸脱的なまでの探求心によって、逆にオリジナリティのある独自のスタイルを作り出すこと。『ワイルド・スタイル』の衝撃」によって始まった日本のヒップホップは、この逆説こそがヒップホップ的なアプローチを手にする手段であることを証明してみせた。

日本語ラップとは、J化という自閉から逃れ、グローバルに開き、アメリカの影＝アメリカの最先端のモードとぶつかり合いながら前進していくジャンルだった。ラップと並走するビートの世界においては、言語の違いという所与の条件からは切り離されているため、技術しだいで本場アメリカと同じようなサウンドをなぞることも可能だっただろう。しかしだからこそ、オーセンティシティの獲得のためには、模倣ではないオリジナリティを有することが必要となった。現代音楽の視線からヒップホップの精神性を深掘りしたり、あるいはグローバルに広がりうるアブストラクトなサウンドを探ったりと、オリジナルなビートメイキングの手法を手にした先人たちを有する日本語ラップは、そのようにしてアメリカの影を睨みながら、前進を続けてきた。

ビートにおけるサンプリングという手法や、リズムやサウンドといったノンバーバルなコミュニケーションは、容易にジャンルや国境を越えうるものだった。だがこのことが逆照射するのは、言語の縛りを前提とするラップにおける、普遍性を巡る格闘の厳しさでもある。あらためてアメリカの影ならぬ「英語の影」について、次章で考えてみよう。

第3章

フロウ

Flow

1

平板な日本語という条件

前章では本来根拠を持たなかった日本語ラップが、どのようにオーセンティシティを仮構し、リアリティを自らのものとしていったかを見た。さらにそのサウンド面における具体的なアプローチとして、ヤン富田とDJ KRUSHによるビートメイクの方法論を紹介した。ここからはさらに踏み込み、実際の楽曲におけるラッパーによる声の演奏というべき「フロウ」の分析を通し、日本語ラップがどのように英語によるフロウを参照しつつ、オリジナリティを獲得していったのかを見ていこう。[※1]

日本にはかつて、近代化を駆動するためのアンビバレントな存在が溢れていた。それは「洋」という、「欧米」を意味する「漢字」という矛盾した存在に象徴される。それは洋食であり、洋服であり、そして芸術分野において洋画や洋楽だった。しかし現在、洋食や洋服にアンビバレンスを感じる場面はほとんどないだろう。「洋」は日本文化に咀嚼され吸収されたように見える。それとは対照的に、「日本語ラップ」はいまだ「日本語」という留保が付けられ、欧米のラップが「洋ラップ」と呼ばれることは稀である。そのジャンルはいまだ現在進行形で近代化のエッジを示し続けている。ひとたび耳を傾けるとアンビバレンスの淡い姿形を認めざるをえないのが、この稀有な音楽ジャンルの特徴なのだ。

※1 あらためてフロウとは、ラップにおける、ラッパーの言葉の発し方、あるいは音楽への言葉の乗せ方を指す。ラッパーのDARTHREIDERは、「言葉が「演奏」されるさま」とこれを定義している。DARTHREIDER『MCバトル史から読み解く 日本語ラップ入門』、KADOKAWA、2017年、6頁。

日本語によるラップがこれだけ普及した現在、「日本語」という留保の響きには、それほどの必然性が感じられないかもしれない。だが黎明期の一九八〇年代には事情は異なっていた。

想像力を逞しくすれば、「日本語でラップをする」という行為は、たとえば「英語で長唄や都々逸を歌う」というような試みと比べられてもおかしくないだろう。これはとんでもなく難易度が高いと想像がつくはずだ。それは西洋音楽と日本の伝統音楽の間に、そもそもの音楽構造の大きな違いが存在するからだ。

西洋音楽においては、楽曲の背後には拍＝ビートが常に流れており、周期律動を持っているのが基本だ。一方日本においては、ジャンルや楽曲にもよるが、小節や拍子といった客観的な尺度が演奏の背後に存在すると捉えられたのは、「五線譜」という考え方が輸入された後のことだった。

もちろん口承を基本とする日本の伝統音楽にも、楽器や音楽ジャンルごとの奏法を記した楽譜は存在した。しかし幕末期に西洋鼓笛を受容するタイミングで、楽器やジャンルを超えた汎用的な五線譜が利用され始める。一八七九年（明治一二年）に設置される音楽取調掛やその後身の東京音楽学校でも、なによりも五線譜が教育の基本となる。伝統音楽を五線譜で書き記すという発想はすぐには生まれなかったが、たとえば明治二五年には長唄「勧進帳」が楽譜化され、三味線だけでなくオルガンやヴァイオリンとの和洋合奏が行われた。[※2]

※2　この段落の記述は以下を参照した。『五線譜に描いた夢――日本近代音楽の150年』、明治学院大学、2013年、後藤静夫編『近代日本における音楽・芸能の再検討』、京都市立芸術大学、2010年。

その後大正・昭和期には邦楽の五線譜化が進んでいき、西洋音楽と邦楽をそれぞれ形作る基本的な思想の違いが可視化されることになる。

特に差が大きいのがリズム面である。たとえば三味線の拍は常に長さが変わり続けるし、正確さを取れば強弱の記号も一音ごとにつけなければならない。[※3]基本的に決められたテンポ通りに演奏されることを前提とする西洋音楽と長唄との大きな違いが、譜面化によって明らかになったのだ。

このことから、海外から見たときにしばしば日本の芸術の特徴とされる「間」というのは、西洋の「休符」とはまったく異なるものだということが分かる。一定のテンポに縛られることのない邦楽において「間」がどれくらいの長さの休みなのかは、数字では測ることができない。

西洋では楽曲の背景には常に拍が存在している。拍が先にあって、それにアクセントを持つ言葉の音節をはめていくわけだ。後述するように西洋音楽においてこれは理にかなった方法であり、それはヒップホップにおいても同様だ。そしてこれを参照する日本語ラップもまた、西洋の拍に合うように日本語の構造を解釈する必要があった。

そしてもちろん、それは簡単ではなかった。なにより大きな壁として立ちはだかるのが、英語と日本語という言語の違いなのだった。まずはそれについて見ていこう。

最初に日本語が「モーラ言語」であるという点について考えてみたい。「モーラ」とは、アルファベットの母音の数を基準とした「音節」とは異なり、音の長さによって単語を区

※3　小泉文夫『合本 日本伝統音楽の研究』、音楽之友社、2009年、240頁。

切る概念である（ややこしいが「拍」とも訳される）。両者は排他的なものではなくひとつの言語に同居するものだが、日本語は音節よりもモーラに比重を置く。言語学者の窪薗晴夫の議論を参考に整理してみよう。※4

そもそも音節とは一体なんだろう。それはある単語を区切る単位のことだ。母音（V＝Vowel）を中心とするかたまりを一単位とし、前後の子音（C＝Consonant）の有無によって「V」「CV」「VC」「CVC」といった種類がある。VやCVのように母音で終わる音節を「開音節」、VCやCVCのように子音で終わる音節を「閉音節」と呼ぶ。

五〇音表を考えればわかる通り、日本語は約九〇％が母音で終わるため、開音節言語と呼ばれる。一方で英語は閉音節言語であり、単語の終わりに子音がくることが多い。VC（an）、CVC（dog）から、極端な例ではCCCVCCCCC（strengths）にいたるまで、母音の前後に多くの子音を伴う。

だが日本語の場合、音節で音の長さを測ろうとすると、上手くいかないケースが生じてくる。撥音（ん）や促音（っ）、長音（ー）等を含む場合がそうだ。これらはみっつとも、音節としてはカウントされないが、実際には一音分の長さを持っている。たとえば「面（men）」はCVCの一音節だったが、平仮名で表記すると「め」と「ん」のふたつに分割できてしまう。この長さを測る単位を「モーラ」と呼ぶ。

分かりやすい例を挙げよう。昔からのジャンケン遊びで、「パイナップル」を「ぱ・い・な・つ・ぷ・る」と数えたことはないだろうか。日本語で「パイナップル」を発音す

※4　以下の議論は窪薗の次の2冊の著書を参照している。窪薗晴夫『音声学・音韻論』、くろしお出版、1998年。窪薗晴夫、本間猛『音節とモーラ』、研究社、2002年。

るときのリズムは、音節に依拠した「パ」「イ」「ナッ」「プ」「ル」の五音ではなく、「ナッ」を「な」と「つ」に分割した、むっつのモーラで測られるわけだ。このようにモーラの数で拍を数える日本語は、「モーラ拍リズム」を持っていると言われる。文字について言えば、母音や子音といった音素単位の文字であるアルファベットに対して、仮名はモーラ単位の文字ということになる。

対する英語は、強勢が「強・弱・強・弱……」というように等間隔で反復される「強勢拍リズム」を持つ。たとえばこのような文章を発音する際のアクセントを考えてみる。[※5]

Which is the train for York, please?

強いアクセントを●、弱いアクセントを○で表現すると、一般的に次のように発音されるだろう。

Which（●）is（○）the（○）train（●）for（○）York（●）, please（●）?

このとき、四つの強アクセント（●）を持つ音節は、同じ間隔で発音される（ことが目指される）という特性がある。だからそれぞれの間に入る弱アクセントを持つ「is the」や「for」は素早く発音される。最後の「York」と「please」の間には弱アクセントを持つ語

※5 以下、次頁までの文例は窪薗、本間『音節とモーラ』、33-34頁。

（音節）は存在しないため、余裕を持ってゆっくりと発音される傾向にあるだろう。

ちなみに英語のこの原則は、文法にも影響を与えている。たとえば副詞の「very」は形容詞の前に置くのに、「enough」は後ろに置くのはなぜだろう。実はこれもアクセントの強弱の調整が関わっている。たとえば「big」と組み合わせてみると、音節単位のアクセントは「very（●○）big（●）」と「big（●）enough（○●）」となる。つまりなるべく「強強」のようなアクセントの連続を避け、「強弱」「弱強」の順番になるように語順が調整される傾向にあるわけだ。この強と弱の交互の繰り返しがリズムを生む。

このように英語ではアクセントの強弱が重要になる。一方の日本語はしばしば平板と言われる。日本語には「強弱」ではなく「高低」によるアクセントがあり、たとえば「箸：はし（高低）」と「橋：はし（低高）」は、音の高さの違いによって意味の違いが認識される。にもかかわらず、実は日本語の語彙全体の約半数は高さの変化を伴わない「平板式アクセント」で発音される。強弱の繰り返しがリズムを生む英語とは対照的に、日本語は強弱差がないばかりか高低差も少ないために「平板」と言われる。だからリズムを生むためには、五・七・五といった一定の音数による区切り――五と七を分かつために「間」を挿入する――を伴う韻律に頼るしかないわけだ。

それに加えて情報伝達における密度の差もある。ラップにおいて、ひとつの音符にひとつの音を当てはめてリリックを作る場合を考えてみよう。日本語であれば「ストレングス」と発語する場合、むっつのモーラによる音数が必要となる。ところが、英語であれば

「strengths」はCCCVCCCCCの形となり、母音「e」を中心としたひとつの音節に乗せることができる。これは極端な例だが、ここで生じているのは恐ろしいほどの情報量の格差だと言えるだろう。

この両者の差異は、たとえば『アナと雪の女王』（二〇一三）のテーマ曲「Let It Go〜ありのままで〜」の日本語版と英語版のサビを聞き比べてみると分かりやすいかもしれない。歌の歌詞は、原則として一音一音のメロディにひとつの音節を当てはめて作られるからだ。「Let it go, Let it go / Can't hold it back anymore」は「ありのままの／姿見せるのよ」と訳される。※6

両者の情報量の違いは明らかで、日本語訳の苦労が透けて見えるようだ。英語の歌を日本語に翻訳する場合、意味を極力保ちつつコンパクトな表現にまとめる必要がある。たとえば後に続く「I don't care what they're going to say」は直訳すれば「人々が何と言おうと私は気にしない」となる。しかしこれでは二一文字（モーラ）もある。メロディは八音節分しかないのだから、これを日本語で八つのモーラ、半分以下の八文字に変換しなくてはならない。その結果が「人々が何を言おうと」の部分を省略した「何も恐くない」になったわけだ。

英語の歌は、ひとつの音符に、ひとつの音節があてがわれる。「it」も「strengths」も同じ一音だ。一方の日本語の歌は、ひとつの音符に、ひとつの文字＝モーラがあてがわれる。だから、歌のメロディの場合、音符の数＝英語の音節数＝日本語のモーラ数という等式が

※6　松たか子「レット・イット・ゴー〜ありのままで〜（日本語歌）」、2013年。訳詞者は高橋知伽江。Idina Menzel「Let It Go」2013年。

成り立つわけだ。

以上をまとめると、英語の〈閉音節言語＋強勢拍リズム＋強さアクセント〉という特性に対して、日本語は〈開音節言語＋モーラ拍リズム＋高さアクセント（平板式アクセント）〉という特徴を持つ。さらにはそれに伴い、一定時間に詰められる情報の密度、ひいては聴感上のスピード感に違いがあった。

ビートの上で言葉をリズムに乗せるというだけなら、どんな言語でもラップをすることは可能で、そこに正解はないはずだ。だがアメリカ生まれのヒップホップにおいては、必然的に英語によるラップが本物だとされた。つまり〈閉音節言語＋強勢拍リズム＋強さアクセント〉を持つ英語によるアートとして誕生し、進化していった。だから日本語によるラップは、始まる前から〈開音節言語＋モーラ拍リズム＋高さアクセント〉という言語特性が生み出す「平板さ」、加えてスピード感の欠如＝間延びと戦わなければならない運命にあったのだ。

2

押韻という名の欲望

次に「ライム≠押韻」について考えてみよう。なぜ両者の間に置かれる記号が「ニアリーイコール」なのか。「rhyme」と「押韻」は確かに互いの訳語ではあるが、両者を等式で結ぶのは難しいとわたしは考える。言語構造の違いと、それに伴う慣習の違いがとてつもなく大きいからだ。

そもそも押韻という概念自体が、日本語表現においては顧みられない傾向にある。だがそれも不思議なことではないだろう。和歌のような伝統詩からして、そもそも押韻すべしというルールはなかったのだから。[※7]

だがそこに視線を向ける表現者の存在もあった。日本においても近代詩の成立以降、西洋の詩型に倣い、押韻を積極的に取り入れようとする動きはあったからだ。よく知られている例としては、「いき」や「偶然性」について考察した九鬼周造による、昨今では日本語ラップと関連して取り上げられることもある「日本詩の押韻」（一九三一）がある。しかしここで目を向けたいのは、福永武彦、中村真一郎、加藤周一らを中心に、一九四〇年代に勃興したマチネ・ポエティク運動である。結論から言うと彼らの運動は上手くいかなかったのだが、その理由にこそ、日本語ラップが対峙しなければならない日本語の特性がはっきりと……

※7　この事は現代においても変わっていないように思われる。後にも少し触れる日本語ロック論争の結果、英語ではなく日本語がロックを歌う言語として選ばれた。これは見方を変えれば、ロックやポップスは日本語で歌われるのだから韻を踏む必要はない、という免罪符を得たも同然の出来事だったと言える。

っきりと示されているからだ。

この運動は、言論統制により同人雑誌の出版すらままならなくなった戦前期、せめてもの文化活動として月に一回開催された詩の朗読会を端緒としている。そこに持ち寄られた作品群が、戦後に一冊の詩集として出版されたのだ。その『マチネ・ポエティク詩集』の冒頭、「詩の革命」と題して中村真一郎は次のように述べている。


現代の絶望的に安易な日本語の無政府状態を、矯め鍛へて、新しい詩人の宇宙の表現手段とするためには、厳密な定型詩の確立より以外に道はない。（それが如何に困難であらうと）『歌経標式』以来、千年にわたる我々の詩人たちの夢であつた、韻の問題も、此処で始めて実現過程に入るであらう。中世以来、専ら西欧詩人達のみの形式に役立つて来た此の《双生児の微笑》を、我国の抒情詩の第四回の革命のための武器として、我々は再び東洋の手に奪還する。それは我々の愛する日本語から、計り知られぬ程の多くの美しい可能性を引き出すだらう。[※8]

ここで注目しておきたいのは、定型詩を形作る諸要素のなかでも、特に中村が「双生児の微笑」と呼ぶ韻＝ライムが、日本語から「計り知られぬ程の多くの美しい可能性を引き出す」と力説されている点だ。

しかし当時、この運動は支持されなかった。寄せられた批判のなかでよく知られている

※8 中村真一郎「詩の革命」、福永武彦ほか『マチネ・ポエティク詩集』、水声社、2014年、15頁。

のは、詩人の三好達治によるものだ。「マチネ・ポエテイクの試作に就て」と題した文章で、三好は実際にマチネ・ポエティクの面々によって作られた詩作品を「つまらない」と一蹴している。

三好が押韻を伴う定型詩を批判する理由。それは端的に、日本語は押韻に向いていないという考えだった。彼は大きくふたつの論旨を展開する。ひとつめは、アクセントを持たない、平板な日本語の音韻的性質についての議論だ。彼はマチネ・ポエティクの実作を例に挙げて、「脚韻の部分の効果が、いっこうに読者の注意を喚起しない」ことを示しつつ、それは強勢アクセントを持たず、かつ開音節言語である日本語の性質上、仕方ないことなのだと述べる。

由来日本語の声韻的性質が、そういう目的のためには困った代もので、単語の一語一語に就て見ても、母音が常に小刻みに、語の到るところに、まんべんなく散在していて、常に均等の一子音一母音の組合せで、フィルムの一コマ一コマのように正しく寸法がきまって、それが無限に単調に連続する［中略］とにかくその点、徹底的に平板に出来ている。子音の重積集約が語を息づまらせるという障碍作用もなければ、母音の重畳累化が語の発声をその部分で支配的に力づけるという特色もない。※9

この三好の慧眼。なぜなら彼の指摘は、英語と日本語の詩が必然的に持たざるをえない

※9　三好達治「マチネ・ポエティクの試作に就て」、『現代日本文学体系　82　加藤周一・中村眞一郎・福永武彦集』、筑摩書房、1971年、412-413頁。

性質の違いを、ひいては日本語ラップが突きつけられた課題を端的に示してしまっているからだ。「徹底的に平板」な構造をしている日本語は「単調」で、子音の量もなければ母音が強いアクセントでリズムを作ることもない。だからそもそも押韻してもいっこうに印象に残らない、と三好は指摘するのだ。

そしてふたつめに、発音以前の文法的な困難がある。日本語の構造上、どうしても語尾が動詞や「だ」や「です」ばかりになってしまうのだ。西洋語の名詞の数と比べ、日本語の動詞は数が少ない。この語尾の問題は、「工夫の余地がない」ほど「致命的」だと言う。

> 邦語に於ける語尾（文章語口語を通じて）の単調は凡そ筆をとるほどのものの常になやまされるところで、我々はその点でほとんど鈍磨した神経を以て平素文章を草しているといってもいい位だ。
>
> この語法を以て詩に於ける脚韻を押そうとするのは、無理だ、一言にいって、元来が無謀だ。
>
> 私は詩に於ける押韻、――脚韻を踏もうとする試みの前途をはばむ障碍として、過去にも現在にも、また未来にも、この点を最大の難関と考える。この宿命は致命的だ。改革の余地がなく、工夫の余地がない。[※10]

つまり三好は、音韻面においても、文法面においても、日本語で韻を踏むのは困難であ

※10　同書、413頁。

り、マチネ・ポエティクのように無理矢理それを実践しても、読者にとって効果があるものにはならないと批判しているわけだ。韻を踏むのに圧倒的に適していない、日本語という前提条件。これに対峙しようとする詩人たちの試みがいかに無謀なことなのかを、三好は明らかにしてしまった。三好の指摘を追っていくと、押韻が日本語に馴染まないのは、宿命的であり、致し方ないことのように思える。

それに対して、西洋の言語芸術の歴史を眺めてみれば、伝統的な詩歌からラップまで一気通貫するライムの存在は明白だ。たとえば英語の詩のルーツを辿れば、ゲルマン民族がブリテン島に渡った五世紀以降、英語の歴史の開始と共に生まれた、頭韻を踏む古英語による詩に行き着く。やがて一〇六六年のノルマン人のイングランド征服を経て英語の仕組みが変化し、中英語と呼ばれるようになるころには、頭韻詩だけでなく脚韻詩が生まれる。一行が六、八、一〇等の音節から成り、弱音節と強音節が交互に現れてリズムを作り、脚韻が踏まれる形式だ。さらに一六世紀以降の近代英語の世界では、一行が一〇の音節からなる、弱強五歩格が中心的なスタイルとなる。

だからラップを詩として見たとき、二拍目や四拍目の韻を踏むオーソドックスなスタイル（オンビート）は、まさに古英語の時代からの延長と考えることができる。ごく自然に血肉化されているライムは、アメリカのラップにおいても当たり前の前提条件となる。

あるいは、もっと広い視点で押韻を眺めてみることもできるだろう。たとえば哲学者アランは、その有名な芸術論のなかでこう述べている。私たちは、テクストを朗読するとき、あるいは黙読して頭の中で響かせるとき、同じ母音による「韻」を無意識に期待しているのだと。アランが強調するのは、詩のなかには音楽が生きており、韻の響きこそがその証となっているということだった。[※11]

しかしこの議論は西洋に限定されたものに思える。アランの主張に反し、日本語は押韻を持たなかったからだ。では日本語には、押韻の欲望はなかったのだろうか。そうではない。ほかならぬマチネ・ポエティク運動が、平板な日本語から韻という「美しい可能性を引き出す」という欲望の表れだったのだと考えるべきだろう。確かにその試みは批判され、ほとんど笑い物のようにされた。結果その活動は長く続かなかったが、ジャンルを超えてこの課題を引き受けることになったものこそ日本語ラップなのだ。だがそこでも「rhyme」を「押韻」と日本語訳し、まずはそれを意識することから、いちから始める必要があった。「伝統芸能」とは違うのだと。

興味深いのは、三好の指摘は結果として、ある種の予言となっていたことだ。日本語ラップにおいてリズムのある韻律を作り、押韻することの困難さに対する、予言。当時の状況から考えてみれば、二〇二〇年代の今の様子は一体どのように映るだろう。日本語ラップの勃興によって「押韻」という概念がこれほどまでに一般に意識され、ラップファン以外にも通じる時代が現に来ている。ほとんど奇跡のような時代だと言えるだろう。

※11　アラン『芸術論20講』、長谷川宏訳、光文社古典新訳文庫、2015年。

3 Keisuke Kuwataという起源

それでは、平板な特性を持ち、押韻という文化のない日本語を用いてラップをするとは、具体的に一体どういうことなのだろうか。日本語ラップの黎明期、『ワイルド・スタイル』の衝撃を経てラップへの取り組みが始まった当初、日本のラッパーたちはそれを何語で試みるのか、という課題にまず直面した。日本語がラップにフィットするとは思えず、英語で取り組みを開始した者もいた。一方で、最初から日本語の可能性を探求したラッパーも存在した。

つまりこの時点では、今私たちが目にしている「日本語ラップ」というジャンルが生まれずに、英語によってなされる「日本のラップ」と呼ばれるジャンルとなる可能性もあったわけだ。言い換えれば「日本語」が私たちのラップの言語としてのオーセンティシティを獲得できず、駆逐されてしまう可能性すら存在していた。

そう考えてみると、一九六〇年代後半から一九七〇年代前半にかけて「日本語ロック論争」と呼ばれる議論があったことを思い出さずにはいられない。そこで問われていたのは、単純に言えば「ロック調の楽曲の歌詞を日本語にしても、ダサくならないか?」という点だった。この議論のきっかけは英語詞を用いた内田裕也から、日本語で歌うアーティストたちへ向けた一方的な挑発だったとされている。その内田が率いるフラワー・トラベリン・バンドは海外契約を手にし、一方ではっぴいえんどは『風街ろまん』（一九七一）という圧倒的な作品によって日本語でもロックが成り立つことを証明した。そして七〇年代終わりに、この論争を無効にしてしまうかのように、日本語をベースにしつつ、圧倒的に英語風のイケてるサウンドに「空耳」させてしまおうと試みる者が現れる。桑田佳祐、その人である。

桑田がデビューした当時は洋楽が絶大な影響力を持っていた時代であり、キャロルなど日本語と英語を「ちゃんぽん」する歌詞もまたクールだとされた。その傾向は現在でも少なからず続いていると言えるだろう。だがサウンドの響きのみを追求して取ってつけたように挿入される英語詞は、そもそも意味を成さないケースも多い。どうせ意味の通らない表現にしかならないのであれば、英語の響きを日本語の歌詞に取り入れて「空耳」させてしまえ、というのが桑田の発想だ。

彼は八〇年代を通して様々な試みを展開し、九〇年代にはその手法が完全に確立される。一九九四年にリリースされた彼のソロアルバム『孤独の太陽』のオープニング曲「漫画ドリーム」を聴いてみよう。傍線の箇所は韻を踏んでいる――ライムしている――箇所だ。

みな無茶なノリで　世は醜態の嵐
魑魅魍魎行く東京の真夜中に見た　ビッグ・バンな魂

Ma Ma Ma…漫画ドリーム
…なんかスクリーム
I got a…漫画ドリーム
いっさいがっさい…あんじょう学びや!![※12]

ここでは、三好が指摘したような語尾を巡る日本語固有の宿命は、体言止めや倒置法によって乗り越えられているように見える。歌詞は時事ニュースの風刺をベースとしたコンシャスなものだが、一聴では英語と日本語のちゃんぽんで歌われているように聞こえ、ほとんど意味が頭に入ってこないだろう。しかし実際には、英語のように聞こえる箇所も、そのほとんどが日本語で歌われているのである。

つまり桑田はここで、日本語の母音や子音を、英語のそれへと置き換えることで英語に「空耳」させている。たとえば「嵐」や「魂」の「shi」の音は英語の「si」の音に置き換えられている。あるいは冒頭の「みな」は「mi」と「na」が同じ強さで発音されるのではなく、「na」に強アクセントが置かれ、「mi」は弱く、英語のあいまい母音かのように発音されている。つまり英語風の強弱アクセントが適用されていると言えるだろう。

さらには「ビッグ・バン」も「ドリーム」も「スクリーム」もカタカナ発音ではなく英語に近く発音されるため、周囲に置かれた日本語もまた英語のように聞こえる。たとえば引用冒頭の「ノリで」は「ノ」に強アクセントを置き長音で伸ばされ、さらに末尾の

※12　桑田佳祐「漫画ドリーム」、『孤独の太陽』、タイシタレーベルミュージック、2014年。

「で」が「de-i」のように発音されるため、仮名表記をするなら「ノーリでぇぃ」に近い歌われ方になる。これによって、「holiday」の一文字目を「n」に差し替えた、「noliday」と綴るべき架空の英単語のように聞こえるのだ。

しかも傍線の箇所、たとえば「漫画ドリーム」と「なんかスクリーム」は日本語と英語発音の組み合わせでしっかりライムをする面白さを備えている。この押韻部分を含めて、本曲はこの六行のヴァースのセットが六つ用意されるという、定型詩的な作りとなっている。二行目の冒頭には毎回四字熟語が置かれるが、シャウトによる歌唱のせいで聞き取りづらい仕掛けとなっているし、最終行には「ぎょうさんもろてや」「あんじょうきばりや」と関西弁によるフレーズが配置されるという、極めてシステマティックな構造となっているのだ。

このように日本語の構造を解体し、英語に空耳させてしまうというアプローチを推し進めた桑田は、ジャンルは違えど日本語ラッパーたちの精神的な始祖と言ってもいい存在だ。サウンド重視の中身のない曲のように偽装しつつ、実は時代の世相を斬る極めてコンシャスなリリックになっている点もまた、桑田とラップの近しさを証している。

現に桑田は、実は日本語ラップ黎明期の一九八〇年代に、ラップに接近したことがあった。というよりも、ラップを披露した楽曲があったのだ。いとうせいこうとタッグを組んで無国籍インストバンドREAL FISHの「ジャンクビート東京」（一九八七）という曲に参加したのである。この曲で桑田は既に、部分的に聞けば日本語だと分からないほど発音を崩したラップを披露している。

さらに彼が、「奇声」と言ってもよいほどの裏声やダミ声を多用し、ひたすら声色のデリバリーを変えていることに注目したい。なぜ彼はこんなにも地声から離れてラップしなければならなかったのだろうか。

全編を通して桑田によるラップをフィーチャーしている本曲だが、近未来の核戦争後の荒涼とした東京を舞台にしたリリックは、いとうせいこうとREAL FISHの戸田誠司の手によるものだ。しかし韻はほとんど踏んでいない。というよりも、三好によるマチネ・ポエティクへの批判を証明するかのように、リリックの各行の末尾には「〜した」「〜いた」「〜だぜ」「〜しようぜ」という語尾がいくつも並んでいるのだ。

たとえばヴァースの冒頭の二行を見ただけで、このことは明らかだ。

光が街をつくりかえた　光がぶっこわした
すごい音がビルをさらってった　音が線路をひねりあげた※13

いとうらと桑田は、この時点では先ほどの「漫画ドリーム」のようにライムの面白さも引き出しつつ、日本語のフレーズを解体し英語に空耳させるという発想にはいたらなかった。かと言ってなんのひねりもなく日本語をリズムに乗せるだけでは、イケてないと考えたのではないか。だからまるで、日本語の言葉を発している事実を隠蔽するかのように、

※13　REAL FISH featuring 桑田佳祐・いとうせいこう「ジャンクビート東京」1987年。歌詞カードより。

極端に声を加工しノイジーな歌唱で表現した。

このような桑田の選択は、結果としてふたつのことを雄弁に語っている。ひとつめに、一九八七年という日本語ラップ黎明期においては、散文的なリリックをリズムに乗せるだけでは、極めて日本語的な「ダサい」響きを免れないこと。そしてふたつめに、そこから逃れ出るためには、ライムが必要であること。「ジャンクビート東京」のリリックは散文調で書かれ押韻がなかったがために、逆説的に、そのことが明らかになったのだ。

ここでいう「極めて日本語的な」響きとリズムとは、第二章で見た「日本的表現」とイコールだ。それは日本の国語教育や童謡・唱歌などによって幼少期からインストールされる。その代表格である「七五調」について考えてみよう。

4 日本語ラップにとって七五調とはなにか

先述のように、強弱のアクセントも持たず、高低のアクセント差にも乏しい平板な日本語でリズムを刻むには、五、七といった音数による区切りに頼るしかない。では七五調とはどのようなリズムなのだろうか。これについては過去に様々な議論が行われてきたが、それらの先行研究を整理したうえで、あらためてそのリズムを「四拍子」にマッピングしたのが、川本皓嗣《こうじ》だ。[※14]以下、その議論とフロウを接続するが、最初に注意しておきたい重要な点は、日本の詩歌のリズムはゆっくりと朗読したり、手拍子をしたり足を踏み鳴らしたりしながら朗誦する際にだけ意識されうるということだ。黙読や素っ気なく音読する場合には無視されたり省略されたりすることに留意したい。

川本が前提とするのは、日本語においては、二音が一拍をなすという考え方だ。二音ごとに手拍子しながらの朗誦の場合、通常の会話とは異なり、手を叩く一音目は強く、二音目は比較的弱く読まれる。この二音ごとの「強弱」の繰り返しを川本は、韻律的強弱アクセントと呼ぶ。[※15]これを西洋的な四分の四拍子にプロットすると、ひとつの小節は四拍からなるので、一小節には八音が入ることになり、逆に言えば一音あたりは八分音符の長さとなる。

一方でラップの場合は一六分音符でフロウするのが標準である。ここではラップと七五調の詩歌と比較するために、一小節を両者の最小公倍数である一六に分割し、その一六のマス目にどのように音が配置されていくのかを見ていきたい。

詩歌の歴史を紐解くと、記紀（古事記・日本書紀）万葉の時代に五七調が栄え、それから古今、新古今と時代を下るにつれて、七五調が圧倒的な優位を占めるにいたる。川本の議論も、七五調を中心に進められる。ではこの七音と五音を、一六のマスに当てはめてみよう。前半の八マスに七音が、後半の八マスに五音が入ることになる。その際の音の配置が

※14　川本皓嗣『日本詩歌の伝統』、岩波書店、1991年。

※15　この二音のひとかたまりを、「律拍」や「音歩」と呼ぶ場合もある。

問題となるわけだ。たとえば川本が取り上げる島崎藤村の『若菜集』に収められている「おえふ」には「水静かなる江戸川の／ながれの岸にうまれいで」という、ラッパーの自己紹介ラインのような行がある。※16 このラインを、一六マスのなかにどのようにプロットするのだろうか。

みずしづか△なる　えどがはの△●●
ながれのきしに△　うまれ△いで●●

七五調を八音単位に当てはめようとすると、前半（七）では一音、後半（五）では三音の余りが出る。このうち後半の二音分は余韻（右の引用中の●＝固定休止）として処理されるため、結果として前半と後半で一音ずつ休符がはさまることになる。そしてその位置は、歌に用いられる単語の意味の切れ方によって変化する（右の引用中の△＝移動休止）。どこに休符がくるか（言い換えれば、二音のかたまりから脱落する「半端な一音」がどれか）は、リズムを取りながら朗誦してみるとよく分かるだろう。簡単に言えば、意味の切れ目と音の休符が一致するように区切られる。※17

たとえば「みずしづか△なる」を、二音ごとに一度手拍子しながら読んでみよう。四回の手拍子が傍点の箇所で「みず／しづ／か△／なる」と打たれる。後半ふたつが「か△／なる」であって、「かな／る△」とならないのは、「か」が「しづか」という三音の単語の

※16 川本『日本詩歌の伝統』、249頁。

※17 議論が複雑になるので注に留めるが、川本は以下のように補足している。朗誦の場合、二音ごとに「強弱」が繰り返される韻律的強弱アクセントを持つが、わたしたちは「弱」の位置に、自立性が強いと感じられるまとまった意味単位の頭の音がくることを避ける傾向を持つ。「きしのさくらの」を「きし／のさ／くら／の△」ではなく「きし／の△／さく／らの」と読むのは、「さくら」という意味単位の先頭の一音「さ」を二音セットの一音目である「強」の位置に置く傾向にあるからだ。

一部であり、かつ「なる」は二音の言葉だからだ。ようするに奇数音の単語の余りや、一音で意味をなす助詞などは半端となるため、後に移動休止が挿入されることになる。

そして川本が強調するのは、五・七・五のリズムは個々の文字に宿っているのではなく、それぞれの「間」に宿っているということだ。七五調においては七と五を八マスに配置することで休止＝間と余韻が生まれ、それによって全体のリズムが成立している。※18

これらを、日本語ラップに敷衍するとどうなるだろうか。ここでは、日本語ラップのルーツのひとつとして言及されることの多い、吉幾三の「俺ら東京さ行ぐだ」（一九八四）を見よう。※19 よく知られている冒頭の二小節の「テレビも無《ね》ェ／ラジオも無《ね》エ／自動車《くるま》もそれほど／走って無《ね》ェ」というラインは、次のように表記できるだろう。

テレビも無《ね》ェ●●　ラジオも無《ね》エ●●　自動車《くるま》もそれほど　走って無《ね》ェ●●

三回登場する六文字のラインは、七五調の固定休止（●●）を含む五文字の分布に似ている。特に末尾の「ェ」または「エ」は実際にはアクセントの置かれない長音「ー」であるから、手前の「無《ね》」に従属的な存在だ。したがって移動休止に置き換えてみると、次のようにより七五調に接近するように見える。

テレビも無《ね》△●●　ラジオも無《ね》△●●　自動車《くるま》もそれほど　走って無《ね》△●●

※18　ちなみに五七調の場合はアプローチが異なる。単に七五調をひっくり返せばいいと思われるかもしれないが、それでは前半の五と後半の七の間に二音分の固定休止が挟まるため、間に大きな切断が入ってしまう。そうなると五七調というひとまとまり自体が脅かされてしまうため、川本は七五調とは別のグリッドに当てはめる。前半三拍子、後半四拍子の混合拍子、つまり六マスと八マスのふたつの小節の連続として五七調を分析するのだ。この場合前半後半に一音ずつ移動休止が入ることになり、固定休止はない。

※19　吉幾三「俺ら東京さ行ぐだ」、徳間ジャパン、キャッツタウンレコード、1984年。

つまり「俺ら東京さ行ぐだ」は、その言葉の配置のされ方において、日本の詩歌の伝統を継いだ作りとなっている。この曲が日本語ラップのルーツのひとつと称されることは、裏返せば、この曲がまさに黎明期のいとうたちが乗り越えたかった「極めて日本語的な響きとリズム」を象徴しているということだろう。そしてそれは「ダサさ」と結びつくリスクを抱えている。

だがその「ダサさ」の正体とは一体なんなのだろう。この曲のフレーズが「極めて日本的」と感じられる要因のひとつは、そこに確かに刻まれている「間」にあるとは言えないだろうか。川本が強調していたのも、五・七・五のリズムはそれぞれの「間」に宿っているということだった。言うまでもなく、リズムの本質は「間」だ。その意味では、七五調が伴う「間」の乗り越えが、日本語ラップの当面の課題だったといっても過言ではない。

具体的には、平板な五音の後に配置される、移動休止と固定休止を合わせた一六分音符みっつ分の「休符」。日本の伝統的な詩歌においては風情の表現に結びついていたであろうこの「間」こそが、西洋的なポップミュージックの文脈では「間延び」という足枷として機能してしまったのではないだろうか。

実際、いとうはこのことに意識的だった。彼はインタビューに応じて、この間を生まないために、言葉を詰め込むことで対応したと答えている。[※20] さらにいとうは、俳人の金子兜太との対談のなかで、俳句の五・七・五のあいだの「間」について発言している。まず

※20　いとうほか『日本語ラップ・インタビューズ』、22頁。

五・七・五の二度ある休止について「蟻不意に・ウン・あと戻りする・ウ・物忘れ」というように、自然と最初の休止を次の休止より長く読むことが身についてしまっていると述べる。いとうはなぜそう読んでしまうのかわからないと言うが、これは先ほどの分析に当てはめると、次のように理解できるだろう。

蟻不意に△●●　あと戻りする△　物忘れ△●●

川本によれば、俳句はその構造上、五七調も七五調もどちらも含みうる。だが特に朗誦の意識がある場合は、上記のように最初の五音の後に固定休符を置く、七五調の読まれ方をする。手拍子を叩きながら実際に声に出して読んでみれば明らかだろう（川本の理論に忠実になるなら中句の移動休止の位置は「あと戻り△する」となるが、ここではいとうの発言に基いて休符を配置した）。面白いのはいとうがこの「間」を、ヒップホップ的なコール・アンド・レスポンスと結びつけている点だ。

それで、五・七・五の間というのは、原則として必ず空白があって、そこに聞き手の「掛け声」や「気持ちの合いの手」が入っていたんじゃないだろうかというのが僕の勝手な説なんです。「赤とんぼ」と言えば、無音のところに「うん、なるほど」と、こう返ってくる。基本的に詩歌の形式である以上、コール・アンド・レスポンスがある。言った、返ってきた、さあ、どうしましょう、というようなリズムです。なぜ五・七・五かと言われたときに、詩形というのはひとりで詠むのではなくて、人前で声に出して詠むということの方が本質的であって、要するに俳句の会はだいたいそうやって成り立っているわけですよね。連歌ならそれに次の人が付けていく。そういう意味でも、僕もリズムの切れはとても気になっているんです。今のところは「切れ」の箇所に「他者が聴く」ということを前提としたものが入っているんじゃないかと思っているんですが。[※21]

実はいとうの「東京ブロンクス」のセカンドヴァースには、「俺ら東京さ行ぐだ」を引用したラインが存在する。[※22]

ラジオもない●● 電話もない●● あっても受話器は 誰も取らない△

六音+固定休止(●●)という構造は、「俺ら東京さ行ぐだ」そのままだ。いくら引用といえども、これを生まないために言葉で埋めることにしたと言及していたにもかかわらず「間」を残しているのは、矛盾しているようにも思われる。さらに先述の「ジャンクビート東京」の冒頭部分をもう一度見て欲しい。[フロウチャート1]がそれだ。各小節(Bar)の各拍(1-4の数字)の言葉の配置を見ることで、フロウを視覚化したチャートで

※21 金子兜太、いとうせいこう『他流試合 兜太・せいこうの新俳句鑑賞』、新潮社、2001年、88-89頁。

※22 いとうせいこう&Tinnie Punx「東京ブロンクス」、『建設的』、ポニーキャニオン、1986年。

［フロウチャート1］Real Fish「ジャンクビート東京」桑田佳祐ヴァース BPM: 110

著者作成

Bar 1	光が街をつくりかえた（とは）														
1				2				3				4			
ひ	か	り	が	ま	ち	を	ーつ	く	り	か	え	た	（と	は	ー）

Bar 2	光がぶっこわした														
1				2				3				4			
ひ	か	り	が	ぶ（っ）	こ	わ	し	た	休	休	休	休	休	休	休

ある。二小節目の「ぶっこわした」の五音の後、三拍目の大半を占めるのは、さきほどの「俺ら東京さ行ぐだ」と全く同じ一六分音符みっつ分の「休符」にほかならない。また四拍目も言葉が発せられることはなく、まとめて休符となっている（対照的に、一小節目の四拍目は歌詞にないアドリブで埋められる）。

だが先述の金子との対談の発言を踏まえれば、いとうがこの「間」に託していたものが見えてくる。それこそが「レスポンス」である。そこにレスポンスの「間」が担保されているということは、ヒップホップの現場とは、ヘッズや他のラッパーがラップを聴いている環境だという前提をあらためて明らかにする。そして他者からの応答――それがポジティヴなものであれ、ネガティヴなものであれ――を受けつける余地が、この文化を豊かにしている。だから、いとうはこの間を一方で日本語的な響きやリズムを象徴するものとして忌避しながら、他方ではそれをヒップホップの「コール・アンド・レスポンス」という本質と日本的な「間」や「空」の思想が出会う場として、ポジティヴな価値を見出そうとしたのではないか。

しかしいとう以後、「間」が持つポテンシャルについてはあまり意識される機会がなかったように思える。実際それは乗り越えなければならないものとして、その後のラッパーたちによって言葉で埋められていく。ラッパーたちが相手にしなければならなかったのは、どうしようもなくわたしたちに染みついた七五調の言語感覚、リズム感覚だった。ヒップホップという新しいダンスミュージックのビートの上にさえ「休符」として顕現してしまうほど、その感覚は日本で生まれ育ったラッパーたちに血肉化されていた。

これに対し、いとうは、「間」そのものに価値を見出し、そこに眠っている「他者」の「レスポンス」を引き出すことで、七五調のダサさを打ち消すという、価値転倒の可能性を示唆したのだった。

そして実は、それを可能にするものこそ、押韻という方法だ。というよりも、押韻することで初めて、そのライムの後にくる「間」に他者からの応答が期待できる。たとえばフリースタイルバトルの現場の例で考えてみよう。ラッパーたちはバトル相手に向けて放つライムに、多くのオーディエンスからのポジティヴな「レスポンス」を得ようとする。そのために各ラインの落とし所の韻の後には、あえて歓声の上がる「間」を残しておく。そこで多くの歓声が上がれば、ジャッジの判定を待つまでもなく勝者は明らかだからだ。

押韻を他者へ響かせる場としての「間」。伝統的な日本の詩歌の切れや空の概念と、ヒップホップの「コール・アンド・レスポンス」という文化がたまたま出会うことになったこの「間」こそが、日本語ラップにとって唯一無二の特殊な磁場となっている。

一方の伝統的な詩歌において、自然に向けて発せられた俳句の言葉が、どのように虚空に響くのか。五音に続く間のなかで、自然という他者のなかで、反響するのか。あるいは連歌の営みにおいて、投げかけた五・七・五の発句の最後の五に続く「間」を経て、どのような七・七でアンサーがあるのか。

他方の日本語ラップにおいては、渾身の押韻の響きが、どのようにオーディエンスのなかで響くのか。受け入れられるのか。あるいは、投げかけたディスに対し、そのラインを踏まえてどのようなライムでアンサーが返ってくるのか。日本でフリースタイルバトルが一過性のブームを超えて定着していることの背景には、このような「間」に対する独特の姿勢が確かに存在しているように思える。

第二章では、日本語ラップが俳句のような古典文学との類似性を探そうとすることの胡散臭さを指摘した。詩歌を含む「芸能」は日本語ラップのオーセンティシティを保証せず、むしろ「ダサさ」と容易に結びついてしまう。だからそれらを表層では退けつつ、しかし潜在的な「間」にポジティヴな意味を見出そうというアンビバレントな姿勢。

予想のできない、少しだけ未来に生まれるはずの他者からの応答に対峙し、ときに震え、ときに消え入り、しかしときに高らかに響きわたる言葉を発していくこと。そのようなラッパーたちの試みを通して日本語ラップという言語は生き残るだろう。スラングを取り込み、発音を曲げながら、漸進していくだろう。

5 日本語ラップ論争

このような「極めて日本語的な響きとリズム」との真正面からの取っ組み合いが、日本語ラップのオーセンティシティ獲得を巡る格闘の内実だった。日本語が抱えるラップへの「向いてなさ」を踏まえながら、それでもラッパーたちの挑戦は続いていった。日本語ロック論争ならぬ、日本語ラップ論争――日本語でいかにして韻を踏みながら、イケてるフロウをキックするか――とでも呼ぶべき議論が、幾多の作品を通して行われたと言ってもいい。

その黎明期からの行方は、桑田がラップに向き合う機会を共有したいとうせいこうから、日本語ラップのフォーミュラを提示したキングギドラまでの道のりに見て取ることができる。まずは一九八六年にいとうせいこうがTINNIE PUNXをフィーチャーしてリリースした「東京ブロンクス」の冒頭八小節だ。

俺はラッパー　Jappa Rappa Mouse
起きたら空は暗いまま
寝過ごしたと思ってドアを開けたら、東京はなかった

東京ブロンクス、でかいDance hall
これじゃどこまでいってもディスコティック
崩れたビルからひしゃげた鉄骨、壊れはてたブティック[※23]

それから約一〇年後、一九九五年に「日本語ラップの教科書」とも目されるキングギドラのファーストアルバム『空からの力』がリリースされる。代表曲のひとつである「見まわそう」のZeebraのヴァース冒頭八小節を見てみよう。

超常現象　巻き起こし　阻止するこの現状
まるで外は戦場　そこら中が炎上
そろそろクールなナイスガイは返上
上向いてドーンと突き破る天井　俺の言葉
（ギドラのジブラ）ああ　俺の事だ
社会の残忍行為に　堪忍袋の緒が切れたラップ界の番人[※24]

両者の間、約一〇年の歳月を経て、フロウもライムも格段に進化していると言っていいだろう。だがその進化は、単純に日本語ラップの発展を意味するわけではない。背景にあるのは、同時期のアメリカのラップの様変わりだ。一九八六年といえば、ラン・DMCが

※23　同前。

※24　キングギドラ「見まわそう」、『空からの力』、Pヴァインレコード、Blue Interactions、1995年。

『Raising Hell』をリリースし、ラキムが「Eric.B Is President」でスキルを披露し、KRS・ワン率いるBDPが「South Bronx」でニューヨークのクイーンズ出身のクルーをディスり、アイス-Tの「6'N the Mornin'」がギャングスタ・ラップの産声となり、ウルトラマグネティック・MCズの「Ego Trippin'」がヒップホップのドープさを指し示した時期だ。まさにヒップホップのゴールデンエイジの始まりだった。

一方の一九九五年といえばゴールデンエイジの終盤で、2パックの『Me Against the World』、モブ・ディープの『The Infamous』、グループホームの『Livin' Proof』、あるいはウータン・クランからはオール・ダーティ・バスタード、レイクウォン、GZAといったメンバーたちのソロ作など、成熟した作品群が次々とリリースされた年だった。ゴールデンエイジを挟む一〇年間でアメリカのラッパーたちのライムスキルは大きく進化し、フロウやデリバリーも多様化した。

しかしそのような背景を踏まえて先のふたつのヴァースを比較するとき、突きつけられるのは、いとうもZeebraもアメリカのヒップホップを参照しつつ、真に格闘しなければならない相手は同じ「日本語」という言語だったという事実だ。だからここではあえて視線を日本に限定し、この一〇年間の変化を日本語ラップが洗練されていく過程として見てみよう。

まずは前提のおさらいだ。先述の通り、日本語とは「平板で」「押韻に不向きな」言語だった。あらためて、大きく三点にまとめられる日本語特有の諸条件／ハンディを見ておこう。

ひとつめに、リズムの違い。英語は元々強弱のリズムを有しているから、ライムしつつも自然とリズミカルなフロウを構築しやすい。対して日本語は、モーラを基本単位とするため、フロウを作るには区切り＝「間」によってリズムが生む必要がある。

ふたつめに、スピード感の違い。閉音節言語である英語に対して、開音節言語の日本語では母音が多くなり、音符ひとつにあてがわれる音節の密度が低くなる。ラップを「言葉の演奏」として捉えるとき、このような日本語の性質は、いわば間延びしたフロウとして表れることになる。

そしてみっつめに、文法の違い。日本語の散文調では文末が動詞のウ段や「〜だ」「〜だった」「〜した」だらけになるため、そもそも押韻に向いていない。

最初のふたつはフロウに関わり、みっつめはライムを縛る前提条件となっている。いわば三重苦。そこからの解放を目指すのが、日本語ラップの歩みだったと言っていいだろう。だから、いとうから Zeebra の一〇年の間にも、この三重苦との格闘の痕跡が表れている。そのことを明らかにするために、両者のフロウの違いを具体的に見ていこう。

双方とも、一六分音符に一文字が当てはめられている点で基本的なアプローチは同様と言っていいだろう。だが詳細を追えば、当然そこには様々な差異がある。「東京ブロンクス」の「フロウチャート2」を見よう。言葉のプロットに加え、韻を踏んでいると取れる箇所に色を付けている。

［フロウチャート2］いとうせいこう「東京ブロンクス」ヴァース BPM: 108

著者作成

Bar 1	俺はラッパー　Jappa Rappa Mouse														
1				2				3				4			
お	れ	ー	は	ら	っ	ぱ	ー	じゃ	ぱ	ら(っ)	ぱ	ま	う	す	休

Bar 2	起きたら外は暗いまま														
1				2				3				4			
お	き	た	ら	そ	と	は	く	ら	い	ま	ま	休	休	ね	す

Bar 3	寝過ごしたと思ってドアを開けたら、														
1				2				3				4			
ご	し	た	と	お	も	っ	て	ど	あ	を	休	あ	け	た	ら

Bar 4	東京はなかった														
1				2				3				4			
と	う	きょ	う	は	な	か	っ	た	休	休	休	休	休	休	休

Bar 5	東京ブロンクス、でかいDance hall　これじゃ														
1				2				3				4			
とう	きょ	ー	ぶろ(ん)	(く)す	で	か	い	だ	ん	す	ほ	ー	る	これ	じゃ

Bar 6	どこまで行ってもディスコティック														
1				2				3				4			
ど	こ	ま	で	い	っ	て	も	でぃ	す	こ	てぃ	っ(く)	休	休	休

Bar 7	崩れたビルからひしゃげた鉄骨、														
1				2				3				4			
く	ず	れ	た	び	る	か	ら	ひ	しゃ	げ	た	て	っ	こ	つ

Bar 8	壊れはてたブティック														
1				2				3				4			
こ	わ	れ	は	て	た	ぶ	てぃ	っ	く	ー	休	休	休	休	休

まず明らかなのは、「なかった」「いっても」の「っ」や「ダンスホール」の「ン」が基本的にはひとつの音としてカウントされていることだ。促音や撥音が一文字とカウントされる譜割りのいとうのヴァースは、モーラに従ってラップした「モーラ・ラップ」と言えるものだろう。

一方の［フロウチャート3］に示した「見まわそう」はどうか。Zeebraのヴァースは、「現状」「炎上」などの「ん」や、ここでは数は少ないものの「ラップ」の「ッ」、つまり促音や撥音が、直前の文字と同じ一音に配置されている。たとえば「げんじょう」は四つのモーラからなるが、Zeebraは「gen」「jo」と英語の二音節のように取り扱う。これは英語のように音節を基準に思考することで、日本語のモーラの「間延び」を避ける手段のひとつと言えるだろう。また、押韻部を強調するためなど、強弱のアクセントも付けられている。だから、この時点で日本語ラップのアプローチは「モーラ・ラップ」から「音節ラップ」に移行していると言ってもいい。[※25]

そのことによって、聞こえ方のスピード感にも変化が生じる。実は「見まわそう」のBPMは九〇で、BPM一〇八の「東京ブロンクス」の方が一・二倍もテンポが速い。ということは、単純に一音ずつモーラを配置していけば、いとうのヴァースの方がZeebraのヴァースより一・二倍のスピード感を持つはずだ。しかし実際の聴感としてはむしろ逆で、スピード感、言葉の密度ともに、Zeebraのヴァースが上回っているように感じられはしないだろうか。

※25　いとうの「東京ブロンクス」のラップにも、すでに強弱アクセントはつけられている。ラップも含め、歌においてフレージングの一部として強弱をつけるのは自然なことだが、これを意識的に多用することでいとうはラップ表現の在り方を探っていたのだろう。

[フロウチャート3] キングギドラ「見まわそう」Zeebraヴァース BPM: 90

著者作成

Bar 1	超常現象　巻き起こし														
1				2				3				4			
休	休	ちょ	ー	う	休	じょ	ー	げん	しょ	ー	ま	き	お	こ	し

Bar 2	阻止するこの現状　まるで外は														
1				2				3				4			
そ	し	ー	す	る	休	こ	の	げん	じょ	ー	ま	る	で	そ	とは

Bar 3	戦場　そこら中が炎上　そろそろ														
1				2				3				4			
せん	じょ	ー	そ	こ	ら	じゅう	が	えん	じょ	ー	休	そ	ろ	そ	ろ

Bar 4	クールなナイスガイは返上　上向いて														
1				2				3				4			
く	ー	る	な	ない	す	がい	は	へん	じょ	ー	う	え	む	い	て

Bar 5	ドーンと突き破る天井　俺の言葉														
1				2				3				4			
ど	ー	ん	と	つき	や	ぶ	る	てん	じょ	ー	お	れ	の	こ	と

Bar 6	(ギドラのジブラ)　ああ　俺の事だ														
1				2				3				4			
ば	休	(ぎ)	(ど)	(ら)	(の)	(じ)	(ぶ)	(ら)	お	れ	の	こ	と	だ	休

Bar 7	社会の残忍行為に　堪忍														
1				2				3				4			
しゃ	か	い	の	ざん	に	ん	こ	ー	い	ー	に	かん	に	ん	ぶ

Bar 8	袋の緒が切れたラップ界の番人														
1				2				3				4			
ー	く	ろ	の	お	が	きれ	た	らっ	ぷ	かい	の	ばん	に	ん	休

さらにBPM九〇というテンポの遅さを逆手に取るかのように、Zeebraのヴァースには一六分音符一音に二文字が詰め込まれている箇所も散見される。二小節目の「外は」の「とは」、四小節目の「ナイス」の「ナイ」、五小節目の「突き破る」の「つき」などがそれだ。つまりこれらの一文字は、三二分音符に相当する。より細かに音を扱っている点も、スピード感に寄与している。

両者のスピード感の違いは、休符の使い方にも顕著だ。Zeebraのヴァースには、冒頭を除いて、時折挟まれる一マス分の休符以外は言葉が詰まっている。一方の「東京ブロンクス」では、四小節目、六小節目、八小節目などの長い休符が目立つ。特に六小節目の終わりの休符は、日本語ラップが最も忌避した七五調リズムに挿入される「移動休止＋固定休止」の組み合わせにほかならない。「間延び」をそのまま「レスポンス」のための余地として活かそうとしたいというように対し、Zeebraは明らかにこれを埋めることで乗り越えようとしている。

Zeebraは日本語ラップが抱える三重苦のうちふたつめ、つまりスピード感の違いを、このように解消しようとしている。だが彼のアプローチは、単に「間」を言葉で埋めるというだけではない。両者の最も大きな違いは、韻に対する意識にある。

いとうはインタビューなどでも公言している通り、英語とは根本的に構造の異なる日本語に押韻が必要なのか、そもそも懐疑的だった。だから「東京ブロンクス」においても、ところどころ語尾の音を合わせるに留めている。それは、単に語尾の音を合わせるだけでは複数の音節によるＵＳラップの「ライム」と比較するには足りないのだから、日本語の文法を受け入れ、できることを粛々とやるのだ、という判断にも見える。

一方のZeebraと相棒のK DUB SHINEは韻にコンシャスで、フロウの中でアクセントやリズムをしっかり合わせることがライムの本質なのだとばかりに、音楽的なフレーズとして呼応し合う押韻法を強調する。

日本語ラップの教科書と目される『空からの力』は、なによりもまず押韻の、「言葉の演奏の教科書」として多くのラッパーたちの指針となった。そして押韻こそが、リズムを際立たせることにつながる。ラッパーたちは、そこで「踏んでいる」ことを明確に示す――巧みなライムを聞き手に「知らしめる」こともスキルのひとつだ――ためにも、押韻される語にははっきりと、強さや高さによるアクセントを付与する。そのようにして小節ごとにライムを繰り出せば繰り出すほど、平板なモーラを区切ることでしかリズムを作れなかった日本語にも、アクセントとリズムをもたらすことになるのだ。

「見まわそう」においても、これは顕著だ。まず前半の五小節目までは、それぞれの小節の三拍目で「現象」「現状」「炎上」「返上」「天井」と押韻することで、ヴァース全体のリズムを作っている。各小節の四拍目で韻を踏んでいくのがラップの標準的なスタイルだから、あえてイレギュラーなポジションを選んでいるわけだ。これは日本語ラップの文脈だけでなく、アメリカのラップの進化の反映といえるだろう。一九九五年といえば、ジェルー・ザ・ダマジャの「Come Clean」が収録されたファーストアルバム『Sun Rise in The

East』が前年にリリースされ話題となるなど、「フリーキー・フロウ」と呼ばれるイレギュラーなフロウやライミングがシーンを盛り上げていた時代だ。後に英語の例も見るが、韻の部分はしっかりそれと認識されるように、音楽的なフレーズとしても同じリズムで発語されていることがフロウチャートでも確認できる。

他にも五、六小節の「俺の言葉」と「俺の事だ」の踏み方も注目したい。ライム自体は何の変哲もないものだが、その位置取りは、一回目と二回目で小節の別々の場所に配置されている。押韻する文字を様々な間隔に配置しイレギュラーなリズムの快楽を生み出すために、言葉のパズルを編む緻密な作業が試みられているわけだ。

実はZeebra自らが、ヴァースのなかでこのことに言及している。「見まわそう」の九小節目以降は「行くぞ／行くぞ／言葉のジグソーパズルのためだったら／辞書だって引くぞ」と続くのだ。押韻のために「辞書」を引くことも辞さない姿勢。ライムという文化を持つ欧米ではライム辞典という便利なアイテムも一般的だ。だが日本語ラップにおいては、個々のラッパーは自力で、頭に韻を踏める語を蓄積していくしかない。

だが例外的に、日本語版の韻辞典の制作を試みたラッパーこそ、ほかでもないいとうせいこうだ。彼はアルバム『MESS／AGE』（一九八九）のブックレットに簡易版の韻辞典を掲載している。それに対する応答かのように、Zeebraは「見まわそう」のヴァースを「フリースタイル信じてたら韻辞典は禁じ手」と続ける。ライムはあくまでラッパーが日々の積み重ねとしてストックしていくものであって、誰かがまとめてくれた一覧に頼るのは違う。ここに示されているのは「信じて」「韻辞典」「禁じ手」という三段論法ならぬ三段韻法で示される、押韻のサイエンスだ。

ここにきて、日本語ラップが抱える三重苦の三番目、日本語の文法的制約は軽々と突破されているように見える。このアルバムでは押韻される語彙に熟語＝翻訳語が多用されるという偏りがあるものの、K DUB SHINEが方法論化したとも言われる倒置法や体言止めなど語順の操作を駆使し、日本語の語尾の問題はほとんど目につかない。そのようにどんな言葉をもパズルのピースのように扱える語順操作のスキルこそが、押韻の教科書と評される所以だろう。

このようにZeebraは日本語ラップの「三重苦」の解決を図る。特に「モーラ・ラップ」から「音節ラップ」への構造改革は、後のＳＥＥＤＡら英語と日本語を並列的に扱うバイリンガルラッパーの登場でさらに加速していく。その進化を見るうえでは、そもそも英語の音節によるラップとはどんなものなのかを明確にする必要がある。したがって、ここで一旦日本語ラップの文脈から離れて、英語という言語について考えてみよう。

6

英語の会話はラップなのか

パズルのように複雑な押韻によって、日本語ラップにもダイナミズムが溢れるリズムが生まれる。だがそもそも英語の場合はどうなのか。押韻によって生まれるリズムに、なにか違いはあるのだろうか。ここではモス・デフとナズというふたりのラッパーを召喚して考えてみたい。

まずはある意味で「英語ラップの教科書」的なフロウが披露されている例として、一九九八年にリリースされたブラック・スターの「Definition」を見ておこう[※26]［フロウチャート4］。このチャートではさらに、韻を踏んでいる箇所の強勢アクセントを示すために「強」「弱」を記した。

モス・デフのフロウは休むことなく、この一六マスかける六小節の合計九六のマス目のほとんどすべてを埋め尽くしている。曲全体ではところどころに通常の倍の長さの八分音符や休符が挿入されるものの、基本的には母音と子音からなるひとつの音節が、ひとつのマス目を埋める格好だ[※27]。

すぐに目につくのは、その整然とした押韻のスタイルだ。一小節目の二拍の「last of it」と四拍目の「passionate」で韻を踏むのを皮切りに、六小節目まですべての四拍目に同じ

※26 Black Star, “Definition” *Mos Def & Talib Kweli Are Black Star*, Rawkus, Records,1988.

※27 フロウチャートの制作に当たっては、元音源を一六分音符ごとに区切り、それぞれで鳴っている音をプロットする方法を採った。同時に英語のラップについては、アクセントがある音節を割り出すため、元音源にスネアやクラップなどの音を重ね、ラップを個々のフレーズとして割り出す確認作業を行なった。アクセントのない子音だけの部分については境界が明確ではないものの、便宜的にマス目を割り当てた。発音記号を用いて実際に聞こえる音

[フロウチャート4] Blackstar “Definition” BPM: 90　著者作成

Bar 1	(from the) first to the last of it, delivery is passionate														
1				2				3				4			
fir	(st)	to	the	last	of	it	de	li	ve	ry	is	pa	ssio	nate	the
				強	弱	強						強	弱	強	

Bar 2	The whole and not the half of it, forecast and aftermath of it														
1				2				3				4			
whole	and	not	the	half	of	it	fore	cast	an	d a	fter	math	of	it	pro
				強	弱	強		強	弱	強	弱	強	弱	強	

Bar 3	Projectile that them blasted with, accurate assassin shit														
1				2				3				4			
jec	tile	that	them	bla	(sted)	wi	(th)	a	ccu	ra	te	assa	ssin	shi	(t)
				強		強		強	弱	強	弱	強	弱	強	

Bar 4	Me and Kweli close like Bethlehem and Nazareth														
1				2				3				4			
me	and	Kwe	li	clo	(se)	li	(ke)	Be	thle	hem	and	Na	za	re	(th)
												強	弱	強	

Bar 5	After this, you be pressin’ rewind on top your master disk														
1				2				3				4			
af	ter	thi	s you	be	pre	ssi(n’)	re	wi(nd)	on	top	your	mas	ter	di	(sk)
強	弱	強										強	弱	強	

Bar 6	Shinin’ like an asterisk for all those that be gatherin’														
1				2				3				4			
shi	nin’	like	an	as	te	ris(k)	for	all	tho	se(that)	be	ga	the	rin’	co
				強	弱	強						強	弱	強	

のみを併記できれば精度が増すだろうが、今後の仕事に譲りたい。英語ラップ研究書では、マス目にプロットするのではなく、ビートの拍にラップのどの音節のタイミングが分っているのかを示すチャートが用られる。

リズムで押韻を繰り返す。時折挿入される二拍目でのライムも含め、もはや「定型」と言ってもいいほどのマナーだ。※28

それもそのはず、これはヒップホップの商業化を批判すべく、KRS・ワン率いるBDPの「The P Is Free」（一九八六）のビートとスタイルを引用して、ジャンルの「定義」に立ち返る意図を持って作られた曲だからだ。だからこそモス・デフはここで「定型」であるかのようなスタンダードなフロウを披露している。※29

「Definition」のフロウチャートを、先ほどの「見まわそう」のZeebraのヴァースと比較するとなにが分かるだろうか。先ほど「見まわそう」は「音節ラップ」だと述べたが、それでもモーラ拍言語である日本語で書かれている以上、それをマス目に当てはめていくことはさほど難しくない。一方で、英語のラップをマス目にプロットしようとしても、同じようにはいかない。前述のように英語の場合、日本語と違って音節の長さが等速でないうえに、長母音や複合母音、あるいはひとつの音節を飾る複数の子音をマス目で明確に区切るのは容易ではない。そのため日本語の「仮名」を一文字ずつ入れるように、音節をひとつずつプロットしていくことが原理的に困難なのだ。

このような困難にもかかわらずフロウチャートを用いて見る理由は、押韻という行為は、ラップの場合、単にテスクトとして考えるだけでは不十分であることだ。ラップのフロウは、ビートに合わせた「演奏」として設計され、ライムもその一部をなす。発声される言葉をそれぞれ音節に分解すると、楽器の演奏と同じように、音の高さがあり、音の強さが

※28　フロウチャートではこれらのライムの箇所を点線で示している。

※29　一方で、ここで展開されているのは、実はかなり自由なライムでもある。踏んでいる場所ではなくて、韻の種類において。これらはパーフェクトライムにはほど遠い、母音か子音を親戚に持つようなライムたちだからだ。あるいは「曲げられた」韻と言ってもいい。それでもそれらが固く韻を踏んでいるように聞こえるのは、ライムたちのリズムがぴったり合っているからだ。一六分音符三マス分のかたまりは、「強弱強」のアクセントで反復され、確実にリスナーの耳にリズム的記憶を刻む。だから、多少母音や子音が離れていても、フレーズを形作るリズムこそが、個々の発音を「曲げる」ことでライムを成立させている。

あり、音の長さがある。複数の音の高さや強さや長さの組み合わせにより、リズムを持つフレーズが構成されるわけだ。重要なのは、ライムする言葉同士が、発声される音楽的なフレーズとしても一致、あるいは類似することで、ライムが強調される点だ。

このことを確認するために、ナズのヴァースを見てみよう。後にファーストアルバム『Illmatic』にも収録されたソロデビュー作「Halftime」（一九九二）のサード・ヴァースを視覚化したのが［フロウチャート5］だ。※30

まず見たいのはフロウの骨格である。これがフロウのリズムを形作っている。ためしにこの色が付いているマスに沿って手拍子してみれば、アクセントの比較的強い母音を含んだ音節が抜き出される。ラップを聴くとまず耳に飛び込んでくるフロウの骨格は、強勢アクセントのある母音によって形作られているのだ。その他のマス目に入っている、アクセントのごく弱い母音や子音たちは、その骨格に付随する、いわば装飾的な音たちだ。

「Halftime」はサントラ用の曲として先行リリースされており、『Illmatic』収録曲のなかでも早い時期に書かれた。そのこともあってか、この曲でのナズは、その他の収録曲と比較すると随分ゆったりとした、言葉の密度の低いフロウを聞かせている。にもかかわらず、これらの装飾的な音節たちのおかげでフロウ全体は間延びをせず、かつ強勢アクセントが明確に浮き立っている。

第一章で見たように、ラッパーのスキルにとって「フロウやデリバリー」と「ライム」は別ものだった。ここまで見てきた「フロウやデリバリー」＝発声のリズムに、もうひと

※30 Nas, “Half Time,” *Illmatic*, Columbia Records, 1994.

[フロウチャート5] Nas "Halftime" 3rd verse BPM: 92　著者作成

Bar 1	I got it going on, even flip a morning song														
1				2				3				4			
休	I	got	it	go	ing	o	n	e	ven	flip	a	mor	ning	so	ng
				強	弱	強						強	弱	強	

Bar 2	Every afternoon, I kick half the tune														
1				2				3				4			
休	e	very	a	(f)	ter	noo	n	I	ki	(ck)	hal	(f)	the	tu	ne
			強		弱	強					強		弱	強	

Bar 3	And in the darkness, I'm heartless like when the NARC's hit														
1				2				3				4			
休	an	d in	the	dar	(k)	ness	I'm	hear	(t)	less	like	when	the	NAR	C's
				強		弱		強		弱				強	

Bar 4	Word to Marcus Garvey, I hardly sparked it														
1				2				3				4			
hit	wor	(d)	to	Mar		cus	Gar	vey	I	har		dly	spar	(ked)	it
弱				強		弱				強		弱	強		弱

Bar 5	'Cause when I blast the herb, that's my word														
1				2				3				4			
休	cause	when	I	bla	s(t)	the	her	b	tha	ts	my	wor	(d)	I	be
				強		弱	強		強		弱	強			

Bar 6	I be slayin' 'em fast, doin' this, that and the third														
1				2				3				4			
slay	in'	'em	fa	st	do	in	thi	s	that	and	the	thir	(d)	休	but
									強		弱	強			

つのレイヤーである「ライム」が重ねられてこそ、その曲のラップのドープさが生まれる。たとえば一小節目の「going on」と「morning song」は、一六分音符みっつの連続する音を持ち、ひとつめとみっつめの音節にアクセントが置かれる。同様に二小節目の「afternoon」と「half the tune」は、一六分音符五つにわたるフレーズだが、一、三、四番目の強弱アクセントを持つ音節がフロウのリズムを形作る。そのほかの「f」「n」といった子音、あるいはごく弱く発音される母音（と子音の組み合わせ）は、骨格となる強勢アクセントを装飾している。

この「going on」と「morning song」、「afternoon」と「half the tune」は文字で見るだけでも韻を踏んでいることが一目瞭然だ。しかし重要なのは、実際に曲のなかでこれらがどのようなリズムパターンで発声されているかだ。フロウチャートの通り、前者は「強弱強（子）」、後者は「強（子）弱強（子）」（（子）は子音の意）というように、それぞれ一六分音符が四つと五つの「フレーズ」としてペアでプロットされている。このようにライムのペアは、「同じフレーズ」として発声されるからこそ「韻を踏んでいる」と認識される。

同様に三-四小節目においては「darkness」「heartless」「NARC's hit」「Marcus」「hardly」「sparked it」と畳み掛けるようなパターンが連続し、これらもすべて一六分音符がみっつのフレーズで「強（子）弱」もしくは「強（休）弱」（（休）は休符の意）となっている。しかもこれらは、単純にふたつの小節の同じ拍に置かれるのではなく、たとえば「NARC's hit」が三小節目の最後から四小節目にまたぐ形となっているなど、拍に対してズレた位置に置かれている。[※31] このようなフレーズの位置のズレが適度に混ざることで、一辺倒ではないスキルフルで複雑なライムスキームを持っている——といってもナズの曲のなかではまだまだシンプルなものだが——ように聞こえるわけだ。

そもそもこうした強弱アクセントの配置は、英語の性質に沿ったものだ。前述の通り、英語という言語自体が、強勢によってリズムを取る言語だったからだ。日本語の話者の感覚からすると、英語はしばしば、演説や会話も「ラップのようだ」と言われることがある。それはつまるところ「リズミカル」だと言うことだろう。

センテンスを通して一定の間隔でやってくるアクセントによって、音声面でのリズムが生まれる。たとえば窪薗は、マーティン・ルーサー・キング・ジュニアの演説の一部を引用してこれを説明している。

My FOUR LITtle CHILDren will ONE day LIVE in a NAtion where they will NOT be JUDGED by the COLor of their SKIN, but by the CONtent of their CHARacter.

強いアクセントの音節は大文字で記されている。先述の通り英語の会話では原則として、強いアクセントの音節同士は間隔が一定になるように発声される傾向にあった。そのため窪薗が指摘するのは、冒頭の「FOUR LITtle」のような強いアクセントの音節が連続する箇所はゆっくり発語され、「Nation where they will NOT」の小文字の部分は素早く発語さ

※31 ライムとして母音が合っているのは強アクセントの一音目のみで、子音または休符を挟んだ三音目の母音はまちまちだが、ここでは三音の塊で共通したフレーズ≒ライムと考えている。

れることだ。[※32]

英詩の場合はさらに、この強拍と弱拍を意図的に組み合わせ「弱強」「強弱」「弱々強」「強弱々」という四つのパターンのいずれかを繰り返すのが韻律的特徴だ。たとえばシェイクスピアの詩劇、ミルトンやワーズワースらによって多用された弱強五歩格は「弱強」の組み合わせを五回繰り返す行で構成される。

つまりはキング牧師の演説も英語詩も、あるいはモス・デフやナズのフロウも、リズムの骨格の作りには共通項があるということだ。これを踏まえて、あらためて先ほどのナズのフロウチャートを眺めてみよう。一小節目は冒頭のタメの休符や子音のみのマスを除いて、「強弱」ふたつの一六分音符の組み合わせが、まるでお手本のように並んでいるのが分かるだろう。八分音符で手拍子を七回すると、このごくシンプルなパターンで一小節目のリズムが構成されているのが明らかになる。

二小節目以降は、休符や長母音によって一気にパターーンが広がるが、隣り合う一六分音符同士が「強弱」か「弱強」の組み合わせ（=英語では「フット」）となっていることに変わりはない。

巧みな休符や長母音の伸ばしを挟むことで「強弱」の組み合わせをプロットし、装飾的な子音を間で聞かせるスペースを設けることで聴感に変化をつけることができる。発声のスキルが、ラップならではの音声的な豊かさや、あるいはリズム面でのズレやスピード感につながるわけだ。

※32 窪薗『音声学・音韻論』、143頁。

以上のように、英語によるラップにおいて言葉をリズムに合わせてどのように置くか＝フロウするかを考えるうえでは、強勢アクセントを伴う音節が前提となる。

では一方、日本語ラップの場合はどうだろうか。日本語は高低アクセントを持つが、細かい上下の起伏を持つのは短い語ばかりであるため、たとえば英詩の弱強五歩格のような規則的な韻律を生み出すのは極めて難しい。だから日本語においてリズムを生み出せる素材は、五七五の韻律を生み出すような文字数と間に挿入される休み＝休止だけだった。

これを踏まえると、Zeebra は「音節ラップ」を実現したとはいえ、日本語のフラットなアクセントに依然として囚われざるをえなかった。もちろん押韻を強調するためにもそれぞれの音に強弱を付与することはできるが、それは高低アクセントにより規定される日本語と有機的には結びつかない。それゆえ Zeebra は、あくまで音節を文字数――つまり鳴らすか鳴らさないか、いくつ鳴らして、いくつ休むか――としてビート上に配置しなければならなかった。

このような日本語の条件を引き受けたうえで、聴覚上ナンセンスとなってしまうことを避け、あくまでもしっかり日本語のメッセージが聞き取れること。Zeebra たちが目指したのは、そこだった。そしてその前提に立ちつつ、同時に日本語のフラットさに抗うために、Zeebra たちは「押韻」を推し進めた。イレギュラーな位置取りで押韻されるフレーズを配置することで、単調でないリズムパターンを生み出すことができるからだ。だから彼らは、先ほど取り上げた「見まわそう」に見られるような「言葉のパズル」としてのイレギュラーな押韻フレーズの展開に努めた。

Zeebraのように三重苦のうちの最初のふたつ——リズムの構造と子音と母音の密度の差によるスピード感の違い——を受け入れつつも、「音節ラップ」化によってそれを部分的に乗り越え、さらには押韻によってリズム面のバリエーションを豊かにし、かつ日本語の意味が通る表現を追求する。まずはそのような姿勢が日本語ラップの教科書たるあり方だったのではないか。

7 SEEDAによる日本語解体

以上のようなZeebraらの実践はその後、九〇年代後半以降に盛り上がりを見せるフリースタイルバトルでKREVAらが重視した「韻をきちんと踏みながら、意味もきちんと理解できる」ラップに引き継がれ、日本語ラップに通底する価値観のひとつとなっていく。

一方で、英語のラップが持つリズムやスピード感を重視し取り込もうとする方向性が棄却されたわけではなかった。『空からの力』からさらに一〇年後、二〇〇六年にリリースされたアルバム、SEEDA『花と雨』には、その探求のひとつの成果が示されている。

収録曲の「Tokyo」のヴァースの始めを見てみよう。これも冒頭の八小節だ。

ガンガンだぜ 03 represent
パスポートも切れて弁当 wake up
朝から満員電車 rush hourに揉まれ
目覚めますリーマンの一辺さ
山手線沿線は欲の数と
red lightが連鎖するwassup
cosa nostraはbuckshot ノンフィクション
警棒拳銃woah手錠 ポウはいつも[※33]

イギリス帰りのバイリンガルであるSEEDAの視点から東京が描かれるこの曲では、カタカナ英語（「パスポート」「ノンフィクション」）とネイティヴ英語（"represent" "wake up"）が交差する。これは字面だけではなく、音節のレベル、そしてそれらが組み合わさったフロウのレベルにおいても同様だ。言い換えれば、SEEDAのリリックにおいては、日本語自体を組み替えるような、構造レベルでの英語化が図られている。

例によって「フロウチャート6」を見てみよう。英語的な発音は中段でアルファベット表記し、下段はアクセントのあるリズムの骨格を示している。「構造レベルでの英語化」

※33 SEEDA「Tokyo」、『花と雨』、CONCRETE GREEN、2006年。

[フロウチャート6] SEEDA「Tokyo」BPM: 91　著者作成

Bar 1	ガンガンだぜ 03 represent														
1				2				3				4			
がん	休	がん	休	だ	ぜ	ぜ	ろ	さ	ん	re	pre	se	n	t	ぱ
撥音		撥音													

Bar 2	パスポートも切れて弁当とwake up														
1				2				3				4			
す	ぽ	ー	も	き	れ	て	べ	ん	と	ー	と	wa	休	ke u (p)	休
子音	長音アクセント								長音アクセント						

Bar 3	朝から満員電車　rush hourに														
1				2				3				4			
あ	さ	か	ら	ま	ー	いん	で	ん	しゃ	ru	sh	ho	ur	に	も
						撥音									

Bar 4	揉まれ目覚めます リーマンの一辺さ														
1				2				3				4			
ま	れ	め	ー	さ	mus (ます)	休	り	ー	ま	に (のい)	ぺん	休	さ	休	休
		長音アクセント			英語的		長音アクセント			リエゾン	撥音				

Bar 5	山手線沿線は欲の数と														
1				2				3				4			
や	ま	の	て	せ	えん	休	せん	休	what (は)	休	よ	く	の	か	ず
					撥音		撥音		英語的						

Bar 6	red lightが連鎖するwassup														
1				2				3				4			
と	re	(d)	li	(ght)	が	れん	休	さ	す	る	wa	休	ss up	休	こ
						撥音									長音アクセント

Bar 7	Cosa nostraはbuc shot　ノンフィクション														
1				2				3				4			
ー	ざ	休	の	ー (s)	tra	休	bu	(ck)	sho	(t)	のん	fi	(c)	tion	け
			長音アクセント								撥音				

Bar 8	警棒拳銃woah手錠ポウはいつも														
1				2				3				4			
い	ぼう	けん	休	じゅ	wo	ah	て	じょ	ぽ	ー	は	い	つ	も	休
		撥音			長音アクセント・英語的				長音アクセント				子音		

と書いたのは、単に日本語を基調としたヴァースにネイティヴ発音の英語が数多く挿入されている、という以上のことがここで起きているからだ。

確かに一－二小節目では、「represent」や「wake up」のようなネイティヴ発音の英語が挿入されている。にもかかわらず聴感上は、突然言語が切り替わっているという違和感はない。いや、むしろ一貫しているようにさえ聞こえる。それは、そもそもＳＥＥＤＡによる日本語の捉え方に特徴があるからだ。どういうことか。

たとえば三小節目を見てみよう。一見、先ほどの「見まわそう」のヴァースのように、休符なく一六分音符の文字＝音節が詰め込まれている。一方でフロウチャートの下段に示されているリズムの骨格には、ところどころ隙間＝休符がある。これらは「まんいんでんしゃ」の「n＝撥音」や、「rush」の「sh」、つまり子音のみの箇所だ。さらに細かく見てみれば、「朝から」の「ら」や「rush hourに揉まれ」の「も」は、英語の強勢アクセントでいう「弱アクセント」にあたる「子音＋あいまい母音」のように弱く発音されている。

つまりここで示されているのは、ナズの「Halftime」のヴァースと同じ、母音の強弱アクセントによる骨格の隙間を子音が装飾するという構造だ。四小節目ではこのことを裏づけるように、様々なテクニックが詰め込まれている。たとえば「目覚めます」の「めー」、「覚めます」の「すー」の音は長音を伴うことでアクセントが強調されているし、「リーマン」の「り」の「す」は「su」ではなく「s」と、母音を伴わず子音のみが発音されている。そして「リーマンの一辺さ」では、「マン」が撥音の特性を活かし一マスに入れられ（その他の

「撥音」と記載のあるマス目も同様）、「の」と次にくる「い」の音がリエゾンし「に」に近い音となり、「辺」は英語の「pen」のように破裂音が強調された強いアクセントで発音されている。同じような工夫は八小節目にも見られ、長音によるアクセントや撥音を用いて、極めて英語的なリズムを生み出している。

つまりSEEDAのヴァースは単に日本語を英語っぽく発音したというだけでなく――意図はそうだったとしても結果的に――かつての桑田のように子音と母音を分解し日本語の構造を脱臼させることで、日本語をモーラ拍言語から音節拍言語へと変換してしまう試みとなっているのだ。

思い出しておきたいのは、いとうのモーラ・ラップを経たZeebraの試みもまた、ラップを音節のレベルで操作しようとしていたことだ。彼は促音や撥音をまとめることで一音あたりの情報量を増やし、結果としてそれはスピード感の上昇にもつながったのだった。SEEDAの手法は、このアプローチをさらに推し進めたものと言っていいだろう。バトンをパスしながら、ラッパーたちの試みは漸進していく。

バイリンガルのSEEDAがこのようなアプローチを取ったのは、ある意味当然だったのだろう。つまり彼は、会話やラップに通底する英語のアクセントの構造を感覚的に理解していたからこそ、日本語においてもその方法を展開しようとしたのではないか。

モーラ拍言語から音節拍言語へ――その転換のためにSEEDAが取った方法は、開音節言語である日本語の母音と子音を分解し、英語的な閉音節言語の発想で再構築することだ。つまり「日本語の音節構造の英語化」とでも呼べるものだろう。そしてアクセントの差を強調し、英語的なフロウに聞こえるフレーズを作り込む。平板な発音が大半を占める日本語のシステムにおいて、これを持ち込むには、言葉を複数の音符からなるひとつの「フレーズ」として捉え、それらの音符に強弱を仮構するアプローチが有効だろう。

たとえば「こ（低）・と（高）・ば（高）」と話し言葉同様の高低アクセントで発声するのではなく、「こ（弱／低）・と（強／高）・ば（弱／低）」のように「と」のみ高く発音し、さらに強勢アクセントを加えることで、歌に出てくる「フレーズ」のように仕立ててあげてしまうということだ。さらに発音自体をあいまいに崩して「くぉ（弱／低）・とおぉ（強／高）・ぶぁ（弱／低）」のように発声すれば一層それらしくなるだろう。もちろんこれはポップスやロックといった「歌モノ」の世界では、メロディに合わせるという形で普通に行われてきたことだが、ラップにおいては通常の発音を脱臼させるイントネーションが生まれることになる。

こうしてSEEDAは日本語を英語化したが、それで「三重苦」すべてが解決したわけではない。実はこのSEEDAの「Tokyo」は、先ほど参照したブラック・スターによる「Definition」とほとんど同じドラムパターンを有している。テンポは「Tokyo」の方が少し速いものの、ほぼ同じリズムの上でSEEDAとモス・デフのフロウを比較することができる。すると一目瞭然なのは、同じ小節数のなかの両者の情報量＝言葉数の違いだ。前者は少なく、後者は多い。

本章の前半で見たマチネ・ポエティクに対する三好達治の批判に、英語は「子音の重積集約が語を息づまらせる」という指摘があったのを思い出したい。極端な例として、先述の「strengths」という語の場合、一音節だから理論的には一マスにも入れられるわけだが、アクセントが置かれる「re」の前後の子音たちが短い時間で発音され「息づまり」をもたらす。この「息づまり」は、明確な発声こそ伴わないが、ゴーストノート（楽器演奏の装飾音）のようにアクセントを持つ音節を修飾する。結果、時間あたりの音数が増し、「スピード感がある」という効果として働くのだ。そのスピード感の差は、日本語でラップする限り完全に克服するのは難しい。

だがそれは、SEEDAのような日本語による音節ラップ化とはまったく別のアプローチによって乗り越えられることになる。先ほどの「通常ではありえないイントネーション」によってこれを転覆させようとするラッパーが現れるのだ。

8 KOHHと破調のフロウ

いとうせいこう、Zeebra、そしてSEEDAのアプローチは、それぞれ一〇年という時を経て熟成された日本語ラップのシーンから登場したものだった。ではSEEDAの『花と雨』のリリース年である二〇〇六年から一〇年後の日本語ラップシーンは、どんな作品を産み落としていただろうか。これが本章冒頭のアンビバレントな命題に対する解決法のふたつめにつながる。英語との距離を測るのではなく、あくまでも日本語を日本語として鍛え上げること。

日本語を日本語のままに、新しい命を吹き込んでしまったのが、KOHH（現在は千葉雄喜名義で活動しているが、本論では扱う作品の時期に則りKOHHと表記する）という圧倒的な存在だった。二〇一五年に「Junji Takada」や「ビッチのカバンは重い」といった強烈なインパクトを残す楽曲で脚光を浴びた彼は一見、当時アメリカで物議を醸していた反知性的マンブルラッパー——もごもごとした発音、もしくは単に中身のないリリックで、なにを言っているか不明瞭なラッパー——たちと共鳴する存在にも思われた。だが同じ二〇一五年にリリースされた三枚目のアルバム『DIRT』によって、そのような比較で理解できるラッパーではないことが明らかになったのだ。

KOHHのラップの一番の魅力は、その「貧しさ」にあると言われる。これまで見てきたように、日本語ラップは、内容面においても形式面においてもスキルが追求され、直線的な進化を遂げていた。あるいはヘーゲル的な、対立と止揚による進歩史観と言い換えてもいい。黎明期のいとうせいこうらの文化系とB-FRESHら体育会系の対立、そしてさんピン勢に対するJ-RAPといった対立構図をスプリングボードに、日本語ラップの中核を担うラッパーたちはカウンターミュージックとしてのオーセンティシティとスキルを担保していった。

だが二〇〇〇年前後を境に潮目が変わる。日本各地でのローカライズが進んで、ヒップホップのヤンキー化／ストリート化が進展するとともに、渋谷を中心とする東京と地方の対立構図が浮き彫りとなる。そして表現面では、ある種の「貧しさ」が浮き彫りになっていく。

オーセンティシティの獲得のため奔走していた九〇年代の日本語ラップは、スキルに裏打ちされたストーリーテリングや押韻を、普遍的な日本語ラップの技術として「教科書」を確立できるくらいの水準まで高める必要があった。

だが一度それが確立されると、逆の現象が生じる。かつて韻を踏むために援用された難解な言葉は削ぎ落とされ、直接的にリアルを伝えるためのシンプルなボキャブラリーが用いられる。確かにリリックによってリアリティを表現するうえで、豊富な語彙とレトリックは逆に真実味を毀損する華美な装飾となりかねない。また形式面を取れば、過剰に韻を踏みまくろうとするあまり、単にテクスト上の「言葉遊び」になってしまい、結果的にフロウがないがしろにされることもあるだろう。

ＫＯＨＨの取ったスタイルは、これらの問題を踏まえたものだった。バランスよくスキルを磨くのではなく、一点突破すべく少数のパラメータに特化し、その他に関しては「貧しさ」を貫くこと。ＫＯＨＨが特化したのは、言葉のリアリティとフロウだ。そして逆説的なことに、切り捨てられたボキャブラリーと押韻の貧しさこそが、むしろ彼の魅力となった。

具体的に見ていこう。ＫＯＨＨの押韻は、まるでいとうせいこうの「東京ブロンクス」に逆戻りしたかのようだ。語尾の一音を伸ばすことで調子を整えるという、あくまでもフロウの一環としての最小限の目配せ。そしてそれを支えているのが、同じように音数や装飾が削ぎ落とされたビートだ。キックとスネア、そしてハットのトリオからなる基本構造が、主張せず、あくまでもラップのためのフィールドとして後景に控えている。テンポを提示するだけで、ラップに対してほとんどなにも強制しないために、ＫＯＨＨはどんなフロウでも披露する自由を担保されている。

そして、彼の創造性は、フロウに全振りされることになる。

ＫＯＨＨは言葉の一音一音をほとんど省略することなくしっかりと発音しながらも、アクセント、音階とリズムの三種類の組み合わせの巧妙さにより、陳腐なアウトプットを免れている。その上、叫び声からつぶやきまでデリバリーを自由に操ることで、彼のフロウはまるでアカペラの曲であるかのうように、自律的に楽曲すべてを牽引している。

以下は『ＤＩＲＴ』収録の「Tokyo」からの一節だ。

今被ってるＹ３の帽子（Ｙ３）
周りの格好良い人たちと酒飲みながら聴いてる音楽

[フロウチャート7] KOHH「Tokyo」BPM: 108　著者作成

Bar 1　(王子) 今被ってる

1				2				3				4			
お	う	ー	じ	ー	休	休	休	い	ま	か	ぶ	っ	て	る	ー

Bar 2　Y3の帽子 (Y3)

1				2				3				4			
わ	い	す	り	ー	の	ぼ	う	し	(わ)	(い)	(th)	(ree)	休	休	休

Bar 3　周りの格好良い

1				2				3				4			
休	休	休	休	ま	わ	ー	り	ー	の	か	っ	こ	い	ー	ひ

Bar 4　人たちと酒飲みながら

1				2				3				4			
と	た	ー	ち	ー	と	さ	ー (っ)	け	の	ー	み	ー	な	が	ー

Bar 5　聴いてる音楽

1				2				3				4			
ら	き	い	て	る	お	ん	が	く	休	休	休	休	休	休	休

Bar 6　明日はどうなるかなんか

1				2				3				4			
あ	ー	し	た	ー	は	ど	ー	な	る	か	な	ん	か	わ	ー

Bar 7　分からないから　楽しん

1				2				3				4			
か	ー	ら	な	ー	い	か	ー	ら	ー	た	の	ー	し	ん	ー

Bar 8　でる今この時間が

1				2				3				4			
で	ー	る	い	ー	ま	こ	ー	の	ー	じ	か	ん	ー	が	ー

明日はどうなるかなんか分からないから
楽しんでる今この時間がいい（最高）[※34]

例によって、このリリックの「フロウチャート7」を見てみよう。見えてくるのは、子音と母音を解体し英語的に組み直すのではなく、むしろ一マス一モーラでひとつずつパズルのピースをはめるようなスタイルだ。言い換えると、ＫＯＨＨはリエゾンや母音の省略をほとんど用いず、仮名一文字一文字をほぼすべて発音して歌っている。つまりＳＥＥＤＡからZeebraへ、もっと言えば、いとうのモーラ・ラップに原点回帰さえしているようなのだ。

だがよく見ると、日常会話と変わらない「貧しい」語彙とは裏腹に、音楽的にはかなり複雑で繊細なアプローチを採っていることが分かる。

ここでＫＯＨＨが乗りこなしているビートは、アトランタ発祥のトラップというサブジャンルの影響下にあるもので、いとうやZeebra、ＳＥＥＤＡらのニューヨーク直系のブーンバップと呼ばれるビート群とは少々異なる。第五章で詳しく見るが、ＢＰＭが九〇－一〇〇程度を中心とするブーンバップに対して、トラップは六五－七〇が中心とテンポは遅くなる。だが後述するように倍のテンポでノルこともできるため、ラッパーは言葉数を減らすことも、倍の速度で言葉を詰めたり三連符を多用したりと言葉数を増やすこともできる。その点で自由度が高いビートのスタイルだと言える。[※35]

※34　ＫＯＨＨ「Tokyo」、『ＤＩＲＴ』、Gunsmith Production、２０１５年。

※35　ちなみに「Tokyo」はＢＰＭ54とトラップとしてもかなり遅い。ここではこれまでのフロウチャートとの連続性から一音を一六分音符として捉えるため、フロウチャートのＢＰＭは倍の１０８としている。

ＫＯＨＨのこの曲でのアプローチもトラップをベースとしたものなのだが、個々の音の配置の仕方は、決して一筋縄ではいかないアイディアに満ち溢れている。つまり、一文字一文字の「置き方」こそが、ＫＯＨＨのフロウの特徴を担っている。それはいわば「破調のフロウ」とでも言うべきスタイルだ。ここで「破調」という言葉を使うのは、二音で構成される日本語の調子を破壊する、という意味においてだ。

どういうことか。先ほど川本による詩歌についての分析で見たように、日本語のリズムは「韻律的強弱アクセント」を持つ二音を基準としているのだった。たとえば「証言」という語は「しょう」と「げん」の二音ずつに分割でき、二音の最初の音に強勢が置かれた「しょ（強）・う（弱）／げ（強）・ん（弱）」というアクセントで発音されることになる。まずは従来の調が守られる例として、「証言」におけるZeebraのヴァースの冒頭部分を見てみよう。

証言／四番／大判／小判に／目眩み／悪魔に／魂売／る奴の／企み※36

それぞれの（ビートの）拍の開始時に「／」を置いて区切った。一見して語句の切れ目が拍の頭にフィットしていることがわかる。要するに一拍（一六分音符よっつ）に対して四文字分の名詞、あるいは名詞＋助詞の組み合わせを当てる、という方法論だ。そしてよっつの音はさらに二音の律拍の組み合わせと取れる。たとえば「しょう・げん」「おお・ば

※36　LAMP EYE「証言」、『証言 - EP』、ポリスター、1995年。

ん」「あく・まに」「たく・らみ」というように。「魂売」「る奴の」だけが例外だが、これは「企み」が拍の頭に来るよう調整するためと理解できる（そのため「魂売」は「たましう」と四字で発音される）。奇数文字の単語の余分な一音を調整することで、各単語の先頭を二音の頭と一致させ、それぞれの単語を聞き取りやすく、意味をつかみやすくすることが教科書的なフロウの基本となる。

一方、ＫＯＨＨの先ほど見た「Tokyo」のヴァースで同じことをするとどうなるか。二行目のリリックをもとに考えてみよう。

周りの格好良い人たちと酒飲みながら聴いてる音楽

まず想像してみたいのは、一定のテンポで手拍子を叩きながら、これを和歌の朗誦のように仰々しく読み上げる場合だ。先ほどの例に倣い、二音をひとつの単位とし、移動休止を△で示してみよう。以下の傍点が示しているように、一音目で手拍子を打つ。奇数音の単語については半端となる一音を休止とセットにすることで、基本的に単語の頭に手拍子が来ることになる。

まわ／りの／かっ／こ△／いい／ひと／たち／と△／さけ／のみ／なが／ら△／きい／てる／おん／がく

というように、「良い」「人」「たち」「酒」「飲み」「音」といった二文字の各単語はもちろん、「周り」や「ながら」といった奇数の語が混ざっても都度休止が入るので、それぞれの単語の意味を取るのは容易だ。しかしKOHHの実際のフロウは、フロウチャート7の通りとなっている。これを二音ずつ＝二マスずつに区切ってみよう。

まわ／△り／△の／かっ／こい／いひ／とた／△ち／△と／さ（っ）／けの／△み／△な／が△／らき／いて／るお／んが／く△

日本語における意味が通るような二音の組み合わせはズタズタに切り裂かれている。さらにトラップのビートでは一拍に四音が入るので、四音のセットで書きなおしてみよう。

／まわ△り／△のかっ／こいいひ／とた△ち／△とさ（っ）／けの△み／△なが△／らきいて／るおんが／く

区切られたパーツは「こいいひ」「るおんが」というように、言葉として理解できる「意味のかたまり」からは程遠い。KOHHのラップを「破調のフロウ」と呼んだのは、それが韻律アクセントや意味のかたまりを徹底的に無視しているからだ。

だが一方で、このヴァースは「意味のかたまり」としては壊されているが、「音のかたまり」として再構成されている。それを可能にしているのは、普通の日本語の会話ではありえない「奇妙」なアクセントをＫＯＨＨが積極的に取り入れていることだ。この奇妙なアクセントが、音楽的発想によって確信犯的に呼び込まれたものである点を再度フロウチャートを見ながら考えたい。

特に三小節目から五小節目の「周りの格好良い人たちと酒飲みながら聴いてる音楽」というライン。このラインが開始される三小節の二拍目から、終了する五小節の三拍目まで、音符は三七個分だ。しかしこのラインのモーラ数は二九だ。三七に対して二九、つまり八音分の差が生じていることになる。先ほどは△印の休止として表現していたが、この八音分に対してＫＯＨＨが実際に適用しているのは、長音だ。さらには六小節目から八小節目にかけ長音が多用され、各小節の拍における位置も対応していることから、作り込まれたフレージングであることが推測される。

たとえば「周り」の「わ」と「り」には長音が追加され、「まわーりー」とフレージングされる。さらに高低アクセントのつけ方に注目しよう。フロウチャートの三、四小節目に高低アクセントを追加した。本来平板であるはずの「周り」が、「高低低」とアクセントづけられている。同じように「格好良い」や「人たち」なども、いずれもフレージングのために通常とは異なる高低アクセントが付与されている。長音の多用とイレギュラーな高低アクセントによって、従来の日本語を脱臼させること。そのような発想によって、

KOHH「Tokyo」BPM: 108　再掲

Bar 3	周りの格好良い														
1				2				3				4			
休	休	休	休	ま	わ	ー	り	ー	の	か	っ	こ	い	ー	ひ
				高	低		低		低	高		低	低		低

Bar 4	人たちと酒飲みながら														
1				2				3				4			
と	た	ー	ち	ー	と	さ	ー(っ)	け	の	ー	み	ー	な	が	ー
低	低		高		低	高		低	低		高		低	高	

KOHHの言葉は奇妙なアクセントを持つ「音のかたまり」となっているのだ。

　KOHH以前の日本語ラップにおいては、言葉の意味伝達が損なわれることを恐れ、ここまで変則的なアクセントを大胆に導入することには消極的だった。だがKOHHのこのヴァースを実際に音源で聴いてみれば、先ほどの韻律で分割した書き起こしから想像するほど、意味が理解できないわけではない。彼の慧眼は、奇妙なアクセントで単語のまとまりを損なっても、意味伝達は損なわれないということだ。一体どういうことだろう。

　重要なのは、KOHHのラップの強みがボキャブラリーの「貧しさ」にあったという点だ。語彙がシンプルだから、どれほど奇妙なアクセントを施されても、その言葉は決して意味不明にはならない。言い回しが日常言語と近いから、フレージングを重視しアクセントを歪めても、聞き取りは難しくないわけだ。

　かつてZeebraは、韻を踏むためには「辞書だって引く」と言った。このリリックには日本語として意味を保ったまま、ラップとしてカッコよく聞かせるという「日本語ラップ」の努力がにじんでいる。しかしKOHHが選んだのは真逆のベクトルだ。言葉優先からフレージング優先へ。辞書にあるような音読みの熟語は、アクセントひとつで別の単語を意味してしまう。だからKOHHは熟語＝翻訳語をほとんど用いない。日常の言葉で構成されているからこそ、意味が汲み取れる。たとえ単語レベルでの発音が、奇妙なものになっても。破調とは、そういうことだ。KOHHは日本語ラップが着実に築き上げてきた「調子」を一夜にして「破り」捨ててしまったのだ。

9 失われたダサさ

以上見てきたように、KOHHのボキャブラリーの貧しさと「破調のフロウ」はいわば表裏一体だった。

ところで「破調」とは、「短歌」や「俳句」といった定型詩の韻律を「破った調子」のことを指していた。ここでは短歌を参照しながら、KOHHのフロウの特異性についてあらためて考察しておきたい。

まずは短歌を巡る現状を簡単にさらっておこう。歌人の加藤治郎は「短歌形式の現在——その死まで」と題された論考のなかで穂村弘を取り上げ、彼が現代短歌の様相を一変させる「革命児」たりえた理由を分析している。加藤はこれまで短歌の韻律に革命をもたらしてきた歌人として、時代順に石川啄木、塚本邦雄、そして穂村弘の三人を挙げていく。ヒップホップのヘッズに向けて分かりやすくたとえてみれば、啄木はさんピン世代のラッパーで、塚本や寺山修司、岡井隆といった前衛短歌の歌人たちはILL-BOSSTINOや漢、志人といった同じく革新的なラッパーになぞらえられるかもしれない。だとすれば、穂村にたとえられるラッパーは一体誰だろうか。

「あー、あー、マイク・テスッ、あいしてるあいしてるあいしてる」

ハロー　夜。ハロー　静かな霜柱。ハロー　カップヌードルの海老たち。

まみのレシピィ、まみのレシピィ、だあれも真似をするひとがない

加藤が論考で取り上げている『手紙魔まみ、夏の引越し（ウサギ連れ）』（二〇〇一）から例を挙げた。[※37] これは穂村弘の（架空の）ファンである「手紙魔」まみからの手紙、というコンセプトの歌集になっている。加藤は、穂村の主要な方法を「律拍の破壊と口語の速度、

※37　穂村弘『手紙魔まみ、夏の引越し（ウサギ連れ）』小学館文庫、2014年、34、45、95頁。

それとリフレイン」だと指摘する。[※38] 穂村の短歌が人口に膾炙し多くのフォロワーを生んだのはまさにこれらの特徴によるわけだが、驚くべきことに、これらはまさにＫＯＨＨのラップの特徴そのままではないだろうか。

「律拍の破壊」はここまで見てきた「破調」そのものだ。そしてZeebraに代表される辞書を用いた音節のテンポの操作から、日常の語彙とモーラ＝「口語の速度」に移行したことがＫＯＨＨの革新性なのだった。なにより「Tokyo」を一聴すれば、「東京」「王子」といった単語の単なる「リフレイン」がこの曲のフックになっていると分かるだろう。他の『ＤＩＲＴ』収録曲でも、「いま」「お金」「生」「死」といった「貧しい」語彙が繰り返し登場することで、ある種の迫力を持ってリスナーに迫ってくる。個々の語が持つ強度とリアリティは——彼が生きている半径二メートルの日常を描くリリックを通して——繰り返されるほどに増していくのだ。

つけ加えれば、加藤は『手紙魔まみ、夏の引越し（ウサギ連れ）』には「偏在する死の主題」が通底しており、これは穂村の作品集のなかでも特異なものであることを指摘した。ＫＯＨＨの『ＤＩＲＴ』もまた生と死について繰り返し繰り返し歌っている作品だ。彼は「I wanna be a livin' legend／死んでる人より／生きてるのがいい」と叫ぶ。そして「Tonight, tonight, if I die tonight／今日死んだらどうする？」と歌い、次の曲では「生きろ／死ぬこと以外はかすり傷／死にゃしない」と踵を返すのだった。そのように『ＤＩＲＴ』ではいつになくシリアスな曲調が多いが、ＫＯＨＨが「適当な男ＪＵＮＪＩ

※38　加藤治郎『岡井隆と現代短歌』、短歌研究社、２０２１年、１３５頁。

TAKADA／他人は気にしない生き方」「ビッチのカバンは重い／安い香水の香りがする」と歌いながらシーンに颯爽と登場したことも思い出しておこう。

穂村とKOHHによるモードチェンジ。それは、誤解を恐れずに言うなら、ポップで、ときにバカっぽい表現をあえて繰り返すことによって、逆に日本語的な響きやリズムの持つ「ダサさ」を乗り越えることだと言えるだろう。それらは塚本の読者からは、あるいはTHA BLUE HERBのILL-BOSSTINOのラップの支持者――レトリックや機知の効いた深みや重さを伴う文学的表現の支持者たち――からは、素朴にバカっぽくて「ダサい」と見做されかねないスタイルだ。しかしだからこそ逆に、本来このジャンル全体で闘ってきた「ダサさ」をキャンセルしてしまうポテンシャルを持ちえたのではないか。KOHHのボキャブラリーの貧しさが「破調のフロウ」との相乗効果を生んだ結果、気がつけば「日本語だからダサい」というテーゼは雲散霧消してしまった。

短歌も日本語ラップも、社会に流通する口語表現が現在進行形で反映されるジャンルだ。その時代とそこで生きる人々の生活や思考がリアルタイムでレポートされる最前線のジャンルだ。ネットやSNSに表れる最もエッジィで面白い言葉遣いに定型を与えれば、それらは文学としての顔を見せる。そこにフロウや押韻――これらも武器にも足枷にもなるアンビバレントな定型の一種だ――を付与すれば、それらはラップと呼ばれる。そうして日本語を拡張し続けているのが短歌であり、日本語ラップだ。文字数やライムという制約を前提に、現在進行形の日本語をとんでもない芸術作品にしてしまうのが短歌であり、日本語ラップだ。

日本語ラップは英語のラップの影響を常に受けながら、その方法論をアップデートし続けた。その過程で日本語の発音構造を解体し、英語との境界を限りなくあいまいにするアプローチが探求された。あるいは英語から一定の距離を置き、日本語表現の拡張を探る道も示された。KOHHは、日本語ラップの黎明期の「モーラ言語としての日本語」を用いたラップを復活させながら、見事なフロウのアップデートによって、純粋に日本語だけで完結する表現へと昇華させたのだ。

日本語ラップの抱えた三重苦。KOHHのラップを聴いていると、ラッパーたちのフロウはもはやそれらのいずれからも自由であるように思える。

モーラ拍言語の平板さについて、彼の破調を招くアクセントや長音を多用するフレーズ先行のフロウは、明らかに自由な抑揚を獲得している。

開音節言語のスピード感のなさは、むしろBPMの大幅なスローダウンを特徴とするトラップが背景にあるがゆえに、もはや問題ではなくなっている。KOHHは間を活かしながら言葉をゆったりとフロウしていくことを全く怖れず、それでもラップとして成立させている。

そして文法上の押韻の困難さについては、語尾の一音ないしは二音だけを合わせる彼の方法論、つまり「韻を踏まない」という選択によって、この問題自体を強引にキャンセルしてしまっている。

ちょうどブーンバップからトラップへの移行期にＫＯＨＨという才能が現れた。そのことによって日本語は、ラップに向いていない言語という立ち位置から解放された。日本語ラップは、音節ラップ化を推し進めることによる進化のオルタナティヴを獲得したのだ。そしてＫＯＨＨによって播かれた種は、二〇二〇年代に様々な姿の花を咲かせることになる。詳しくは最終章で見ることとなるが、それはアメリカの影と対峙しながらも、「Ｊ化」に回収されない形で、ある種のガラパゴス的な価値を探っていく試みだった。

第4章

風景

Landscape

1

風景の発見、再び

前章では日本語ラップのフロウを分析した。それぞれのラッパーのフロウは、必要に迫られ探求の結果辿り着いた表現方法という意味で、ラッパーたちにとって極めて「リアル」なものだった。しかしもちろん、ラップにおいては言葉をどのように演奏するかだけでなく、なにを歌うか、そしてその言葉が「リアル」なものかどうかが重要だ。本章ではまず、日本語ラップのリリックにおいて、どのようにリアリティのある世界が仮構されていったのかを、具体的には、その「風景」の描写がどのように変化していったのかを追う。

時代によって「リアル」の意味が変容していったのは、本場アメリカでも同様だ。そしてその変化をリリック以上に端的に映し出しているのは、MVというメディアである。そこで本章の後半ではヒップホップにおけるMVの変遷を追いながら、ラッパーという存在にとってなにがリアリティを担保するのかを原理的に考えよう。

ラッパーがリアリティを持つのは、どんな場所で、誰と、なにを、どんな風にしているのかが巧みなイメージの描写と共にリリックで示されるときだろう。そこで重要となるのは、ラッパーたちがどこに立っているのか、言い換えればどんな風景を従えているのか、という観点だ。そのような場所の風景は「レペゼン」や「フッド」という言葉に表れているように、ラッパー自身のアイデンティティを形成する重要な要素だからだ。

ではラッパーたちはどのような風景を、どのように描写するのだろうか。まずは前章の議論の延長として、日本語ラップにおける試みについて考えていこう。

日本語ラップはもちろんポストモダンの時代に生まれた文化だが、そこで描かれる風景を文学と対比するなら、近代文学的なものというよりも、前近代的なものに近いと言える。なぜか。ここでは文学における近代／前近代の「風景」について考察した柄谷行人『日本近代文学の起源』を参照しながら、日本語ラップにとっての「風景描写」の意味を考えてみたい。[※1]

柄谷は、風景がまだ発見されていない近代以前、たとえば山水画は実際にそこにあるものではなく、概念を描いていたことを指摘する。日本語ラップの、特に黎明期の試みが前近代的だというのは、この点に類似が見出せるからだ。つまり日本語ラップ黎明期から九〇年代にかけて、アメリカのヒップホップに倣い「ストリート」「ハスラー」「ドラッグ」「酒」「金」「銃」やそれらを表す様々なスラングがリリックに頻出するが、日本のラッパーにとってそれは見たものをそのまま描写しているというより、「概念」として召喚しているのに近い。たとえば「拳銃」「銃撃戦」「ドンパチ」「戦場」は実際に日本のストリートで目にした銃撃戦を描いているのではなく、あくまでも争いごとや状況の比喩として、ヒップホップの一側面を象徴する語句として召喚されているわけだ。[※2]

このことをよく示しているのは、童子-TがZeebraとRHYMESTERのMummy-D

※1　柄谷行人『定本 日本近代文学の起源』、岩波現代文庫、2008年。

※2　MICROPHONE PAGER「病む街」(1995)の「ガチンコ合図でドンパチドンパチおっぱじめる」、LAMP EYE「証言」(1995)の「戦場もはやこれこそが現状」、T.A.K the Rhymehead「銀河探検鬼」(1996)の「メビウスの輪のドア開けた／銃撃戦」、DABO「レクサスグッチ」(2001)の「タバスコに拳銃」などがその例にあたる。

を迎えた「流儀２００３」（二〇〇三）だ。そのフックを見てみよう。

これが流儀　今も変わらぬルーティーン
ボロ儲けだBullshit
狙い定めたリリカルシューティン
派手な人生　まるでギャングムービー
［中略］
Shake your body body ゆらしなBooty
金に女に酒にジャグジー※3

ここでも「シューティン」＝銃撃するのは「リリカル」＝リリック上の比喩であるし、「金」「女」「酒」というステレオタイプはすべて「ギャングムービー」から引用された概念でしかないことが示唆されている。

これらは対象を写実的に見ているのではなく、概念を見るのに近い。したがって、この時代の日本語ラップにおける描写は、近代的リアリズムであるとは言い難いだろう。

なぜそんなことが起こるのかといえば、先ほどの「ギャングムービー」という表現に集約されている通り、それらはアメリカのラップが浮かび上がらせた、ストリート、ゲットー、プロジェクト（低所得者団地）、そしてドラッグディールで得た富をひけらかすパーテ

※3　童子-T「流儀２００３(feat. Mummy-D, ZEEBRA)」、『第三の男』、ユニバーサルＪ、２００３年。

ィのような風景を輸入するための、いわば「翻訳語」だからだ。だからその描写は、アメリカのリアルな風景を翻訳して描こうとする、「スラングのかたまり」となる。ひとつの概念（たとえば銃）に対し、英語の原語（gun）、英語での様々なスラング（gat、glock、AK）、それらの翻訳語（銃）、カタカナ表記（ガン）、日本語での隠語（チャカ、ハジキ）等々がデータベースに登録されており、リリックの文脈や韻、フロウ上の収まりなどを検討したうえで、どれを選択するかが決まる。さらに言うなら、スラング集／用語集＝データベースの参照という点で、これは俳句の歳時記を彷彿とさせる。※4

さらに注目しておきたいのは、そのような風景の舞台となる「東京」の描かれ方だ。後に見るように、それは最初、具体的な細部を持たない空虚な都市であるかのように描かれた。概念でしかないストリートや戦場といった対象は、「日本語ラップの中心地」という概念でしかない東京という場所の上で描写されたのだ。

そして柄谷は、前近代の風景が概念を描いていたことを前提として、近代的な風景が発見された様子について議論している。それは国木田独歩の「忘れえぬ人々」（一八九八）のような小説のなかで、忘れ去られても構わない風景としての人々＝なんでもない風景が発見されたことによるものだった。それは自然主義的なリアリズムの描写に見えるが、実はロマン主義的な自我を前提とした「内的人間」から見えた風景だった。

このような議論を受けて、あらためて日本語ラップの場合を考えてみよう。黎明期からしばらくは、先述のように概念的な対象が描写されるケースが散見された。しかし状況は

※4　もちろんデータベースへのアクセスは、前近代性と共にポストモダニズムとも接続されうる。ヒップホップの楽曲自体が、ビート、ラップともにサンプリング＝引用の上に成り立つ、ポストモダン的な面を持つことはよく指摘される。

変わる。日本語ラップの世界においても、柄谷の「風景の発見」になぞらえられるパラダイムシフトがあったのだ。

二〇〇〇年代初頭、日本語ラップの中心地とされていた東京に対して、周縁としての地方の風景が次々と発見されていく。ラッパーたちが目を向けたのは、普段見慣れた、自身にとっては特別なことのない風景だった。不穏な空気が渦巻き、今にもなにかの争いが起きそうなストリートやゲットーを追い求めるのではない。ヒップホップに、リリックに、孤独に対峙するうちに見つけたのが、自分の周りにある風景だった。それは柄谷が言うところの、それ以前には「だれもみていなかった風景」だった。

柄谷はそのような風景は「孤独で内面的な状態」と緊密に結びついていることを指摘している。[※5] 孤独な内的人間が選び取る風景には、自分自身の自我が映り込む。そしてしばしば、この自我は限りなく肥大化する。ラップとは、この肥大化する自我を、ボースティングという構えを持って肯定的に捉える表現形式でもある。

※5　柄谷『定本 日本近代文学の起源』、28頁。

2

いとうとZeebraの東京

まずは日本語ラップにおける「東京」という特権的な場所の描かれ方について考えていこう。アメリカのヒップホップにおける特権的な場所＝ニューヨークはブロンクスの風景を描写したグランドマスター・フラッシュ＆ザ・フューリアス・ファイブの「The Message」がリリースされたのは、一九八二年のことだった。この洗礼を受けた日本語ラップは、まずは東京の各所で産声を上げた。前章で追いかけたフロウの進化史で取り上げたのは、実はほとんどが「東京」と題した／を描いた楽曲だった。いとうからZeebra、SEEDAからKOHHまで、みな東京出身だ。その都市の描写は、どのように移ろっていったのだろう。ラップという言語芸術において、前章で見たフロウという「形式」とリリックに描かれる「内容」は、互いに絡み合いながら漸進していったはずだ。

「The Message」から二年後、吉幾三の「俺ら東京さ行ぐだ」（一九八四）のなかで、「東京」はユートピアとして措定されていた。そしてそれは同時に、いとうせいこうが「東京ブロンクス」（一九八五）で「ドアを開けたら東京はなかった」と歌った空虚なトポスでもある。そこでは「でかいDance hall」「崩れたビル」「壁にスプレー」といった風景が見られる一方で、「ラジオもない」「電話もない」という、頽廃的な世界が空想的に描かれる。

「日本語ラップ」は、その黎明期にオーセンティシティを獲得するため、ニューヨークのブロンクスのようなゲットーに準ずる風景を探そうとした。その格闘を知っている現在から振り返ると、いとうのアプローチは「東京」と「ブロンクス」を並置しながらも、前者はヒップホップの文脈において空虚であり、オーセンティックなゲットーやストリートの存在しない、フィクショナルな場所でしかないという見立てを示している。せめて想像力を駆使してそこをからっぽの巨大な「ディスコティック」のフロアーと見立てること。少なくともビートのリズムをバックにそのフロアーで踊ることで、ヒップホップを体現してみせること。

空虚な記号としてのディスコには文字通りなにもない。いとうは否定形でそこに「ない」ものを列挙する。「屋根も柱もブースもない」「ミラーボールもレーザービームもレジもクロークもない」「ラジオもない」「電話もない」というラインは、吉幾三が青森県北津軽に「ない」ものを列挙した「俺ら東京さ行ぐだ」に対するアンサーとして機能している。あるいは、そんな吉のナイーヴな東京観への警告となっている。なってしまっている。

このようないとうの試みから一〇年後、キングギドラの「見まわそう」(一九九五)の舞台も、相変わらず東京だった。一九九〇年代の日本のヒップホップ文化のメッカは、クラブ、レコード屋、洋服屋、すべてが集中していた渋谷、なかでも宇田川町だった。この渋谷一極集中は「見まわそう／三六〇度／上下確認／今日の東京」というフックや「東京ホーミーが俺らのバック」というラインに表れている。この時代、いわゆる「さんピン世代」にとっての風景とは、東京――MICROPHONE PAGER「東京地下道」（一九九五）やZeebra「東京の中央」（一九九八）で歌われる――であり、渋谷――RHYMESTER「渋谷漂流記」（二〇一〇）で歌われる――であり、ヒップホップがパフォーマンスされるクラブ＝「現場」だった。※6

しかしそれは単純に、東京や渋谷のストリートがリリックに描写される、ということではない。先述のように、それはあくまでも「翻訳」された「概念」なのだった。たとえばキングギドラの「フリースタイル・ダンジョン」（一九九五）という曲がある（後にMCバトルのブームを起こす番組名として採用された曲だ）。これはニューヨークのクイーンズをフッドとするナズの「N.Y. State of Mind」（一九九四）にインスパイアされている。※7だが、犯罪が蔓延し銃撃戦が起こるようなニューヨークのストリートに生きる精神状態を描いた後者に対し、前者はラッパー同士の争いをRPG的な「ダンジョン」での戦士たちの戦いにアレゴリックに見立てている。つまり、現場はストリートではなく、あくまでもラッパーたちが凌ぎを削る「ゲーム」のステージとしてのクラブ、フリースタイルの輪＝サイファーだったのだ。

しかし同時に彼らの頭の中には、ラップが対峙すべき「現場」の理想像として、アメリカのストリートやゲットーのヴィジョンが渦巻いていたはずだ。だからこそ、その空想でしかないヴィジョンを取り込むかのように、日本語ラップを支えた現場としてのクラブシーンは、異常な熱気を孕むものとなったのではないだろうか。オープンマイクのセッショ

※6　この点については日本文化研究者のイアン・コンドリーも指摘している。イアン・コンドリー『日本のヒップホップ――文化グローバリゼーションの〈現場〉』、上野俊哉監訳、田中東子、山本敦久訳、NTT出版、2009年、150頁。

※7　Zeebraは2016年にTwitterで以下のように投稿している。「ちなみにこの曲（歌ってるのはNas）のイントロで言ってる『Straight outta fuckin' dungeons of rap』って言うワードからヒントを得てキングギドラの『フリースタイルダンジョン』が出来ました。それが20年経って番組名に。」URL=https://x.com/zeebrathedaddy/status/791295559361363969

ンが頻繁に行われ、誰もが自分の考え方を開陳できるクラブのステージとは、誰にでも平等に開かれた「交通」の場であり、その意味で「ストリート」を引き継ぐものだった。ヒップホップがカウンターミュージックであることに自覚的で、先行世代に対しても同世代のJ－RAPに対しても「リアル」を見せつける必要があった彼らの姿勢は「見まわそう」の「度肝抜く 火を吹く 大怪獣／又社会に攻撃再開中」というライムに集約されている。クラブという現場から、「社会に攻撃」するカウンターミュージックとしてのラップを「再開」すること。それはいわば東京という都市の内側での対立だった。

だがラッパーたちが歌う「東京」も「社会」も、依然として抽象的な概念として響く。具体的な風景がなにひとつ言葉にされていないからだ。ラッパーたちにとって、東京はあまりにも自明なヒップホップの現場だった。しかしそれゆえに描写すべき＝ボースティングに耐えうるストリートとしての顔は必ずしも露出していなかった。あるいはこう言ってもいいかもしれない。当時の日本語ラップシーンにおいて、「周縁＝地方のフッド」の存在が発見されていなかったがために、まだ「中心＝東京」は相対化されていなかった。

3 フッドの発見

前節で見たヒップホップにとって空虚で抽象的な概念でしかなかった「東京」はしかし、やがて風景を獲得していく。その変遷に明らかな加速が観測されたのは、一九九〇年代終盤から二〇〇〇年代にかけてだ。これは東京一極集中が崩れ、日本全国様々な地域からラッパーが登場した時期にあたる。各々の地元の風景が発見され、オーセンティックなストリートやフッドが描かれるようになる。

それが端的に表れているのは、いわゆる「さんピン世代」の後にくる「五三年組」（昭和五三年生まれのラッパーたち。西暦から「七八年式」とも呼ばれる）の作品群だ。彼らは東京一極集中の先行世代に対するカウンターであるかのように、それぞれの地元をレペゼンする楽曲を発表している。

たとえば横浜出身のMACCHOを擁するOZROSAURUSの「ROLLIN'045」（二〇〇一）は、横浜の各所を車で流しながら、「山下の埠頭」「国際橋」「ランドマーク」などの目に映る風景を次々に描写する。※7 あるいは愛知のTOKONA-Xが名古屋をニューヨークのクイーンズに見立てれば、鬼は「小名浜」（二〇〇八）で、いわき市小名浜のリアルなサグ・ライフのヴィジョンを提示した。

※7 海や橋が左右に広がるパースペクティヴ（「港横浜24時展望／山下の埠頭オレンジの電燈／ベイブリッジは海と並行」）を描いたかと思えば、場所を変えて「桜木町方面」の「国際橋越えて港ミライへ」向かうと、今度は上下差のある風景が広がる（「遊園地も眠り／夢深まり／向い側にランドマークが高い／目の赤いビルの街徘徊」）。車に乗りながら外を眺める視線の動きをトレースするようにして、横浜のランドスケープ群が空間的に絡み合う様を自在に描いている。OZROSAURUS「ROLLIN'045」、『ROLLIN'045』、ポリスター、2001年。

さらに東京でも、渋谷一曲集中から「フッド」が細分化していく。新宿を舞台にしたMSCの「新宿アンダーグラウンド・エリア」（二〇〇三）では、「西新宿」「歌舞伎町」「大久保通り」などが見せる影の風景が描かれた。その中の有名な「道具は空のビール瓶／何も知らずに／笑顔でやってきたイランの／額目掛けてタイミングよく降る／渾身のフルスイング／まるで映画のワンシーン／だけどリアルタイム」というラインは、文字通り映画のワンシーンのような風景がそこにあることを示し、リスナーに衝撃を与えた。

そして五三年組のほぼ同世代には、京都の向島団地出身のANARCHY（一九八一年生まれ）がいる。彼の「Fate」（二〇〇八）では、団地の父子家庭で育った幼少期が綴られる。この曲では「よくある話／子供でもロンリー／真っ暗な家に慣れた小2」「隣の女の子泣き声響く／上じゃ酒飲みの怒鳴り声」と、団地という場が彼にとってまがりなりにもホームであり、「女の子」「酒飲み」がいるある種の共同体であることが示されながら、直後の「白い悪魔／博打が手招きパンク／逃げ道／団地屋上からジャンプ」と続くラインで、トラブルの絶えない脱出すべき場所でもあるということが両義的に描かれる。

一九八〇年にこちらは東京で生まれたSEEDAもまた、その近郊に地方性を見出していく。「影絵（川崎〜太田）」（二〇一〇）で彼は、影踏みのごとく執拗に「影」で韻を踏みながら、地元の工場群を遠景に、多摩川沿いの川崎から太田区への移動の速度感を表現している。※8

こうした作品群のなかでも特に象徴的な例が、SHINGO★西成の楽曲だ。世代とし

※8 「工場から吐き出す煙は／夜空に浮かべる影／工場川崎から太田／赤い月を浮かべる」というラインで幕を開けるこの曲は、通常は避けられる同じ語でのライミング（多彩なボキャブラリーが優れたMCの基準のひとつだからだ）をあえて多用し、「影」「金」「酒」等々、同じ二音で何度もキレ良く踏んでいく。三分五秒間に二六回も登場する「影」というワード。ラップで韻を踏むとは、過ぎ去った言葉の影を踏むようなものだ。「影」という語で次々と韻を踏む「影踏み」のリズムと、工場群を遠景に多摩川沿いを行く歩み、そして影に付きまとわれる日常の目まぐるしさがシンクロし、この曲を駆動している。

ては五三年組より少し上の一九七二年生まれの彼は、その名の通りドヤ街がある大阪の西成の長屋で育った。彼が「ＩＬＬ西成ＢＬＵＥＳ」（二〇〇六）で描いたのはゲットーのリアリティそのものだ。

ポリ署の前には高級車　意味分かればもう上級者
カーブちゃう　まるで江夏の直球や　ガサ入れするため Yo! 召集や
焼酎やワンカップビン溢れる　数以上にな　人があぶれる
カブれる腕　掻きながら　隠れる　酒屋のそばにチン電のレール
受け渡しする目印は電柱　つまらん喧嘩はしょっちゅう
WITH ポン中　年がら年中はやそうな連中に言う「WHAT'S UP!」と「GOD BLESS YOU!」※9

そこではトラブルは日常茶飯事だ。しかしこの曲の冒頭部には、そんな街への彼の思いが描かれている。

俺は毎日この道歩くねん　今見える景色、俺をはぐくんで
飾らん優しさいつも包んで　角の地蔵さんまず拝んで
玄関開けたら　うつ伏せのおっちゃん「ここ寝たら風邪ひくで…」

※9　ＳＨＩＮＧＯ★西成「ＩＬＬ西成ＢＬＵＥＳ -ＧＥＥＫ ＲＥＭＩＸ-」、『Sprout』、鎖ＧＲＯＵＰ、Libra Records、２００６年。

気いつけや　シノギ屋　背後狙うで　ヘラクレスもたぶん逃げ出すで[※10]

曲全体に通底するのは西成というフッドへの愛着と愛情だ。実は「ＩＬＬ西成ＢＬＵＥＳ」というタイトルからして、ヒップホップ黄金期を代表するレジェンダリーなラッパーのひとり、ニューヨークはクイーンズ出身のクール・Ｇ・ラップによる「ILL STREET BLUES」（一九九二）のリスペクトを込めた「翻訳」だ。しかしこの曲の描写に、二番煎じのような印象は全くない。なぜだろうか。

まずはリリックの語群に注目してみよう。散見される「西成」「帝塚山」「江夏」などの固有名や、「地蔵さん」「景品交換所」「長屋」「チン電」などの日本特有の事物が、独特の情景を浮かび上がらせる。さらに肝となっているのは「『あぁなったらあかん』て学ぶ」「金かせいどんねん」「カーブちゃう／まるで江夏の直球や」「『かわりなんぼでもおんねん』ちゃうねん！」「雑巾ちゃうぞぉ！」などの方言だ。「金かせいどんねん」は「make money」、「まるで〜や」は「like〜」という、いずれも英語のラップで定番のフレーズの翻訳でもあるわけだが、原語、あるいは標準語による訳とは響きが全く異なっている。

たとえば日本におけるハスリング・ラップ（ドラッグディールを中心とするヒップホップ的成り上がりの物語をテーマとするラップ）の名手としてＳＣＡＲＳが挙げられるが、彼らがハスリングの「翻訳」に成功したのは、標準語がシニカルで醒めた響きを宿しているからこそだろう。要するに「金がすべて」という思想と標準語のドライさが共鳴したわけだ。

※10　同前。

それに対し、SHINGO★西成の方言が宿しているのは、ドヤ街で生きる肉体労働者の切実な響きだ。だからこそ、彼のラップは独自のリアリズムを打ち立てることに成功した。※11

彼に限らず、五三年組周辺の作品群には、かなり具体的な地元の風景や出来事が描写されている。先に挙げた鬼の「小名浜」にも、フッドの固有名詞の束が登場する（「花畑」「ハルキ」「Y30セドリック」「ダイスケ」「八郎」「ナオ」「オリカサ」etc.）。事情を知らないリスナーを煙に巻くような、固有名詞の列挙。誰にでも理解できる言葉遣いから、仲間うちでしか通用しない言い回しや方言を混ぜ込む手法への変遷。そのローカリティが極まれば極まるほど――それがほかに誰も知らない景色であればあるほど――リアリティは担保される。ラップにおける風景の発見を下支えしていたのは、白昼頭を上げて、誰も知らない風景をルポするような、言葉遣いの変化だった。

先述した柄谷の議論を踏まえれば、次のように言えないだろうか。日本語ラップは近代文学と同じくロマン主義的な自我を前提にしている（たとえばキングギドラのK DUB SHINEは一九九七年にリリースされた「ラストエンペラー」で「自分が自分であることを誇る」というパンチラインを記している）。しかしヒップホップの背景にあるポストモダン社会においては、単純な近代的リアリズムは成立しない。かと言って、オタク文化のようにデータベース的な風景を受け入れることは、ロマン主義的なボースティングと抵触してしまう。その捻れは、ストリートを「翻訳」しようとしつつ、その描写を架空のゲームに重ねざるを

※11　もちろん、アメリカのラップの多くは、アフロアメリカンたちの話す英語の訛りやスラングのうえに成り立っている。

えなかったキングギドラ「フリースタイル・ダンジョン」に如実に表れている。
その捻れを解消しようとする模索の先に、「レペゼン」概念の輸入とともに発見されたのが、固有名や方言を用いた五三年組周辺の描写だった。「転けたら立ち上がれ／未来も天と地／助けはこない／覚悟しなGhetto kids」（「Fate」〈二〇〇八〉より）と歌うANARCHYや、「ILLなGHETTO／ILL西成BLUES」（「ILL西成BLUES」より）と歌うSHINGO★西成らは、それまで目を向けられることはなかったが自分たちの周りに確かに存在した、なんでもない風景を描くことに成功したのだ。
付言するなら、柄谷はシクロフスキーを引きつつ、「リアリズムとは、たんに風景を描くのではなく、つねに風景を創出しなければならない」こと、「それまで事実としてあったにもかかわらず、だれもみていなかった風景を存在させる」必要があることを指摘する。[※12]
ここまで見てきたラッパーたちもまた、日本全国の「だれもみていなかった」風景を可視化した。どんなドキュメンタリーともルポルタージュとも異なる方法で、それらの風景は創出された。こうして日本語ラップは、長年希求していたオーセンティシティを獲得することになったのだ。思えば本国のグランドマスター・フラッシュ&ザ・フューリアス・ファイブ「The Message」もまた、まさに「だれもみていなかった」ブロンクスのゲットーの「風景を存在させる」ことで、ラップにおけるオーセンティシティを「創出」したのではなかったか。

※12　柄谷『日本近代文学の起源』、35頁。強調を削除。

4 THA BLUE HERBの原風景

五三年組とその周辺のラッパーたちが「風景」を獲得する動きに少々先立って、ひとりのMCが、日本語ラップシーンに殴り込みをかけていた。そのまなざしは、中心でも周縁でもない風景を探し出さんという自信に満ち溢れていた。当時の渋谷一極体制に挑戦したのは、札幌からカウンターとして現れたラッパーのILL-BOSSTINO（以下BOSS）とビートメイカーのO.N.O、そしてライヴDJのDJ DYEによるTHA BLUE HERBだ。一九九八年にリリースした最初の一二インチ「SHOCK-SHINEの乱」でBOSSは、「北緯四十三度線」の「この街」＝札幌がシーンで「カギを握る」こと、そしてO.N.Oとの「平岸五重塔」での出会いをライムする。彼らの札幌からのカウンターアタックは、予想を遥かに超えて多くの熱狂的なファンを生み出し、破竹の勢いでシーンを席巻する。

しかしそんな彼らが描いたストリートは、札幌、平岸に留まらなかった。というよりもむしろ、彼らは自分たちがレペゼンするはずの地元の風景を当初ほとんど描かなかった。一体なぜだろうか。

そのヒントは彼らのとある作品のなかにあった。息つく間もなくファーストアルバムをリリースしそれに伴うツアーに明け暮れたBOSSは、タイやネパール、ラオスなどのアジアを巡る旅に出かける。その経験は「３ＤＡＹＳ ＪＵＭＰ（２００１年 地球の旅）」と名づけられた、タイトル通り二〇〇〇年末から二〇〇一年をまたぐ三日間の出来事を綴った曲に結実する（リリースは二〇〇二年）。彼が描くのは、たとえばタイの「チェンマイストリート」で実際に目にしたであろう光景だ。

その日はかわらず灼熱に道は乾いて　暇そうなドライバーがいて
祝福のような花が咲いて　あの女の人は子供をだいて　はだしで
モントリーホテルのテラスの周りで　満腹の老夫婦に手を差し出して
多くの嫌悪とわずかのなぐさみをあびて　そのくりかえしで暮らしてる[※13]

最初の二行ではストリートを、「道」→「ドライバー」→「花」とカメラが次々とフォーカスしていくように描写する。続く二行目の半ばから四行目までのラインも、「はだしで」「周りで」や「だいて」「出して」「あびて」と踏んでいく韻に文章の構造が規定されるために、それらの語とセットになった「子供」「女の足」「ホテルのテラス」「老夫婦」「女の手」に次々にズームイン／アウトするカメラを彷彿させる描写になっている。

　これは先述のように二〇世紀から二一世紀への転換の三日間を綴った曲だ。一日ごとにその場でリリックを書いていったというＢＯＳＳだが、二〇世紀最後の二日間を描いたふたつのヴァースは、非常に稀な、ある意味極限的な状況を言葉に落とし込んでいる。世紀

※13　THA BLUE HERB「３ＤＡＹＳ ＪＵＭＰ（２００１年 地球の旅）」、『FRONT ACT CD』、THA BLUE HERB RECORDINGS、２００２年、歌詞カードより。

の変わり目というあまりにも巨大な節目を目前にしながら、何か特別なことを成せるわけではない人間存在の卑小さと、それでもペンを握ってノートに向き合うしかないラッパーとしての宿命と意地が滲み出ているのだ。
そして新世紀を迎える期待は次のように示される。

二時間早く新世紀に入った　はるか日本の映像をかいま見た
真新しい一〇〇年という波が　すぐ東真近にきてるのを感じた
あと何時間もたてば　ペンは笑いはしゃぎ歌いまわるだろう
一つ残らず探し物がなくなる　探し物がなくなるが遂にみつかる
あと一日で　一二時で
全ての弱者は救われて　むくわれて　偏見や差別も階級もなくなって
不公平や独占もなくなって

BOSSは目の前のペンでドープなヴァースをひねり出そうと格闘していたはずだが、いつのまにか人類が長い間向き合ってきた「偏見」「差別」「階級」「不公平」といった哲学的な問いに辿り着く。彼をそこに導いたのは、フッドの外への旅のなかで目撃した幾多の風景だったのではないだろうか。このラインの直後、世紀をまたぐ数時間そのものを示すように、別トラックでドップラー効果の付与された救急車のサイレンのようにフェードイン、フェードアウトしていくのは、次のようなフレーズの繰り返しだ。

何でも見ることができて　何でもすることができるけど
見るべき物は何もなく　するべきことも何もない

BOSSが旅をし、描いたのは、持たざる者たちの舞台としてのストリートだ。「満腹の老夫婦」と子供を抱いた「あの女の人」の、持つ者と持たざる者の対比。ホテルで目にした日本のニュース番組に映っていた「二億以上も使い込んで太った外務省のペテン師」というライン。

すべてのリアリズムがキャンセルされ、世界が一瞬にして生まれ変わる革命の可能性が幻のように垣間見られる、新世紀を迎える瞬間。しかし当然のように何ひとつ変わることのない世界／ストリートが描かれるのが、続くサードヴァースだ。

その日は変わらずまた一つも売れず　どうすることもできず一人かたづける
アクセサリー売りは地球中に住んでる　さびしさの結晶　街のフレーズ
マンネリの疲れ　両肩をつかまれ　ため息をつれ　運河のふちに座って
地に落ちた月をぼんやりと見てるやつらへ　栄光をつかめ

BOSSを哲学的な問いに導いた風景は、さらに残酷なまでのリアリティを彼に見せつける。BOSSはペンを掴んで、それを描写する。ある者にとってはなんでもない風景は、こうして発見される。

このようにBOSSは日本語ラップにおいて過去に類を見ない描写を実現している。一方で、それと拮抗するO.N.Oのビートにも注目しておきたい。彼がここで選んだ逆再生と思われるウワネタは、文字通り通常の音の鳴り方を転倒させている。刻一刻と流れる時間の経過に言及しながら思考の流れと風景を描写するBOSSのリリックと、時間を逆流するビートがぶつかり合うことで、いわば無時間的な浮遊感が生まれている。世紀をまたぐという空間的にも時間的にも不安的な状況の中で、成功するとも知れないひとつのヴァースの作詞に全身全霊を賭けること。

BOSSは当時平岸という地元の風景を詳細に描写することはなかった。SHINGO★西成の例のように、自分からしてみればなんでもない身の回りにある風景を描くという判断にはいたらなかった。だからこそ彼は、二〇〇一年という年を跨ぐタイミングでアジアへ出かけた。時間的にも空間的にも異質な状況に積極的に身を置くことで、自己の頭の中の思考がどのように変化していくのか、その描写を試みた。この試みは、セカンドアルバム『Sell Our Soul』（二〇〇二）収録のネパールのストリートを描いた「路上」でも継続される。

BOSSは半ば実在し半ばフィクショナルな異国の路上を描くことで、日本語ラップが立ち上げようとしてきた東京や地方の風景に、さらなる外部が存在することを示した。いまここにあるフッドの風景をレペゼンすることを選択せずとも、ラッパーは時間や空間を超える文学的想像力を有している。ＢＯＳＳの「見るべき物は何もなく」というラインは、次々と風景をまなざす彼の描写によって、ラッパーの目から見ればすべては想像力しだいで見るべきものになるのだという宣言へと反転する。言い換えれば、日本語ラップにおける風景とは、それを発見する視線、あるいは想像力を有する内的人間たる主体が現れるかどうかの問題だったのだ。

5 SEEDAとKOHHの東京

このようなフッドの発見、あるいはさらなる外部の発見を経た視点で、再びラッパーたちは相対化された東京を眺めることになる。キングギドラの「見まわそう」で舞台になっていた東京は細部を欠いた象徴的な場所だったが、その約一〇年後、二〇〇六年にSEEDAが「Tokyo」で描いた街は、細部を有していた。それは彼が、なんでもないそこにある風景にあらためて視線を向けた結果だった。たとえばセカンドヴァースの冒頭のラインは次のようなものだ。

BMの覆面近所を廻るも
ママチャリの婆昼間スレ違う
無人交番ゲリラするライター
道路わきただ置かれた花束
目に映る全てを詩に落としたら
誰も此処じゃ生きれないだっろ（Holla）※14

※14 SEEDA「Tokyo」。

最初のヴァースに続き、SEEDAが批判的な視線を向ける警察権力に関連する風景が描写される。東京にはヒップホップの現場があり、それは生と死が交差する場所であることが表現される。前章で見た「山手線」の描写と合わせ、電車／車／自転車によって目まぐるしく移動する様々な人々と、雑多な東京の風景を眼差すSEEDAの視線が交差する。だがSEEDAは五－六行目で、このような子細な風景の描写がもたらす状況についても言及している。東京という街の本質。それは逐一言葉にするには、情報量が多過ぎる場所だということだ。すべてを言語化し詩として蓄積すれば、たちまち現実の重さに足を取られてしまう。むしろ重要なのは、忘却することだ。

ラップとは、わたしたちの目の前を通り過ぎていく一瞬を記録する営みだが、それと同時に忘却のためのツールでもある。あるモメントをライムにすることで、むしろその記憶を背後に流していく。自らの心の内だけに留めておくには、重過ぎる、過酷な、日常におけるエピソード。それらをあえて言語化することを足掛かりに、その場に留まらず、前進する。前進するための告白。そのとき告白室は、ノートのページであり、スマホのスクリーンであり、レコーディングブースであり、他のラッパーたちと囲むサイファーである。その意味でもラップは、都市部におけるサヴァイヴァル・ツールとなりうる。SEEDAのリリックは、受動的な姿勢では情報に圧倒されてしまうような東京での生に抗う言葉だった。そしてそれを発するには、彼が幼少期を過ごしたロンドンでの経験がモノを言ったに違いない。外の世界から眺めることで、彼は中心を相対化する視点を持っていた。

そこからさらに一〇年後、今度はKOHHが同じく「Tokyo」というタイトルの曲をドロップした。前章で見た「破調のフロウ」が端的に表れた曲だが、リリックにおいてはタイトル通り、KOHHならではの東京が描かれている。

ここどこ　東京都王子北区の上の所
庚申通り友達ん家の方にまた歩いていく
足元にはオニツカタイガー　歩いている毎日毎晩
俺らの体には刺青　入れ過ぎだけど　別に楽しんでる※15

上空から俯瞰し地図を眺めるようなひとつの視点が、KOHHと思しき人影を探す。友人宅までの徒歩ルートに焦点が定められると一転、カメラは一気にクロースアップし被写体の細部まで捉える。彼の足元のスニーカー、そして身体を飾るタトゥー。KOHHは目の前の友達との日常、自身のファッションや刺青だけをひたすら描き続ける。彼がその視線に捉えるのは「半径数メートルの東京」だ。彼が連呼する「王子」とは、二〇〇〇年代以降次々と姿を現すようになった郊外のひとつとして、渋谷という中心に対するカウンターとしてまずは理解できる。MSCがレペゼンする新宿や、妄想族がレペゼンする三軒茶屋といった街。それは同じ東京でも、ラッパーたちの世界では細部を待つ周縁として扱われてきた場所だ。

※15　KOHH「Tokyo」。

ＫＯＨＨにとって、日本語ラップ黎明期の先人たちのように、描くべき風景を探す必要は、もはやない。ヒップホップと出会い、ラッパーを名乗ることで、所与のなんでもないはずの空間は突然「フッド」となるからだ。地元との関わり合いを、ありのままライムにすることで、自然とリアリティは噴出するだろう。

三〇年の時間を費やして、いとう、Zeebra、ＳＥＥＤＡ、ＫＯＨＨによって描かれた東京。リアルを描くことが絶対条件のヒップホップにおいて、ラッパーたちは自分たちがヒップホップと出会い、それを形にしていく東京という場所自体をどう描くのかを、課題として突きつけられた。それは日本語ラップを巡る時代背景と、それぞれのラッパーの資質の掛け算によって、抽象的な概念から、徐々に細部を持った風景へと更新されていった。そこで見出されたのは、地方でのフッドの発見によって相対化された東京の姿だった。視点がミクロへ近づくほど、元々はなんでもなかった風景の個別性が強調された。得体の知れない巨大な街としての東京は、具体的でリアリティを持つフッドへと姿を変えていったのだ。

6 MVは何を映しているのか?

ここまでは日本語ラップで描かれる風景について、実際のリリックを見ながら考えてきた。東京から出発し、地方へと視野を拡げていくその様は、日本語ラップのオーセンティシティ獲得の物語そのものだ。前章までの議論を踏まえれば、そこには同時に、楽曲のフロウが進化していく様子も見て取ることができる。

だがヒップホップの「風景」を語る際に、ラップのリリック——つまりテクスト——だけを検討するのは片手落ちだ。この文化においては、ヴィジュアルの持つ力が非常に大きい。だから風景についても、ラップという聴覚メディアから考えると同時に、視覚メディアにおける表れ方について議論する必要がある。ここでは今のヒップホップにおける視覚メディアの中心に位置する、MVについて考えていきたい。ラッパーたちがリリックにルポライターや小説家の視点を取り入れていったように、単なる写実を超えた観点を取り入れる監督たちによって、MVの方法論は更新されていくだろう。

いまやヒップホップの楽曲が、MV抜きでヒットすることはほぼありえない。というよりも、ヴィジュアルなしでは、その楽曲が本当の意味でリリースされたとは言えないかもしれない。ヴィジュアル抜きにラッパーのプレゼンスが真に伝えられることはないからだ。

要するに「ヴィジュアルはリリックほどに物を言う」のであり、視聴者は画面の端々からリアリティを読み取るだろう。そして映像には同時に、第一章で見たように、それがリアルなのかを見極めようとするヘッズからの視線も注がれる。そのときMVには、一体どのような風景が映り込んでいるのだろうか。

議論を進める前に、そもそもMVとは一体何なのか簡単に見直しておきたい（ここから様々なMVの例を挙げるが、すべてYouTube等で視聴可能なので、適宜アクセスしながら読み進めていただきたい）。周知の通り、それは従来レコードやCDといったメディアで流通していた音楽に映像を付加したものだ。MV（Music Video）以外にPV（Promotional Video）あるいはヴィデオ・クリップとも呼ばれ、特に日本ではPVという呼称がよく用いられている。

本書では欧米で一般的かつ日本でも定着しつつあるMVという呼称を用いるが、逆説的なことに、PVという命名はMVの本質を示している。宣伝用《プロモーショナル》という語からして、商業的な効果が期待されていることが明白だからだ。それゆえ当初は、アーティストが歌い演奏している姿を見せる、ライブ映像のような形態の映像が主流だった。しかし商業的に成功し高額の予算を割けるようになると、金に物を言わせた過剰なプロダクション、いわゆる「オーバープロデュース」の傾向が強まっていく。技術の進歩とも相まって、ポストプロダクションと呼ばれる、編集やエフェクトによる映像の加工も過剰に行われる。

さらに内容面でも、歌詞に基づいた「映画的」な、ストーリーを持つMVが志向されるようになる。その結果、アーティストをプロモートするのが本来の目的だったはずが、アーティストが映らないMVが登場し始めるのだ。この変化によって、MVには「歌っている側＝アーティスト」を映すのか、あるいは「歌われている側＝歌詞世界の物語」を映すのかという選択肢が生まれてくる。

このことは、ヒップホップが「リアル」を追求するジャンルである以上、極めて重要な点だ。ヒップホップが商業的に大きく成功する九〇年代以降、右のような傾向はとりわけ顕著になっていく。たとえば一九九八年にリリースされたパフ・ダディの「Victory」のMVは、フルバージョンでは八分近い大作だ。描かれるのは西暦三〇〇二年の未来都市での、パフ・ダディが演じるキャラクターの逃走劇で、俳優のデニス・ホッパーも出演している。制作費は二七〇万ドル。二〇二四年の時点では、最も高額な予算が投じられたヒップホップのMVのひとつとされている。[※16]

と同時に、ヒップホップ的な価値は、むしろその真逆の作風にこそ置かれるようにもなる。それは記録映画としてのMV、つまりライブや演奏シーン、あるいはストリートでのサイファーの様子をそのまま封じ込めるような作品だ。個性の強いアーティストたちは、自分たち「歌っている側」の身体性を重視する。それがヒップホップのMVである以上、リアリティが問われることになるからだ。

※16 REVOLTの記事より。"A deep dive into 13 of the most expensive music videos in rap history," *REVOLT*, 2024. URL＝https://www.revolt.tv/article/a-deep-dive-into-13-of-the-most-expensive-hip-hop-music-videos

7 ヒップホップ＝ヴィジュアル系

したがって、ここからは、ヒップホップのMVにおいて垣間見えるリアリティを見ていく。ヒップホップにおいて、聴覚とならんで視覚が特権的な位置を占めていることには異論はないだろう。第二章で取り上げたように、日本語ラップ黎明期の「『ワイルド・スタイル』の衝撃」とは、何よりも視覚的なインパクトに駆動されたものだったし、ファッション、ダンス、グラフィティ、そしてそれらが実践されるニューヨークの街並みは、なによりも視覚に訴えかけるものだった。

そしてMVとは、ヒップホップのリアリティを視覚的に誇示できる恰好のメディアだ。たとえばグランドマスター・フラッシュ＆ザ・フューリアス・ファイブの「The Message」(一九八二)において、リリックに歌われるストリートの様子は、映像に映り込むニューヨークの街並みや、生活者、警官などの姿によって説得力を持つものとなった。

一九九〇年代に突入し、「Keep It Real」(リアルにやれ)というフレーズが標榜されるようになると、MVもますますリアリティ提示装置として機能することになる。ゴールデンエイジを代表するウータン・クランの「C.R.E.A.M.」(一九九三)、ナズの「The World Is Yours」(一九九四)やモブ・ディープの「Survival Of The Fittest」(一九九五)などのMVにおいては、低所得者用住宅である「プロジェクト」やストリートが背景として起用されている。貧困、差別や警察権力との、あるいは敵対関係にあるクルーとの戦いを視覚化するかのように、冬のニューヨークの厳しい寒さが重ねられ、緊張感溢れるイメージが全編に満ちている。どの作品でもラッパーたちの背後には、それがユニフォームであるかのようにアウターで身を固めた若者たちの集団が映っている。こうした手法は、地域と仲間たちをレペゼンするヒップホップのマナーに沿ったものと言える。

そして日本語ラップのMVにおいても、基本的にはこのUSラップの考え方が踏襲される。たとえば先の「ILL西成BLUES」のMVにおいて彼がラップしている場所は、リリック通りの西成の街だ。その街並みを背景にラップする様子は、紛れもなく彼が「リアル」な存在であることを示している。ただしそれは、単に彼が現地に赴いている、という意味に留まらない。

MVの撮影においては、目立つ格好をしたアーティストや撮影クルーが、群れ集まってカメラを向けて街を闊歩することとなる。もし彼らが部外者なら、撮影行為が看過されないケースもあるだろう。つまり「ILL西成BLUES」のMVにおいて、収められている職安などを堂々と撮影すること自体が、地域に認められた存在でなければ到底不可能なのだ。

その意味で、ロケーション選択の時点でアーティストがリアルな存在かどうかが端的に表れてしまう。ヒップホップのMVに映り込む風景がいかに重要な役割を果たしているかがよく分かる一例だろう。これらは先に触れたＯＺＲＯＳＡＵＲＵＳやＡＮＡＲＣＨＹ、鬼らの楽曲のＭＶについても同様である。彼らが日本語ラップの「風景」を発見したことは、ＭＶの映像にもしっかりと記録されている。

そしてこの流れは二〇一〇年代以降においても、Young Yujiroの「１０２号」（二〇一七）、ＪＥＶＡの「イオン」（二〇一七）、Jin Doggの「街風」（二〇二一）、舐達麻の「100Millions (Remix)」（二〇一九）、ＲＥＡＬ‐Ｔの「ＲＥＡＬ業界」（二〇一九）、ＴＡＫＡＢＯ「ＡＳＳＨＯＬＥ」（二〇一八）、Shurkn Pap「Trap City HIMEJI」（二〇一八）といった一連の楽曲でも見られる。

一方で、パフ・ダディとバッド・ボーイ・レコードの大成功による大金を投じたＭＶもやはり後続を生んでいた。ブランドや宝石の数々を身にまとい、高級車を乗り回し、シャンパンやドラッグを片手に高級マンションやクルーザー、プールのある豪邸といった空間を背景にパーティに興じる。そうした「富」や「成功」のステレオタイプなイメージを取り込んだＭＶは、一九九〇年代後半の商業的に成功を収めた楽曲から二〇〇〇年代以降のトラップまで――ノトーリアス・ＢＩＧにジェイ・Ｚ、マスター・Ｐからリック・ロス、T.I.、そしてミーゴスまで――枚挙にいとまがない。

ラッパーたちは高級車やジュエリーをレンタルしてまで成功のイメージを「盛る」わけだが、実はゲットーやストリートを舞台としたリアル志向のＭＶにおいても似たことをやっている。たとえばモブ・ディープのＭＶでは、軍服を思わせる迷彩柄のアウターを着込み、暖を取るためのドラム缶の炎が大きく吹き上がるなど、過酷な日常を戦場に見立てるような「盛り」がある。第一章で議論したように、ドキュメンタリー映画でさえ主観を免れない。事実を元にしたファンタジーとしてのヒップホップにおいては、この「盛り」にいかにリアリティを付与できるかが問われるのだ。

8 唇の功罪

そしてMVの「盛り」は、ラップの音楽とも無関係ではない。MVに映し出されるラッパーは、常にカメラ目線で、こちら側に向けて語りかけている。その肉声がほかならぬラッパー自身から発されていることを誇示するかのように、延々と口を動かし続ける。MVは声を媒介にしてラッパーと語り手の同一性を補強する。しかし、まさにそのことが明らかにしてしまっている「負」の側面も同時に存在するのだ。どういうことか。

先述のグランドマスター・フラッシュ＆ザ・フューリアス・ファイブの「The Message」のMVを詳しく見てみよう。MV全編を通してメインでラップするのはフューリアス・ファイブのリーダー格メリー・メルだが、途中、三番目のヴァースだけはメンバーのラヒームが画面に登場してヴァースを披露する。MV全般において、歌い手本人が口パクするのが前提だ。特にヒップホップにおいては、ラップのリアルな言葉がラッパー本人に帰属することを示すために、それが必須だろう。しかし実はこの曲のヴァースを書いてレコーディングしたのは、プロデューサーのデューク・ブーティとメリー・メルだけだった。つまりラヒームは、自分のものではない声に合わせて「口パク」しているのだ。これは風景を捉えたヒップホップMVの先駆的な一例であり、しかも同曲はリアリティ・ラップ＝コンシャス・ラップの最初期の作品のひとつだ。その曲にすらこのような事実があったことは、ヒップホップMVの本質をはっきりと示してしまっている。つまり、リアリティをどれだけ追求しようと「虚構性」をはらんでしまうことが、口パクにより露わになってしまっているのだ。

　MVの制作現場を想像してみてほしい。まずは楽曲が存在し、そこに映像を合わせることになるわけだが、多くの場合その映像は様々な素材のモンタージュからなる。もちろんラッパーが映り込んでいる素材がその中心を占めるだろう。そして映像と音を同期させる以上、たとえばストリートを練り歩くラッパーを撮影するならば、現場で同曲の音源を流しておく必要がある。カメラに写らないところで、ラジカセやスマホから、それは流れるだろう。これによってラッパーの身体と楽曲のテンポは合うことになる。しかし、テンポ「だけ」が合っている映像と音を、なにを頼りに一秒違わずシンクロさせればよいのだろうか。

それは、ラッパーがラップをする、唇の動きだ。唇の動きと音楽を合わせる「リップ・シンク」と呼ばれる手法。これが映像と音の蝶番となり、両者を同期させる。そしてリップ・シンクによって接続される音と映像は、そのような「技術」によって接続されているからこそ、困難を抱えている。MVの映像制作とは、あえて言えば、音に合わせたフェイク・ドキュメンタリーを制作するようなものだからだ。リップ・シンクとは、その映像がフェイクであることの証左でもある。

楽器を演奏するタイプのミュージシャンならば、本人が演奏している姿を、その身体性をMVに封じ込めることが肝要になるだろう。彼らは音に合わせて、楽器を当て振りする。ラッパーの場合、この当て振りの役割をリップ・シンクが担う。しかしこれは勿論、言い方を変えれば「口パク」である。もちろん撮影の際に音源と同様のテンションで声を出してラップをすればよいのだが、通常はそれが現場でレコーディングされてMVの音源に反映されるわけではない。[※17] つまりなによりも「リアル」を標榜する彼らが、その「リアル」を示すために、「口パク＝ラップしている真似」という「フェイク」をすることが義務づけられるのだ。

以上のようにMVにおけるリップ・シンクとは、ラッパーにとってアンビバレントな存在だ。ラッパー本人がラップをしているというリアルさを示すためにリップ・シンクするということは、裏を返せば、リップ・シンクさえしていれば、誰がラップしても「リアル」に見えてしまうということだ。「The Message」の件は、このことを裏づける例だった。

※17　例外として、ブギ・ダウン・プロダクションズの「My Philosophy」（1988年）のMVでは、カメラの前でKRS・ワンがアカペラを披露し、該当部分の音源が差し替えられている。他にもライブ音源を用いるケースも存在する。

ヒップホップのMVにおいて唇とは、ほかでもないメッセージを投げかける生の声の出口として、オーディエンスにとっても、アーティストにとっても、この上なくリアルなもののはずだった。しかしそれは同時に、リップ・シンクという詐術が用いられたフェイクなものでもあったのだ。

9 ハイパー・シンクロニゼーション

ところで、日本とアメリカでリップ・シンクについての捉え方に違いがあることは注目に値する。細馬宏通は著書『ミッキーはなぜ口笛を吹くのか』(二〇一三)の中で、アニメーションのセリフの録音について、リップ・シンクの観点から考察している。日本では絵が先行し後からセリフをつけるポストシンク(アフレコ)が取られるのに対し、アメリカでは先にセリフを収録し、そのセリフに後から絵をつけるプレシンクの手法が一般的だ。つまり後者では絵がセリフに従属しており、それゆえセリフとキャラの口の動きがより正確にシンクロする。キャラが喋るときの口の形も、日本よりもパターン数がずっと多いという。つまりアメリカは、精緻なリップ・シンクにこだわりを持っているのだ。

ひるがえって日本は、リップ・シンクへのこだわりが比較的薄いと言えるだろう。細馬はそこに、洋画の吹き替えや浄瑠璃といった文化的な背景があると指摘する。[※18]もし口の動きとセリフがズレていたとしても、わたしたちはそこに違和感を覚えないのだ。

これを踏まえて話をMVに戻そう。これまで見てきたようにMVとは、プレシンクのメディアである。アーティストによる楽曲が先に存在するのだから当然だ。ということは、プレシンクという特徴を共有するアメリカのアニメーションとMVに、なにか類似が見られるのではないだろうか。一九九〇年代のアメリカにおける、とあるMV作家の登場が、この疑問に答えてくれる。

ハイプ・ウィリアムスは、一九九〇年代前半からストリートをモチーフとしたいくつかのMVを制作して経験を積み、一九九〇年代後半になるとより商業的に成功したアーティストたちの諸作品で名を上げた映像作家だ。たとえば彼が手がけ一九九四年に発表されたウータン・クランの「Can It Be All So Simple」のMVは、プロジェクトを遠目に見ながら、仲間たちがボンネットに座る何台もの車が横づけされたストリートやグラフィティ塗れの壁を背景に、レイクウォンとゴーストフェイス・キラーがリップ・シンクで幼少時のストーリーを語る作りとなっている。実際のストリートの風景がその語りのリアリティを担保する、いわば「風景型」のMVを代表する一作である。

だが彼の真骨頂はそこにはない。彼の独創的な仕事は、ミッシー・エリオットとの一連のMVによく表れている。彼女の極めてユニークなファッションやキャラクターは、後に

※18　細馬宏通『ミッキーはなぜ口笛を吹くのか――アニメーションの表現史』、新潮社、2013年、321-322頁。

詳しく見るように、想像力の限界をやすやすと超えてみせるハイプのMVと共に確立されていった。

　その登場以前と以後でMVの様相は変わってしまったと言われるくらい、ハイプはヒップホップに留まらず、映像の世界に大きなインパクトを与えた奇才なのだ。その革新性は多岐にわたるが、ここまでの論点と関連する彼の作品の大きな特徴は、音と映像のシンクロの追求にあると言える。[※19] 両者のシンクロをMCの唇が担保しているというのがこれまでの議論だったが、ハイプはいわば唇を「拡張」した張本人だ。

　これには説明が必要だろう。ラッパーの唇以外のものを使って、音と映像のシンクロを図ること。バンドのMVであれば、演奏の当て振りによってシンクロ率を上げられる。しかしヒップホップにおいて、ビートはサンプラーや機材でプログラムされており、それを「演奏するプレイヤー」は存在しない。では一体何をもってして、このシンクロを強化できるのか。

　この問いに応答するために、視覚に関する研究で有名なマーク・チャンギージーの議論を援用したい。彼は『〈脳と文明〉の暗号』（二〇一二）の中で、まさにMVについて独自の論を展開している。まず前提となるのは、彼が記す視覚と聴覚の連関性だ。人間は聴覚だけで、イメージを想像することができる。木の葉のそよぎ、猫の鳴き声、空気銃の発砲音から、その音の「見かけ」を空想し、どんな姿が正しいかを視覚に尋ねてみることができるのだ。[※20]

※19　映画研究のロジャー・ビービは、ハイプのMVの特徴に以下を挙げている。「極端な広角レンズ、あるいは魚眼レンズの使用、高反射の表面（メタリックあるいはウェット）、フレーム内の発光するオブジェクト（ネオン、白熱灯あるいは蛍光灯）、ギクシャクしたストップモーション、シンメトリーあるいは円形のセット、原色のコスチュームやセットのデザイン」。Roger Beebe, Jason Middleton eds., *MEDIUM COOL*, Duke University Press, 2007, p. 316. 引用者訳。

※20　マーク・チャンギージー『〈脳と文明〉の暗号――言語・音楽・サルからヒトへ』、中山宥訳、講談社、2013年（原書は2011年）、143-147頁。

さらに彼は、それは音楽においても同様なのだと言う。つまり私たちは、ある楽曲を聴いて、どんな「見かけ」がふさわしいかを想像することもできる。チャンギージーの慧眼は、そのような意味で、MVとは音楽の「振り付け」であると指摘していることだ。

MVには多くの場合人間が登場し、音楽に合わせてなんらかの動きを見せる。そしてその動きは、聴覚から想像される「見かけ」と一致するように、適切なタイミングで、適切な所作でなされているというのだ。この指摘を念頭にハイプのMVを見てみると、多くのことに気づかされる。

たとえばハイプが制作し一九九七年に公開されたバスタ・ライムスの「Put Your Hands Where My Eyes Could See」のMVを見てみよう。冒頭のビートとベース音だけが響くイントロから、サウンドのイメージそのまま、打楽器を打ちつける身体の映像とともにこのMVは始まる。続いて登場するバスタ・ライムスの動きは、いわゆるラッパー然としたものとは全く異なる。手のジェスチャーだけではないし、音楽に乗って身体を揺らしているだけでもない。ときに動物の威嚇のように四肢を大きく広げ、ときにそれらを小さく丸めて繊細な動きを見せる。それは、このビートの響きそのものを身体で表現するための、音に完全にシンクロした、振り付け的としか言いようのない動作だ。

さらにそのような身体の動き——そこには当然唇の動きも含まれている——は、この時期のハイプのトレードマークである魚眼レンズで撮影されることで、どこまでも前景化する。

この音と完全に同期した身体の動きを、リップ・シンクを拡張した「ボディ・シンク」と呼んでみたい。リップ・シンクの場合は楽曲に声が存在し、それに唇を合わせるわけだが、ボディ・シンクの場合は身体の音（手拍子や足音など）が楽曲の中で鳴っているわけではない。つまり画面に映る動作の音源は存在しない。しかし冒頭の打楽器を打ちつける身体の動きに代表されるように、まさにチャンギージーの言う音の「見た目」を実体化したのが、この振り付け的動作だと言えるだろう。

バスタがラップをしているカットのみならず、階段を降りる動作、歩きながら侍女に歯を磨かれるカット、そしてサンバの衣装を身につけたダンサーたちや槍で戦う男たち、あるいは終盤の先住民族を模した衣装とボディペインティングを施した者たちの動作、それらのすべてがビートと極めて精緻にシンクロしている。さらに、これらの撮影にハイプが多用するのが、タイムストレッチを駆使したストップモーションのような表現技法だ。半分の速度に落とした音に合わせて撮影し、編集の際に通常の速度に戻すことで、ガクガクとした独特な身体の動きを表現できる。※21 結果として、楽曲の二拍や四拍のスネアが鳴るタイミングに合わせて一瞬動作がストップするような——ビートに身体が貼りつくような——効果を得ることができるため、振り付けと音のシンクロが見事に際立つのだ。

このようにしてリップ・シンクを拡張することで、ハイプは以前のような映り込む風景がリアリティを担保する「風景型」に対して、ボディ・シンクが映像と音楽をつなぐ「身体型」のMVを提示したのだ。

※21　例えば腕を振り、空間上のA点からB点の間を往復させるとき、通常なら「A→B→A→B」と間断なくスムースな動作となるところを、ハイプは「A→B（しばし停止）→B（しばし停止）→A（しばし停止）」という動きとして表現する。図示するなら、前者は三角波、後者は矩形波の音波の形にも似ている。

ここで付言すれば、先に引いた細馬は、アメリカにおいても劇伴の「音楽」はポストシンクが一般的だと指摘している。なぜなら、あらかじめ録音された音楽に絵を合わせるという方法では、キャラクターの動きが大きく制約されてしまうからだ。

ハイプはその制約を逆手に取ったのだと言える。つまり「音楽にシンクロする動きしか映像にできない」ならば、徹底的に音楽に拘束された動きを突き詰めて、作品にしてしまえばいい。そうして彼は、その制約を飛び越えるような表現に行き着いた。彼は唇のシンクロを、身体の振り付けに拡張した。魚眼レンズやタイムストレッチ撮影といった技巧を活かし、MV作品における音と映像の高いシンクロ率を実現した。

バスタのパーカッシブなラップとミニマルかつトライバルなビートの「見た目」を映像化するという前代未聞の試みは、多くの人々に届き、評価された。「MVは音楽の振り付けである」というチャンギージーの言葉を証明するように、この作品は一九九八年のMTVアワードにおいて、最優秀「振り付け」賞を受賞している。※22

※22　さらにこの曲は２０１６年に再び生まれ変わっている。プロダンサーで振付師のウィルダビースト・アダムスの手によって「振り付け」られることで、新たな「見た目」を与えられた。ヒップホップの楽曲は、このようにして何度でも二次創作されうる。それぞれのファッションに身を包んだ生徒たちが順番にダンスを披露するコンペティションスタイルのビデオからは、明らかに切磋琢磨によって各自のスタイルが磨かれていることが見て取れる。同じ振り付けとは思えないほど、ひとりひとりの表現スタイルがクリエイティヴで、それぞれに異なっているのだ。その点でこの振り付けもまた非常にヒップホップ的だ。URL=https://www.youtube.com/watch?v=TGfGygA9-us&list=PLep8iUxyeu7PkcV9jVKLO-sRQxKIt0kMh&index=210

10

ラッパーと映像による共犯

ハイプは「風景型」から「身体型」へとその作風を移行していった。その過程で、彼の風景の捉え方は一体どのように変遷したのだろうか。

一九九七年にリリースされたファーストアルバム『Supa Dupa Fly』が大ヒットとなりシーンへ躍り出たミッシー・エリオットが見せつけたのは、変幻自在のフロウだった。だが彼女の武器は、それだけではなかった。その変幻自在さはヴィジュアル面にもおよび、多様な衣装とキャラクターがオーディエンスに驚きをもって受け入れられた。MVという形でそれを実現したのは、またしてもハイプ・ウィリアムスその人だった。ここでは一九九九年にリリースされた「She's a B**ch」のMVを見ておきたい。本作のミッシーの姿には、ここまで見たハイプの「身体型」MVの特徴がよく表れている。

ミッシーの制作パートナーである、同じヴァージニア州出身のティンバランドがプロデュースしたバウンスするビート。そのリズムに、彼女とダンサーたちの動きは最初から最後までシンクロする。いわゆるダンスらしい動きだけではなく、ミッシーがひとりで画面に映っているときのジェスチャー、特に手や頭の動きは、いわば編集なしでボディ・シンクを実現してしまうような、非常に能動的で確信犯的な動作だ。

そしてその存在感を際立たせる、昆虫の複眼のような大きな変形サングラスにスキンヘッド、長い爪とマント、さらには眉から頭部にかけてラインストーンをちりばめ、肩にツノのついた黒い宇宙服のようなセットアップに身を包んだ、太陽系外惑星の司令官のようなそのいでたち。これらの非凡な衣装が、彼女のボディ・シンクに一層注意を向けさせ、アンリアルなキャラクター性を付与する。

しかしここで注目しておきたいのは、その後景を占めている、風景だ。モノクロのシーンが大半を占める本作のMVは、主にみっつの非現実的な空間を背景に展開していく。ひとつめは、幾何学的なネオンが点滅するレトロな3Dゲームの中のようなサイバーパンク的空間。ふたつめは、白いワイヤーフレームが走る黒いトンネルのような無機質で匿名の空間。そしてみっつめは、曲の中盤、ミッシーとダンサーたちがゴジラのように水中から海面に姿を現す場面転換の後の舞台となる、黒い海面を背景にしたステージだ。空に目をやると巨大な爆発の煙のような雲が天を埋め尽くし、黙示録的かつSF的な世界が表現されている。

これらの風景は一見、巨額の制作費に裏打ちされた、独特で、新しいものに見える。しかし、ハイプがここで試みているのは、むしろ風景を捨て去る、あるいは「忘却する」ことではないか。MVにおける風景は、身体とは異なり音とのシンクロをもたらさない。だから彼にとって、MVに映り込むのはどんな風景でも構わなかった。それでもなお、MVにおいてはラッパーを引き立てるなんらかの背景を選択せざるをえない。彼は頭の中で、ブルーバックを背景に、そこにどんな風景を合成するかを模索しただろう。

そこでハイプの下した結論はこうだった。どんな風景でも良いならば、それらをアーティストたちのスペクタクル化に費やそう。望めば、セットやロケや合成によって、どんな風景をも使うことができるのだから。そうして彼は、ネオンの輝く空間、ワイヤーフレームのトンネル、黙示録的な海上といった、日常生活とは切り離された風景をミッシーに接続する。そのことで、彼女を、浮世離れした、人間離れした存在に押し上げる。ハイプの試みは、確かに十二分に革新的だった。

その結果、必然的に風景はリリックの内容とは直接的には無関係な「アンリアル」なものとなる（この曲の歌詞は自らのスキルを誇るボースティングものだ）。ハイプはあえてそのような世界設定を選択している。あるいは先に見たバスタ・ライムス「Put Your Hands Where My Eyes Could See」のＭＶで、バスタが架空の王国の王であり、部族の主だったことを思い起こしてもいい。広大な宮殿の映像や部族のダンスは、象徴的ではあるものの、非常にファンタスティックな、アンリアルな世界観だ。これもまた現実のヒップホップシーンにおける自身とクルーをレペゼンするリリックとは、全く相容れないように思える。

こうした演出によってハイプが試みているのは、たとえばミシェル・ゴンドリーがケミカル・ブラザーズの「Star Guitar」（二〇〇二）のＭＶで試みたものに近い（それは列車の車窓からの風景が延々と流れる『世界の車窓から』のような映像だが、建物などのオブジェクトが通過するタイミングが楽曲と完全に一致する）。心象的には一致しない楽曲と映像の世界観を、リズムによって強引に紐づけているからだ。

だがミシェルはMVというものが持つ、楽曲のイメージを固定化してしまうという暴力性に抗おうとしたようにも見える。一方でハイプはそのことをむしろ肯定的に捉えることによって、ラッパーに視聴者の想像力を超えたイメージ、もっといえばリリックだけでは到達不可能な新たなイメージを与えようとしているのだ。彼は、大衆の頭の中に固定化され、刷り込まれたラッパー像のステレオタイプに抗った。彼のMVが現れるまで、ラッパーにこのような風景が寄り添うところを、誰も想像さえできなかった。ラッパーたちはフッドから離陸して、アンリアルな風景の中を生きようとしている。

さらに風景のアンリアルさは、翻って、ラッパーの身体に憑依する。あるいはコスプレという形を取って、身体を乗っ取る。系外惑星の司令官のようなミッシーの姿や、部族の王のようなバスタの姿は、アンリアルな風景のうえではじめて成立するものだろう。他のMVでも、バスタはときにマッチョなボディビルダー、あるいは警察官の着ぐるみを、ミッシーはバルーン型のお化けの衣装をまとう。その上でボディ・シンクに駆動される彼らの身体イメージは、肥大化していく。※23

さらにスペクタクル化されたラッパーの身体は、MVの枠内からはみ出していく。「コスプレ」のインパクトがあればあるほど、それは当のラッパーのキャラクターとして付いて回ることになる。つまりスペクタクル化に成功すれば、ラッパーのキャラクターは確立される。バスタのユーモア溢れるキャラクターも、ミッシーのカメレオンのように変幻自

※23　バスタ・ライムス「Gimme Some More」（1998年）、ミッシー・エリオット「The Rain (Supa Dupa Fly)」（1997年）のMVを参照。

在なアピアランスも、ＭＶの中で動き回る彼らの映像によって作り上げられたものだ。あらかじめ存在するラッパーのキャラクターがＭＶに表れるのではなく、映像こそが先行し、後追いでラッパーのキャラクターが構築される。いわば外面は内面に先行するのだ。

ラッパーにとって、フレッシュなファッションは必要不可欠な要素だ。たとえばヒップホップ黎明期には、新しい白いスニーカーを見せびらかすことが重要だった。ハイプはそのファッションを、「コスプレ」へと拡張したのだ。ＭＶ監督は、ラッパーに世界設定とキャラクターを投げかける。そしてラッパーは、それをもファッションのように着こなす。ラッパーが成功を摑むためには、ありきたりなイメージでは足りない。だからそれを与えてくれるＭＶ監督との共犯関係が、必要なのだ。

11 カニエ・ウエストは不死鳥の夢を見るか

ここまでＭＶの監督に焦点を当てて議論を進めてきたが、そこではアーティスト自身のクリエイティヴィティももちろん重要となる。なかでもＭＶについて考えるうえで、触れないわけにはいかないのがYeことカニエ・ウエストの存在だ。

最初はビートメイカーとしてそのキャリアを開始、サンプリングで再生速度を早くしたネタや歌声を特徴とするソウルフルなスタイル——チップマンク（シマリス）・ソウルとも呼ばれる——が評価され、二〇〇〇年代前半から自身もラッパーとしてのキャリアを歩む。新しい作品をリリースする度に新しいサウンドやヴィジュアルイメージを更新し続け、天才アーティストと称される一方、そのナルシシズムに溢れる言動や問題発言で炎上や論争を巻き起こし、常に注目を集め続ける存在。

彼の楽曲は、毎回必ず考え抜かれ、彼の夢想が具現化されたようなヴィジュアルイメージを伴っている。彼は作品を、音楽と視覚表現が複合的に絡み合うアートとして捉えているからだ。

たとえば「Stronger」（二〇〇七）のMVは、東京でロケを敢行し、映画版『AKIRA』（一九八八）のいくつかのシーンをトレースしたものだ。カニエの完璧主義が災いして編集作業が終わらず、制作費が一二〇万ドルにまで膨れ上がったことでも知られている。日本のアニメファンであるカニエの趣味が全開の本作が証明しているのは、彼はどんなフィクション世界をもサンプリングし、自らの夢想通りの風景として従えることができるということだ。

あるいは『My Beautiful Dark Twisted Fantasy』（以下、『MBDTF』）（二〇一〇）収録の「Power」のMVはどうだろう。映像作品を専門とする現代美術家のマルコ・ブランミッラを監督に迎えた同作品のコンセプトは「動く絵画」というものだが、大げさに言えばラファエロの《聖体の論議》やミケランジェロの《最後の審判》といったフレスコ画をダウンサイジングしたような構図にカニエが映り込む作品だ。

　カニエはヴィジュアルアートの領域において、タブーなく「なんでも」サンプリングすることが許される、あるいは期待されている存在であるように思える。そのようなヴァンダリズムを内面化する彼は、極めてヒップホップ的なアイコンだと言えるだろう。あるいはここで炸裂しているのは、存命のうちに自らを宗教画の中心に描けてしまうという力＝Powerの見せびらかしであり、「Jesus＝イエス」と彼の愛称でありアーティスト名の「Ye」を合成した「Yeezus」や「I Am a God」という作品名に顕著な、自らを神になぞらえることすらいとわない彼のエゴの噴出とも理解できるだろう。

　アーティストとして成功したラッパーたちは、風景をフレックスする＝見せびらかすことができる。なかでも自らをアニメや映画、アート作品の登場人物と重ねて作品化するカニエは特権的な立ち位置にいる。だがその想像力自体は、アーティストに限らず誰もが持ちうる普遍的なものではないだろうか。それはＳＮＳなどで発露した「見られる存在」としての私たちの想像力の延長であり、その行き着く果てを雄弁に示しているようだ。第一章でグロイスを参照して議論したように、現代の人々の多くはネット空間で、テクスト、写真、動画を駆使したインスタレーションのようにして自己を顕示するのだった。

　これを踏まえたうえで、「プロの芸術家＝自己開示のプロ」の最たる例としてカニエを見直してみたい。自己開示のプロであるラッパーという存在にとって、ＭＶというメディアで自己をどう発信するかはもちろん重要な課題だ。ハイプがMVによって先導したラッパーのスペクタクル化、キャラクター化は非常に有効な戦略のひとつだろう。

このスペクタクル化を極限まで推し進めた例が、彼の代表作と目されることもある『MBDTF』収録の「Runaway」のMVだ。カニエ自らを監督として制作されたこの映像は、フルヴァージョンではなんと三四分以上もある作品となっており、一見して、これはMVなのか？という疑問が即座に浮かぶ。「Runaway」だけではなく、アルバム収録のここのつの楽曲がプレイされる、いわばアルバム全体のMVとでも言えるこのフィルムは、ヒップホップのMVの常識を大きく覆すようなブツなのだ。

マイケル・ジャクソンの『Thriller』（一九八二）やプリンス主演の映画『Purlple Rain』（一九八四）にインスパイアされた本作は、前述のパフ・ダディの『Victory』と同じストーリー性のあるショートフィルムの系譜に連なる。かつ、ピカソやマティスの絵画を踏まえたアーティスティックなカットで固められているという点においても、MVという枠を遥かに超える作品だ。

全体を貫くのは、次のようなストーリーだ。モデルのセリタ・エバンクス演じる（擬人化された）フェニックスが、ある日隕石のように地球に落下してくる。ドライブ中にその現場に遭遇した男グリフィン（カニエ自らが演じている）は倒れている彼女を抱え上げ、自宅で保護することになる。グリフィンはフェニックスに人間の作法を教えながら、まるで恋人かのように一緒に暮らす。最初は完全に動物的な反応を示していたフェニックスだが、徐々に人間の世界を理解していき、ついには人間の言葉を話しグリフィンと愛を交わすにいたる。しかし最終的には、不死鳥としての定めと言いながらグリフィンの元を離れ、身体から炎を噴き出しロケットのように天空に昇り、自身の世界に帰っていってしまう。それを必死の形相で、全力疾走で追いかけるグリフィンの姿をもって本作は結ばれる。

この一見夢想のようなストーリーの脚本を手がけたのが、またしてもあの男、ハイプ・ウィリアムスなのだ。個別のシーンには過去のハイプのＭＶからの影響を見て取ることもできる。だが重要なのは、彼ならではのアンリアルな世界観が、本作においてカニエの夢想と見事にシンクロしていることだ。

ラッパーのナルシシズムに駆動されるＭＶはすべて、夢想的だ。現代随一のナルシシズムを抱えるカニエと、被写体をスペクタクル化するハイプの手法が出会うのはもはや必然だった。カニエ演じるグリフィンは極めて洗練されたハイブランドに身を包み、高級スポーツカーを乗り回し、シンプルでスタイリッシュな広い庭を持つ住居で過ごす。物腰は穏やかで、その表情からは、彼が子供のような純粋な好奇心に溢れていることがうかがえる。いかにも夢想らしい、ポジティヴな面だけを抽出し濃縮させたキャラクター像である。

もちろんＭＶと楽曲の内容は、必ずしも嚙み合うものではない。前節で見た通り、楽曲自体のリリックとは全く関係のない、あるいは関連性の薄いストーリーや世界観をＭＶが立ち上げる例は決して珍しいものではない。むしろリリックの世界と映像の世界のギャップを生み出すことに、映像作家のクリエイティヴィティは発揮されると言ってもいい。カニエの「Runaway」はMV独自のストーリーラインを三四分にわたって展開してしまうのだから、その究極形のひとつである。

しかしその映像は、決して楽曲と完全に無関係なわけではない。カニエがストーリーを書き監督をした本作は、彼の夢想から立ち上がっているからこそ、図らずもカニエの本質を炙り出してしまっている。では、その本質とはなにか。

その視座を獲得するためには、フェニックスとグリフィンの関係性を少々斜めから見直してみる必要がある。両者がカニエの夢想の産物である以上、それは少なからず彼の内面の写し鏡であるはずだ。動物の世界に属し、ときに本能的に痙攣し最後は暴走するフェニックス。そして彼女を極めて穏やかに見守る常に理性的なグリフィン。その関係性は、いわばフロイトの言うところのイドと超自我、あるいはユングの言うところのアニマとアニムスを彷彿とさせる。人の無意識に住む理想の人物像として、男性が抱える女性像がアニマ、女性が抱える男性像がアニムス。

このような関係性を前提とすると、グリフィンだけでなくフェニックスも実はカニエの一部なのではないか、という想像が頭をもたげる。つまりフェニックスは、カニエ自身の抱えるアニマの投影なのではないか。そのように仮定してみると、しっくりくることがある。彼女のシザーハンズのように長く伸びた爪を持つ両手は、物に触れるのもおぼつかず、他の生きものに触れようものなら傷つけてしまう。つまり必ずしもその意識はなくとも、結果的に過剰に攻撃的になり多くの人々を傷つけてしまう。これはカニエの「炎上体質」

の、メタファーなのではないか――。

このことは食事会の場面からも裏付けられる。食卓の上に食事としての「鳥」がサーブされると、それを見たフェニックスは狂ったように泣き叫び、人々は蜘蛛の子を散らしたように逃げていく。思い出されるのは、カニエのライブでの常軌を逸したような演説と、頭を抱える彼自身の反応、そしてそれに対する人々の反応だ。

一方でグリフィンの両手にも注目したい。MV序盤では、カニエの楽曲制作における長年のパートナーともいえるサンプラー、MPC2000を叩く両手が映し出される。子供のように無心でパッドを叩きリズムパターンを奏でる彼の様子に心動かされるように、フェニックスはグルーヴに合わせて激しく踊り始める。

グリフィン＝カニエの音楽が人を動かす場面はこれだけではない。MV中盤の「Runaway」の演奏シーンにおいて、グリフィンがピアノの鍵盤を順に叩いていくその手。演奏されるメロディが楽曲を駆動し、黒い衣装をまとったバレリーナたちが踊り続ける。周囲の人々を傷つけてしまうフェニックスの両手に対して、グリフィンのそれは音楽を生み出し、人々の共感を得て、彼らを動かす。これはまさにカニエが抱えるアンビバレンスな性質の両極だ。

そして「Runaway」が一曲丸々披露されると、やがてバレリーナたちはその場から去っていく。その様子に注目してみると、彼女たちが、ときに石像のごとく静止して動かない存在として描かれていることに気づくだろう。フェニックスとグリフィンは一緒に座りながら、彼女たちについて次のような会話を交わす。

F：彼女たちは石になったフェニックスなのよ。あなたたちの世界で一番嫌いなことがわかる？　なにか普通じゃないものがあるとそれを変えようとするところよ。それを破壊しようとするところ。あなたたちはフェニックスの羽をもいで、石像にしてしまったの。もし私が燃えなかったら、私も石になってしまう。
G：「燃える」ってどういう意味？
F：もし燃えなかったら私の世界には戻れないの。
G：君の世界に帰ってほしくない。一緒にいてほしい。
F：私は燃える運命なの。
G：いいや、僕が決して燃えさせはしないよ。[※24]

「燃える」と聞くと、文字通りカニエの「炎上」を想起してしまう。グラミー賞授賞式でテイラー・スウィフトのスピーチ中に乱入し、世界中からバッシングされたカニエ。「なにか普通じゃないもの」＝才気に溢れるカニエを、普通で、誰もが理解できるような存在に変えようと抑圧する力。「それを破壊しようと」する世間の力。確かに「羽をもがれて」「石像」と化したカニエの日々を超えて制作されたのが『MBDTF』というマスターピースだった。

※24　カニエ・ウエスト「Runaway (Full-length Film)」２０１０年のMVより、聞き取りのもと引用者訳。URL=https://www.youtube.com/watch?v=Jg5wkZ-dJXA&t=1812s

だとすれば、映像のラストで火を上げながら昇天するフェニックスの姿が示しているのは、炎上とそこから復活し上昇する推進力の両方をもたらす、両義的な炎の力なのだろう。皮肉にもこの力の底知れぬポテンシャルは、『ＭＢＤＴＦ』リリース後も炎上を次々と招いてしまうカニエ自身によって証明されていくことになる。

12 ドンダという名のフッド

以上のように、「Runaway」のＭＶは従来の枠組みを超えてしまうものであり、そこに赤裸々に描かれる夢想を読み解くことで、カニエ自身の本質に迫ることが可能だった。それはいわば「カニエ・ウエストというインスタレーション」の一部のような作品だった。ハイプがＭＶによって先導したラッパーのスペクタクル化。その流れを汲んだカニエのＭＶのさらなる進化形は、二〇二一年にリリースされた『Donda』と、その翌年の続編『Donda 2』のリリースに伴って行われたリスニングパーティの映像だ。

「Donda」とは彼の母親の名だ。カニエにとって、母親の存在がどれだけ大きなものだったか。控えめに言って、それは一時のカニエにとってほとんどすべてだった。二〇〇七年に母親を亡くしたことは、自らの心身の一部がえぐり取られるような経験だっただろう。Netflixのドキュメンタリー『jeen-yuhs』には、ドンダの人柄がどれだけポジティヴなものだったのか、カニエに対する愛情がどれだけ深かったのか、成功の背後にどれだけドンダの後押しがあったのか、そして彼女を失ってから、どのようにカニエが暴走していったのかが映し出されている。

その名を冠したこの『Donda』『Donda 2』は、複数のリスニングパーティの中から生まれた作品と言ってもいい。リスニングパーティとは、完成したばかりの作品を一般公開に先駆け、メディアや関係者に向け発表する場だ。しかし、カニエはこの意味を拡張した。

彼はある時期以降、リスニングパーティを何度か行いながら、フィーチャリングアーティスト、構成、ミックスなどを変更し、アルバムを作り上げる手法を採ったのだ。カニエの制作チームのひとりであるプロデューサーのマイク・ディーンによれば、それはネットや友人などの意見を聞きながら「消化して」「調整する」作業だという[※25]。つまりリスニングパーティは制作プロセスの一部に組み込まれた「最終調整の場」となったわけだ。『Donda』の二作品についても同様の手法が取られた。まずプライベートなリスニングイベントが二〇二一年七月一八日に行われ、八月にかけて相次いで三度の公開リスニングイベントが行われた。会場となったスタジアムは満員。ネットでストリーミング配信されたイベントの視聴者数は、最大で五四〇万以上を数えたという。そしてその続編として鳴り物入りでアナウンスされた『Donda 2』のリスニングパーティは、マイアミのLoanDepot

※25 "Mike Dean explains how Kanye West adjusted 'DONDA' after each listening party," *NME*, 2021. URL= https://www.nme.com/news/music/mike-dean-explains-how-kanye-west-adjusted-donda-after-each-listening-party-3040060

Parkで二〇二二年二月二二日に行われた。これは全米一五都市のＩＭＡＸシアターでストリーミング配信されたほか、YouTubeでも生配信された。

まず驚くべきは、この映像が伴う風景の非凡さだ。撮影監督に映画『メッセージ』（二〇一六）や『ハン・ソロ／スター・ウォーズ・ストーリー』（二〇一八）を手がけたブラッドフォード・ヤングを迎えただけあって、すべてのカットが驚くほど洗練されている。月並みな言い方をすれば、シネマティックなのだ。舞台となったスタジアムには、巨大なセットがあつらえられた。水上都市、あるいは何らかの理由で水浸しになった大地を思わせる、全面に水が張られた、近未来の廃墟のような終末感が漂うセット。闇夜に浮かぶ日食のコロナ。そこに登場するカニエは全身黒ずくめでマスクを被っており、表情はうかがい知れない。そして遠巻きに大量に配置されたエキストラの群衆やスタッフたちも全員黒ずくめ。近未来の兵士のような衣装に身を包んでいる。

楽曲が進むごとにカニエはセットのなかを移動していき、ときに群衆の動きとシンクロしながらパフォーマンスするが、その中でも特に目を引くのはステージ中央に鎮座する家だ。屋根のうえには十字架が掲げられており、途中、外壁や屋根のところどころに火がついて燃え盛り、黒く焦げ煙を立てる。実はこの家のモデルは、カニエが幼少期にドンダと一緒に過ごしたシカゴのサウスショアにある一軒家で、彼にとって最も重要な場所のひとつなのだ。一作目のリリースパーティでも、この家がセットの中心に据えられていた。『jeen-yuhs』でも、思い出の場所としてドンダと一緒にここを訪れ、満面の笑顔で幼少期を回想するシーンが記録されている。

演出のなかで最も印象的なのは、カニエがこの家の入り口の階段に座って、遠い目をしているシーンだ。母親と過ごした幸福な幼少期への圧倒的なノスタルジーが彼を苦しめているようでもあり、その記憶が逃げ場となることで彼をギリギリのところで救っているようでもある。アンビバレントな幼少期の思い出との距離を測るように、この家の辺りを周回するかたちでリリースパーティは進んでいく。

それが明らかに映画的なカットを意識して撮影されていることも相まって、デヴィッド・リンチの『ロスト・ハイウェイ』（一九九七）の終盤に登場する燃え盛る小屋や、タルコフスキーの『サクリファイス』（一九八六）のラストシーンを想起せずにはいられない。そう考えれば、広範囲に水が張られているセットは『ノスタルジア』（一九八三）をはじめとするタルコフスキー作品と共鳴するようだ。実際『ノスタルジア』のラストシーンでタルコフスキーが描いたのは、主人公のアンドレイが幼少期を過ごした家と家族の前に腰を下ろす夢想的なシーンだった。

タルコフスキー作品の主人公たちと重なり合うように、時折群衆に交じり合いながらも、全編通してカニエが「ひとり」であることが強調される演出。それは何度かカメラでクローズアップされる、マスクを外したカニエの物思いに沈む表情や、燃えた家の階段に座り込む所作などにあからさまに表れていた。しかもそれらは事前に演出されたものというよりも、彼の内側から滲み出し、あるいは漏出してしまったものに見える。

そのことが最も露わになるのは、悪い意味でショーのハイライトとなってしまったとある場面だった。それは前作『Donda』収録の「Jail pt.2」が披露されるなか起こった。曲のイントロで、同曲にフィーチャーされていたマリリン・マンソンが、そして中盤ではダ・ベイビーがゲストとして登場する。しかしいくつかのフレーズを歌ったカニエは、急に表情を曇らせると、驚くべき行動に出た。突然マイクを地面に投げ放ったのだ。これを目撃した聴衆たちは、一瞬の出来事に己の目を疑った後、ひとつの結論に飛びつき、ネットを騒がせた。カニエが「キレた」原因は、パーティの音響にあると考えたのだ。

確かにそのとき、バックトラックのリズムと、マンソンやカニエの歌うフックのヴォーカルパートは上手く同期せず、大きくズレてしまっていた。このリスニングパーティでは、カニエやゲストがヴォーカルパートを時折マイクで実際に歌う場面もあるため、各楽曲は臨機応変に対応できるＳＴＥＭデータ（それぞれのパートの音量や音質を自由に変更できるデータ形式）で再生されていたはずだ。それを制御するソフトウェアの不具合なのか、ファイルのサンプリング周波数や形式に齟齬があったのか、とにかく誰が聞いても音がズレていたのは明白だった。

本当に音のズレが事件の原因だったかどうかは分からない（本人はこれを否定している）。ただひとつ言えるのは、この一件がヒップホップとＭＶ的演出のアンビバレントな関係を白日にさらすものだったことだ。従来のリスニングパーティにおいて、ラッパーたちはすでに録音され、完成している楽曲に対して「口パク」することが前提となる。そのフィクショナルな場で、「キレる」というリアルが発露するとは、まさにヒップホップらしい事件だと言える。商業化によってエンターテインメントとして盛られたショーが、ヒップホップ黎明期の、なにが起こるか分からない「現場」のショーに引き戻された事件として見えるからだ。

この事件がリアリティを伴っていたのは、彼がもたらした場の雰囲気にある。マイクを手放し歌わない――そして歌うフリもしない――ことを決意したカニエと横並びの、マンソンとダ・ベイビーの所在なさ。放送事故でしか触れることのできないであろう、いたたまれない緊張感が全世界に配信される。取り巻く顔の見えない群衆たちとの間に横たわる、無限にも似た距離。母親との思い出の家を背景にした、エゴの強さのあまり抑えられない怒り。歌を放棄したカニエは、自分自身をも風景の一部にしようとしたのかもしれない。だが、そうしようとすればするほど、余計に彼の持つ「Power」と孤独さが強調される結果となった。

アーティストとして、ショーでキレている場面を観客に見せることはプロ失格の烙印を押されてもおかしくない行為だろう。だがこのシーンがリアルタイムで全世界に配信されたことは、結果的にはカニエがまさに自己開示のプロ中のプロであることを証明してしまっている。この事件はまさに、あらゆる行動が両義的な結果を生み出してしまう、アンビバレントな存在としてのカニエを象徴しているようだ。

13
ラッパーにとって映えとはなにか

本章を締めくくるにあたって、現代のヒップホップのMVにおけるさらなる潮流を見ておこう。取り上げるのは、ハイプとも関係の深い監督、デイヴ・マイヤーズによる作品だ。

前述の通り、ハイプは得意の「身体型」の方法論によって、間違いなくヒップホップにおけるMVの地位を変革したのだった。ハイプの仕事の中核にはミッシー・エリオットのMV群があった。ミッシーはハイプのMV群に現れる様々なキャラクター像をコスプレとして着こなすことで、自らの「スペクタクル化」されたキャラの多様性を獲得した。そのような彼女との共犯関係をハイプから引き継ぎ、最も注目されるMV監督のひとりとなったのがデイヴだった。たとえばMTVのヴィデオアワードを受賞したミッシーの「Work It」(二〇〇二)では、ハイプによるボディ・シンクを引き継ぎつつも、デイヴによる新たなインパクトの数々が刻まれていることに気づく。なかでも印象的なのは、大量のミツバチを使ったシーンによって、「ミツバチと共演するミッシー」という、かつて誰も見たことのない光景を現前させたことだ。

映画監督のガス・ヴァン・サントにフックアップされて映像の世界に入ったデイヴだが、元々フォトグラファーであり、アップル社のiPodのCM等も手がけていた。そんな彼の

ＭＶ作品には、静止画やＣＭのような数秒間の長さでも強烈なインパクトを残せる映像の発明が見られる。つまりそれは、インスタグラムやTikTokにフィットする、短時間で「映える」映像だと言えるだろう。ひと目見ただけで誰でも理解可能で、説明不要なワンショット。その感性をＭＶに遺憾無く発揮したのがデイヴのスタイルだ。ハイプはＭＶによってラッパーをスペクタクル化したが、デイヴはそれをより現代にあった方法で展開しようとしている。

ヒップホップで「映える」というと、高級車にゴールドやダイヤのアクセサリー、ブランドアイテムの数々やプールつきの高級コンドミニアムでのパーティなどが想像されるだろう。実際これらラグジュアリーな生活を見せびらかすＭＶは数多い。だがデイヴの「映え」は、それらとはベクトルが異なるのだ。

ケンドリック・ラマーの「HUMBLE.」のＭＶを例に取ろう。ケンドリックは、第一章でも触れたように、多声性を持つ精緻に構築されたアルバムによって、ギャングスタ・ラップとコンシャス・ラップの狭間で引き裂かれるようなシリアスな作品世界を提示していた。『DAMN.』（二〇一七）からのシングルカットとなる本曲のＭＶでは、一〇以上のそれぞれ個性的なモチーフを持つシーンが細かく繋ぎ合わされる。確かにどのシーンでもケンドリックが「映える」ような工夫がなされている。その「映え」は、内容と形式、双方の仕掛けによって成立する。

映像の内容は、ゴルファーやローマ教皇、《最後の晩餐》のイエスの「コスプレ」を披露したり、リズムに合わせ頭を振る無数のスキンヘッドのなかで歌ったり、仲間と共に松明のように頭を燃え上がらせたりと、奇抜な演出を施されたケンドリックだ。演出（形式）においても、画面の左右二分割やGoProを用いたような三六〇度撮影、あるいはリリック中の掛け声「aye」のタイミングで停止するカメラワークなど、特徴的なものが用いられている。全体に通底するのは、いかなる手法を使おうとも「違和感」をもたらそうとしていることだ。デイヴがもたらしているのは「違和感」をキーとした「映え」なのだ。どの画面上にもなにかしら見慣れた現実を裏切る要素がある（たとえばゴルファーを演じるケンドリックは、フェアウェイではなく車の上からボールを打つ）ため、見る者は違和感を覚える。それが次から次へと数珠繫ぎにされる。なにせわずか三分ほどのこのMVは、一三にのぼるシーンから構成されているのだ。カットの多くは二、三秒程度で、約三分をカバーするために、何度も交互に繰り返される。見る者の知覚は揺さぶられ続け、ある種異様な感覚が全編を貫いている。

だからここでは、ハイプの作品群で問われていた「リアル」と「アンリアル」の二項対立とは別の位相が導入されたと言ってもいいだろう。ラッパーが従えるのが現実的な風景なのか、それとも非現実的なそれかを問わず、「視聴者の先入観を揺さぶれるか」に主眼が置かれている。

リリックに示される自らの想像力を超え出るように、現実を揺さぶる力を手に入れるラッパーたち。そしてこれは社会的、政治的な問題提起とも無縁ではない。《最後の晩餐》の登場人物が全員黒人であることでもたらされる異化効果。松明に見立てられて燃えるケンドリックの頭は、映画『ミシシッピー・バーニング』（一九八八）で描かれているような、黒人の住居や教会に焼き討ちをかけるクー・クラックス・クランの所業を想起させる。ケンドリックの背後の男たちの頭には縄が巻かれて目隠しがされている。つまり、ビリー・ホリデイの「奇妙な果実」で歌われ、パブリック・エナミー「Hazy Shade of Criminal」（一九九二）のアートワークにもなっている、リンチの末に縄で木から吊るされる人々の光景を思い起こさせる作りとなっているのだ。

ケンドリックのラッパーとしての立ち位置はシリアスなものであるがゆえに、そのＭＶもコンシャスな政治性を持って読み解かれるだろう。だがひとつの要素として見過ごせないのは、通底するユーモアの感覚だ。ハイプが手がけたＭＶで見たように、様々なコスプレをするラッパーのイメージは、そのキャラクター像を拡張する。むしろキャラクター像そのものになる、と言ってもいいだろう。ケンドリックのシリアスに構築された作品世界に対して、彼のユーモア溢れるキャラクター性は、ＭＶだからこそ提示できる側面なのだ。

一方で本作ではハイプの作品群に特徴的だったボディ・シンク的な要素はほとんど見られない。冒頭のローマ教皇に扮するシーンや、スキンヘッドたちのシーンで頭を振るくらいだ。では一体なにが映像と音声をシンクロさせるのだろうか。それはカットチェンジそのものである。短いカット同士が数珠繋ぎになり、その切り替えのタイミングが絶妙のテンポを生み、本作がまさにラッパーのMVであることを担保している。細かなカットチェンジはMV黎明期から散見され、特に目新しい方法ではないが、デイヴのそれはタイパ（タイムパフォーマンス）良くラッパーを映えさせる、現代のSNS時代によりフィットしたスタイルと言えるだろう。現代人の長時間持続しない興味を引き続け、飽きさせないその手法は、「映え型」と呼べるかもしれない。

言い換えればインパクトを与える幾多のカットが短く交互に現れ続けることで、ラッパーのイメージは流動的なものとなる。だからこれを「カット・シンク」と呼ぶこともできるだろう。ラッパーたちは、固定化されない自己のアーティストイメージを楽曲とシンクロさせている。すべてが高速で流れていく現在の音楽シーンにあって、アーティストたちにとって重要なのは、常にリスナーを裏切るような新しい側面を提示し続け、リスナーたちを飽きさせないことだろう。だが「The Message」のMVの頃から通底しているのは、どのように演出されたものでも、ヒップホップのMVである以上は「風景」にしろ「キャラクター」にしろ、ラッパーを形成するリアリティのひとつとなるということだ。

本章の議論を整理しよう。ラッパーがリアリティを持った存在であるためには、どのような風景を描くかが重要だった。日本語ラップにおいては、当初東京が特権的な場所だった。リアリティを持ってこの場所を描くのは容易ではなかったが、周縁としての地方＝フッドの発見を経て、ラッパーにとってのなんでもない光景が、細部を伴った風景として描写されるようになった。こうしたリリックの内容が、前章で見たフロウという形式と呼応していることを追うためにも、日本語ラップにおける東京の描かれ方の変化に注目した。しかしラッパーが従えている風景はリリック内で描かれるだけではない。それはいまやヒップホップの主要メディアであるMVに映り込むのだった。「風景型」のMVは、ラッパーのリリックにも描かれ、ラッパー自身と不可分な風景をフィーチャーするMVの系譜だ。その映像はリズムにシンクロすることはないものの、リリックにシンクロするリアルなものだった。

一方でもうひとつの系譜である「身体型」の映像はリズムとのシンクロに特化したものであり、そのシンクロを担保するのはリップ・シンク＝口パクと、それを拡張したボディ・シンクだった。「身体型」のモードを切り開いたハイプのMV群の風景は、一見リアルからはほど遠い。しかし、MVとは、そのような距離のある音と映像同士をもシンクさせてしまうものだった。だからバスタ・ライムスもミッシー・エリオットも、そこに映るファンタスティックな世界観によって、自己像をスペクタクル化させることができた。リリックに描かれているイメージから身を翻し、着ぐるみを被るようにして、MVがもたらすキャラクターの過剰性をも生きることができる。その契機になる。それがMVのもたらす、ひとつの効用だった。

つまりMVの映像は、一方では歌詞にシンクロすることで、ラッパーにとってのリアルな風景を補強する。他方ではリズムとシンクロすることで、アンリアルな風景をラッパーのイメージと関連づけるものなのだ。ハイプ・ウィリアムスが主導したこの効果が、バスタらのキャラクター像の生成において大きな役割を担っていたのは間違いない。

　そしてさらに、「映え型」と呼べる新たなMVの形態が登場する。そこでは風景は異化され、それを従えるラッパーのインパクトを強調する。さらにそのカットを数珠繋ぎにすることで、SNS的な「映える」映像を作り出す。本章ではその特徴を「カット・シンク」と名づけた。移ろいゆく流動的なイメージを従えることで、ラッパーたちは自己イメージを拡張・更新し続け独自の世界を切り開くことが可能となる。

　しかしこの手法は言い方を変えれば、リリック面でもリズム面でもシンクロ「しない」ということだ。MVの映像は楽曲に従属する二次的なものではなく、ラッパーのイメージを形作る主要な装置として機能するにいたったのだ。そしてハイプやデイヴの仕事は、ラッパーが持つ自己の夢想を、作品化することでもあった。ラッパーたちは成功の証しとして、自らの夢想を現実化することさえできる。彼らはそのことを、MVによって誇らしげにフレックスし、ボーストするのだ。

第5章

ビート

Beat

1

少しだけ未来を見通すビート

前章で見たMVの変遷に表れていたのは、商業的な拡大に比例して巨大化し、素朴な現実から離れたシミュラークルが、逆説的にリアリティを獲得していく過程だった。もちろんそこには、制作現場や視聴環境におけるテクノロジーの発展が伴っている。そしてヒップホップの楽曲自体の制作についても、事態は同様だ。楽曲制作に使われる機材の発展は、ビートメイキングの方法を規定し続ける。かつては機材の限界が逆にヒップホップらしいクリエイティヴィティの源泉となったが、今ではPCやソフトウェアの活用によって良くも悪くも簡単に「なんでもできる」制作方法が一般的になっている。そのことは「ワイルド・スタイル」的な「オリジナルであること」を至上とするヒップホップカルチャーにおいて、どのような意味を持つのだろうか。

ヒップホップはいまや世界で一番多く聴かれているジャンルのひとつとなった。他ジャンルのポップミュージックにおける流行もまた、ヒップホップを含むクラブミュージックの尖端で生成される様々な様式（サウンドやリズムの作り）を取り入れて日々様変わりしていく。チャートを賑わす楽曲群には、ヒップホップサウンドの最新モードが映し出されていると言っても過言ではない。

七〇年代後半のヒップホップ黎明期におけるバンドによる生演奏から、九〇年代のブーンバップ、そして近年のトラップやドリルまで、ラップをエンパワーするビートの様態は変化し続けてきた。

だが、それらに通底するものもある。それが「反復」だ。その鍵概念が、日々様々に形を変えるビートたちを、ヒップホップという中心点に繋ぎ止めている。

ヒップホップに限らず、ダンスミュージック全般はビートの反復を前提としている。人がダンスミュージックを求めるのはなぜだろうか。反復するビートの上で踊るのはなぜだろうか。従来の議論とは少し違った角度から、次のようなテーゼを導入したい。

ダンスミュージックは直近の未来を透視する。人が踊るのは、今から少しだけ未来を自分のものにしたいからだ。

どういうことか。考え方はいたってシンプルだ。ここで言うダンスミュージックとは、反復構造に依拠した音楽である。つまり、今、この瞬間に聴こえているビートのコピーが、次の瞬間にも回帰する。再来する「このビート」はしかし、一瞬前に聞こえていたものと全く同一ではない。反復されるビートはその都度、n度目に反復するビートであり、その意味で「n」という属性をラベリングされる。ジル・ドゥルーズの言い方に即せば、ダンスフロアーには「n個のビート」たちが入れ替わり立ち替わり現れては、儚くも消えていくのだ。

『音楽機械論』（一九八六）に収録されている坂本龍一の対話において、吉本隆明は、次にどの音を選ぶかの選択には、今鳴っている音との差異を見出すために、一旦「否定」の判断が必要なのだと指摘している。吉本は音についての感覚を、言葉（論理）のアナロジーで語っているわけだ。坂本はこれを受け、今鳴っている音を一旦否定して、次の音を出力し、それが複数回繰り返されると、そこにリズムが生まれるのではないかと応答する。※1 つまりループするビートとは、ある音が一定の長さで切断＝否定され、次に「n」という属性をラベリングされながら、繰り返されては否定され続けることである。

たとえばクラブのフロアーで、延々と反復されるテクノやハウスのリズム、あるいはヒップホップのブレイクビーツの上で踊る者を想像してみよう。彼／彼女はいかにも音に身を委ね、その瞬間の快楽に浸っているように見えるかもしれない。しかし、踊ることができるのは、次の瞬間にやって来るビートが、今聞こえているビートの再来であることを知っているからではないか。逆に展開の妙に依拠するプログレなどでは、踊ることは難しいだろう。次の瞬間にやって来るのは、全く異なるテンポのビートかもしれないし、休符による沈黙かもしれないからだ。

つまりダンスミュージックにおいては、ビートは未来の方向へ真っ直ぐに伸び、ＤＪによってそのテンポが管理される。別の言い方をすれば、少しだけ先の未来を見通せる。ときには朝方まで何時間も、均一のＢＰＭが保持される場合もある。

先ほどの坂本と吉本の対話を参照するなら、少しだけ先の未来に否定によって生み出されるリズムを、今の時点で受け入れるとき、それに追従する身体の動きを、わたしたちは

※1　吉本隆明、坂本龍一『音楽機械論——ELECTRONIC DIONYSOS』、リブロポート、1986年、37-39頁。

ダンスと呼ぶのではないだろうか。その意味で、ビートの歩みは弁証法的である。

人がクラブのダンスフロアーにまで赴いてダンスミュージックを求める背景には、様々な事情があるだろう。当然そこには、社会状況も関与する。ベトナム戦争やウォーターゲート事件により先の見えなくなった一九七〇年代初頭のアメリカにおけるディスコの流行や、劣悪な労働環境下の平日を何とかやり過ごした後の週末に、全身でビートを浴びるデトロイト・テクノの受容のされ方。そして二〇一〇年代以降、世界中のクラブでトラップビートに合わせ縦ノリで激しく跳ね回る人々の熱量が示しているものは何だろうか。それは反復するビートに一晩中体を預ける経験であり、始まりもなく、終わりもない音楽の時間への没入、言い換えれば、無時間性への逃避とも言えるだろう。日常が先の見えない状況下だからこそ、彼らは先のことを考えること自体から逃避するために、今そこにある享楽に身を投じるのだと、一見そのように見えるだろう。

しかし実のところ彼らは、少しだけ先が見通せる、一晩中、朝まで継続する同じテンポのビートの安心感の中にこそ、身を沈めていたのではないだろうか。特にヒップホップ誕生を迎え入れた一九七〇年前後のアメリカにおいてその気運が高まっていたのではないか。レコードというメディアの性質上、録音可能な時間は限界があり、楽曲には始まりと終わりを措定することが要請された。しかし潜在的には、ニューヨークのブラック・コミュニティの人々は、少なくとも直近の未来だけは搾取されることなく、確実に自らのものとする手段として、ビートの反復を希求していた。そういった背景が、人力でそれを実現する

DJの発明に帰結した。そうは言えないだろうか。
この「少しだけ先の未来」のことを、フッサールは「予持」と呼んだ。これに対する「少しだけ前の過去」は「把持」、現在を認識する意識は「原印象」と呼ばれる。いくつかの音からなるメロディを、ひとつながりのフレーズとして知覚できるのは、人が把持的意識を持っているからだ。フッサールはそう考えた。そしてこの把持的意識の中には、過ぎ去ったいくつものビートの反復も含まれている。[※2]
テクノやハウスから「トランス」と呼ばれるスタイルが派生したのは、一方で把持的意識に収まらないほどのビートの反復を抱え込み、他方で今後到来するであろう大量のビートの反復をも予持するがゆえに、原印象が失われ時間意識が変性するからだろう。そしていまやこのトランス状態に陥っている人々を目撃するのは、テクノではなく、ヒップホップのイベントだ。
二〇二〇年代に、コロナ禍を経てトラップから派生したサブジャンルである「レイジ」は、トランシーな電子音や歪んだベースをその荒々しいサウンドの中心に据えている。いまやジャンルの呼称通りコロナ禍で溜め込んだ「怒り」を発散するようにトランス状態を呼び込むのは、BPM七〇／一四〇で無限に反復し続けるレイジやトラップのビートを一晩中浴びるイベントに違いないだろう。

※2　寺前典子『リズム〈身体感覚〉からの逃走――音楽の現象学的・歴史社会学的研究』、晃洋書房、2018年を参照。

2 反復するのは人間か、機械か？

ヒップホップのビートの基礎となるのは、具体的には「反復されるドラムのリズムパターン」だ。それは基本的にはキック、スネア、ハットの三点セットから形作られる。本書では以下、リズム譜を添えていく。音を視覚的に、時間軸に沿って見ていくことがビートの分析において重要であり、印象論ではない理解の手掛かりとなるからだ。この三点セットがそれぞれの曲のなかでどのように鳴っているのか、耳を澄ませてみてほしい。ビートへの理解が豊かになるはずだ。

大きな視点で見れば、ビートの歴史はふたつに分かれる。ひとつは、ヒップホップ黎明期からヒップホップのゴールデンエイジと呼ばれる九〇年代中盤あたりまでの流れだ。そしてもうひとつは、九〇年代後半以降、アメリカ南部から発信されるリズムとサウンドが大きくヒップホップのモードを変えていく流れだ。

両者ともに鍵概念となるのはやはり「反復」だ。

アドルノは一九三〇年代にポピュラー音楽批判を展開したことでよく知られている。彼の主張によれば、彼が芸術音楽（シリアス・ミュージック）として称揚するストラヴィンスキーやシェーンベルクらの音楽に対して、ジャズは「規格化」された大衆音楽だとされる。

彼の言う「規格化」された音楽とは、資本主義の下で大量生産される商品として流通するように、図式通りの「反復」をベースとした、安心して聴いていられる音楽である。そして彼はこの反復に基づいた音楽に適応することは「機械」に従属することであり、「自分自身の人間としての感性を断念すること」だと喝破する。この時代「機械」は否定的なにものかを含意する語として立ち現れたのだ。※3

しかし一概に「反復」と言っても、その条件は様々だ。たとえばアドルノが言及したのは、一九三〇年代のスウィングジャズにおける一定のビートの反復だった。その代表格であるベニー・グッドマン楽団のウォーキングベースや、ドラマーであるジーン・クルーパの演奏では、確かに一定のシークエンスに沿ってリズムが反復されている。だがアドルノによれば、個別のプレイヤーの演奏は取るに足らないものだと言う。そこに乗る演奏がどのようなものであれ、下部を支える和声構造＝コード進行は反復しているからだ。

反復が非常に多くのポップミュージックの基盤となっている現在から見ると、アドルノの批判は過剰なものにも感じられるが、彼の指摘を通してあらためて確認しておきたいことがある。それは反復とは決して、音楽全般にとって当たり前のものではないということだ。現にアドルノ以降、一九八〇年代のディスコミュージックや、二〇一〇年代のトラップに対しても、規格化された機械的なものだというニュアンスでの「反復」への批判は存在した。

そしてここまで見てきた通り、ヒップホップは特に反復を前提とした音楽である。一九

※3　テオドール・W・アドルノ『アドルノ　音楽・メディア論集』、渡辺裕編、村田公一ほか訳、平凡社、2002年、153-184頁。

［図1］　ジェームス・ブラウン「Funky Drummer」BPM: 99　著者作成

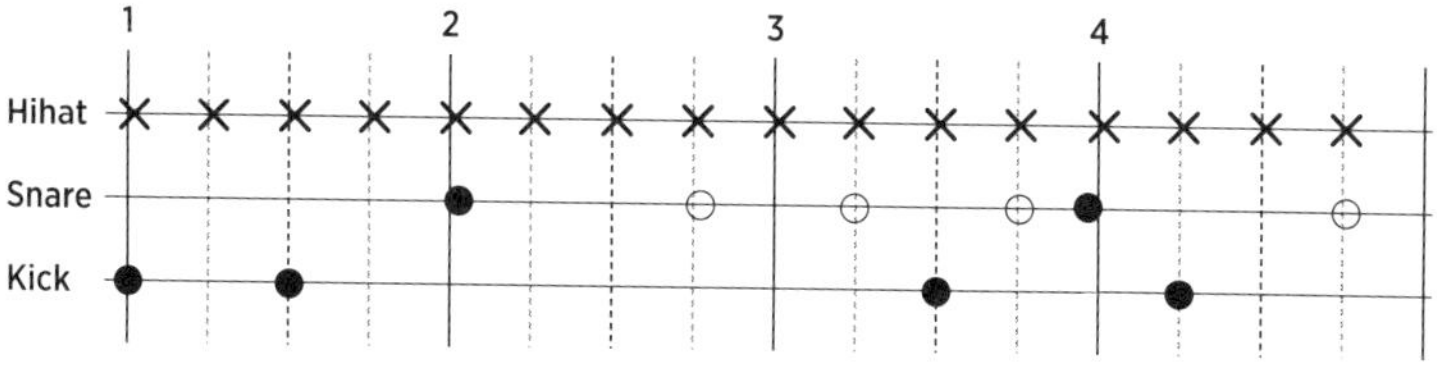

七〇年代前半、ＤＪクール・ハークはパーティの聴衆が盛り上がる間奏（ブレイク）を二台のターンテーブルでつなげることを思いつく。やがてそれは反復されるようになり、この反復されるドラムは「ブレイクビーツ」と呼ばれる。

たとえばヒップホップにおいて多くサンプリングされているブレイクビーツのひとつである、ジェームス・ブラウンの「Funky Drummer」（一九七〇）を見てみよう［図1］。一般的な四分の四拍子においては、一小節が四つの拍に分割される。ドラマーの「ワン・ツー・スリー・フォー」の掛け声から始まる楽曲を耳にしたことがあるだろう。このカウントが一小節の中に収まる四つの拍を表している。「Funky Drummer」のリズムはドラマーのクライド・スタブルフィールドが人力で叩いたものであるがゆえ、メトロノーム的なグリッド（上図の縦軸）からは少しずつズレが観測される。二拍四拍のスネアが強調されつつ、白丸で示した弱く装飾的なスネアがリズムに軽やかさをもたらしている。

ここで重要なのは、ファンクの代表曲であるこの楽曲もまた反復構造を前提としていることだ。ひたすら一小節の単位で反復されるドラムパターンとベースラインからなる下部構造の上に、ホーンやギターのアドリブや、ジェームス・ブラウンのシャウトなどが自由に展開される。さらにブラウンは「一拍目＝the one」の重要性を説いた。一拍目でバンド全体がキッチリ息を合わせることは、反復構造とそこで展開されるアドリブにおいて確かに非常に重要な原則となる。

第二章でも触れた通り、菊地成孔は、ヒップホップをジャズの孫だと指摘した。それは具体的なリズムストラクチャーだけでなく、楽曲の構造についても同様だ。つまりヒップホップはアドルノが批判した「規律的」なジャズの反復構造を、ファンクという父親経由で引き継いでいる。ジャズやファンクが反復構造の上で即興演奏を繰り広げたように、ラッパーたちは楽器に代わって声と言葉による演奏＝ラップのフロウを展開するわけだ。

そのような構造をベースとした黄金期までのヒップホップのビートを大まかに分類すると、（それぞれ重なる時期もあるとはいえ）次のようになる。①一九七〇年代後半－一九八〇年代前半：スタジオバンド期、②一九八〇年代前半－中盤：ドラムマシン期、③一九八〇年代後半－一九九〇年代中盤：サンプラー期。

まず①の時期。これはブレイクビーツの反復を、そのまま生バンドに演奏させていた時代だ。ＤＪがレコードをプレイすることで生まれたヒップホップだが、やがてニューヨークの各地でＤＪたちのバトルが活発化すると、プレイを他より優れたものにするため、マイクを持って言葉で場を盛り上げるサイドＭＣたちが重宝されるようになる。やがて彼らは「サイド」には収まらず、ＭＣ＝マスター・オブ・セレモニーとしてパーティを支配し

［図2］　シュガーヒル・ギャング「Rapper's Delight」BPM: 111　著者作成

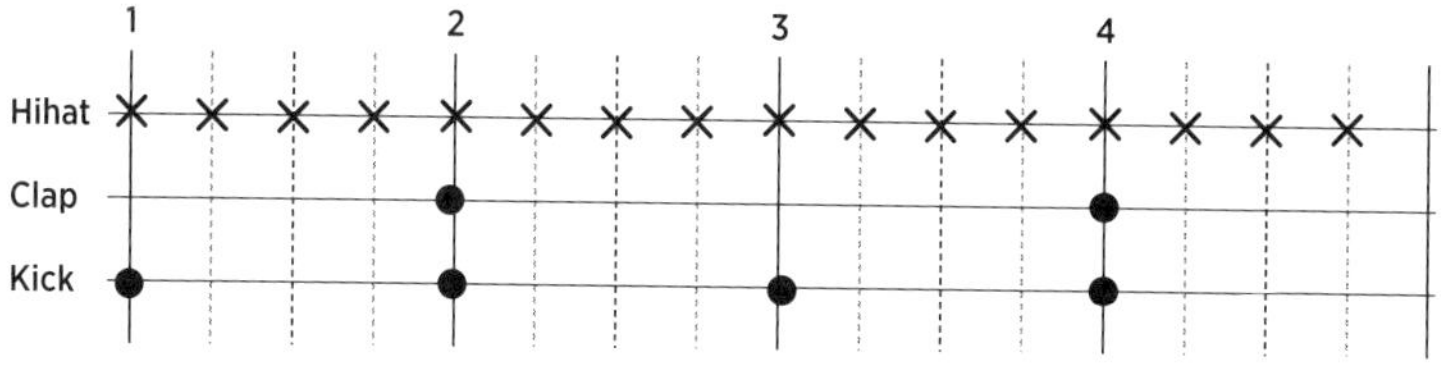

始める。彼らの言葉はその場限りの断片的なフレーズだけではなく、長いまとまったヴァースとなり、「楽曲」と呼べるような形になっていく。

するとそれらの曲を、録音してレコードとしてリリースする、という考え方が出てくる。だが当時の一般的な意識からすれば、それらの「楽曲」とは、既存のレコードをループさせた「パクり」のトラックに「しゃべり」を乗せただけの代物に過ぎなかった。この「パクり」と「しゃべり」こそヒップホップの最大最高の発明だったわけだが、そのことが評価されるのはもっと後になってからだ。

したがって、さすがに既存の楽曲のループをそのままレコードにするわけにはいかなかった。ではどうするか。該当のループを生演奏してみるのはどうだろう。そのようにして、スタジオミュージシャンたちを集めて即席のバンドが結成されたというわけだ。

ヒップホップの最初の商業的なレコードであるシュガーヒル・ギャング「Rapper's Delight」（一九七九）はそのようなスタジオバンドによって録音された作品だ［図2］。この曲はシックの「Good Times」（一九七九）のリズムを参照している。※4 これは同じ年にリリースされたばかりの、後にディスコヒットの代表となる楽曲だった。

※4　リリース当初、シックのメンバーであるナイル・ロジャースとバーナード・エドワーズは無許可のこの楽曲に著作権侵害を申し立てることとなり、シュガーヒル・レコーズはこれを受け入れ2人の名前がクレジットされる。後のヒップホップのサンプリングと著作権を巡る問題の先駆けとも言える。

［図3］　ラン・DMC「Sucker M.C.'s（Krush-Groove 1）」BPM: 103　著者作成

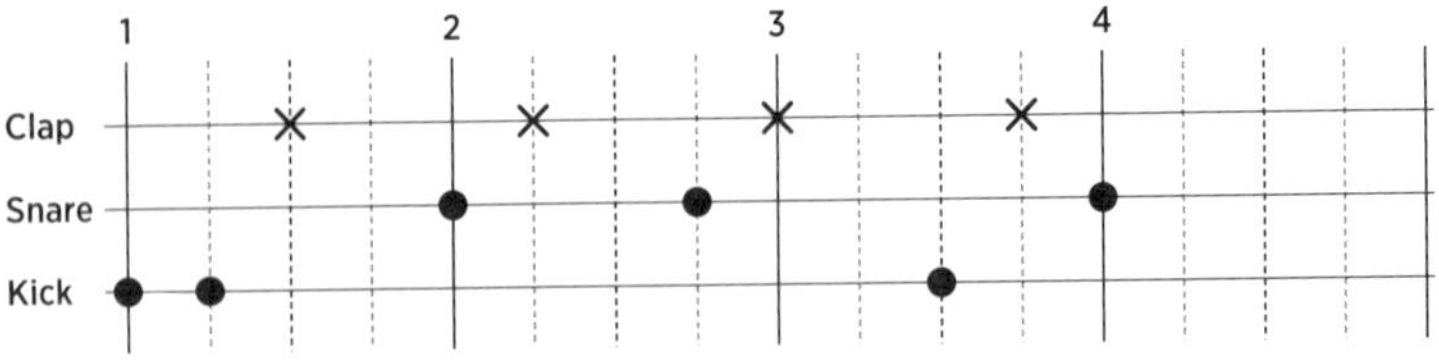

定番通り四つ打ちのキック――キックドラムが小節の一拍から四拍まで合計で四つ置かれる状態――を中心としたリズムパターンだ。

次に②のドラムマシン期を見てみよう。一九八〇年代中盤になるとOberheim 社のDMXやRoland 社のTR‐808といったドラムマシンが発売され、様々なジャンルのミュージシャンたちの間で活用されるようになる。古くは一九五〇年代から存在していたリズムマシン（オルガンの伴奏などに用いられた）の発展系なのだが、サンプリング技術により本物のドラムサウンドを再現しようとしたり（DMX）、あるいは音声合成で独特のリズム音を出現させたり（TR‐808）と音質が追求され、さらには一定のリズムパターンをプログラムすることが可能となったのだ。

　このテクノロジーの進化により、ドラムマシンがビートの中心となる楽曲が数多く現れる。たとえばラン・DMCの「Sucker M.C.'s (Krush-Groove 1)」（一九八三）はDMXを用いたリズムパターンで知られている［図3］。

　①の四つ打ちとは異なり、一拍目にキックが、二拍目と四拍目にスネアが打たれる、ファンクの基本リズムをベースとしている。このリズムパターンは、ラン・DMCのプロデューサーであるラッセ

ル・シモンズがプロデュースしたバンド、オレンジ・クラッシュの「Action」（一九八二）の生演奏によるブレイクビーツを、ドラムマシンで再現したものだった。「Krush-Groove二」というサブタイトルが、そのことを示している。

興味深いのは、参照元のブレイクビーツには入っていなかった「手拍子＝クラップ」のサウンドだ。この音がキモとなることで、ヘッズなら誰もが「Sucker M.C.'s」のビートだと認識できるだろう。ドラムマシンはこうした生のドラムセットからは誕生しえないリズムパターンとサウンドを実現し、生身のドラマーを代替するだけではない、新しい楽器としての立ち位置を確立していった。

ベースラインも入っていないこの曲のビートは、少しのスクラッチを除き、ほぼ全編ドラムマシンによる演奏のみだ。ドラムさえあればドープなヒップホップの楽曲は成立するということが、見事に証明されている。

3 アクシデント起源説：ビートメイカーの自我確立

実はこの②の時期には、フェアライトやシンクラヴィアといったサンプラーがすでに誕生していた。それらは極めて高価だったが、商業的に成功している音楽の制作現場では実験的に使用されるようになる。こうして時代は③のサンプラー期へと徐々に移行していく。

とはいえ、サンプラーの価格が一般にも手が届くようなものとなり、ビートメイカーたちがＥ－ＭＵ社やＡＫＡＩ社の初期製品を手に入れるのはおおよそ一九八〇年代後半のことだ。一九八六－八七年あたりは、ドラムマシンとサンプラー、さらにＤＪのスクラッチが交配され生まれたビートが乱立した、なにが起こるかわからない、実に興味深い時代だ。

ヒップホップでサンプラーが多用されるようになった「起源」にはもはや神話めいた逸話がある。一九八四年、当時駆け出しのプロデューサーだったマーリー・マールはキャプテン・ロックの曲を制作していた。その頃サンプラーは簡単には手に入らなかったため、彼は本来エレクトリックギター用のエフェクターであるディレイのサンプリング機能を使って、レコードの声ネタをサンプリングしようとしていた。しかし操作のタイミングを誤ってドラムの音が混入してしまう。だがこのアクシデントによって、彼はとんでもないことに気づいてしまった。意図的にドラムの音をサンプリングして楽曲に利用すれば、ありとあらゆるレコードのドラムサウンドで、ビートをメイクできる！　こうして彼は、ドラムのビートをサンプリングによって打ち込むことを発見したのだった。※5

この偶然が、ヒップホップの歴史を変えてしまうことになる。マーリーはヒップホップのビートメイカーとして成功し、初めて自分の名前を全面に出しプレゼンスを獲得する。

これがヒップホップのサンプリングを巡る「アクシデント起源説」だ。わたしたちは、

※5　Red Bull Music Academyで２０１４年に行われたマーリー・マールのインタビューより。URL=https://www.redbullmusicacademy.com/lectures/marley-marl-tokyo-2014

また、KORG社のデジタル・ディレイSDD-2000をサンプラー代わりに2台使い、Roland社のTR-808を用いて音を出す当時の手法については自身で説明している。"Marley Marl 'Classic Recipes' - Recreating MC Shan 'The Bridge' w/Akai MPC Renaissance." URL=https://www.youtube.com/watch?v=6lxUXfhC8TI&t=4s

ひとつのアクシデントによって、ビートのすべてをサンプリングで制作できるようになった世界線でヒップホップを享受している。J・ディラが「機材の説明書を放棄」して読まないポリシーを持っていたことからも分かるように、ビートメイキングにおいて、ターンテーブルやサンプラー等の機器がもたらす偶然《アクシデント》は、愛すべき関数だ。※6 ジョン・ケージは偶然性を呼び込む制度設計を「チャンスオペレーション」と名づけたが、サンプリングベースのビートメイキングは、その過程自体にチャンスオペレーションを内包している。ターンテーブルの上でレコードの溝を行ったり来たりしながら、どこをサンプリングするか。手で触るレコードの回転速度は変動するし、サンプリングの開始／停止に合わせ楽音はぶつ切りになるし、そのフレーズをチョップしパッドに振り分ける作業も、常に偶然性を孕んでいる。

このようにして鳴らしたいドラムの選択の自由を手に入れたビートメイカーは、一方で大きな制限にも対峙していた。初期のサンプラーは技術的な制約によりサンプリングできる時間に限界があり、たとえば一九八五年発売のE－MU社のSP－12ではわずか一・二秒程度だった（一九八七年のSP－1200では合計約一〇秒だが個々のサウンドは二・五秒）。たった一秒程度のサンプリングタイムでは、ごく短い音＝スタブ音しか楽曲に組み込むことができなかった。

だがこれもテクノロジーの進歩によって解決されることになる。一九八八年にAKAI社のS950やMPC60が発売され、ブレイクビーツやウワネタを一小節や二小節分まる

※6 ジョーダン・ファーガソン『J・ディラと《ドーナツ》のビート革命』、吉田雅史訳、DU BOOKS、2018年、71頁。

［図4a］　ア・トライブ・コールド・クエスト「Award Tour」BPM: 97　著者作成

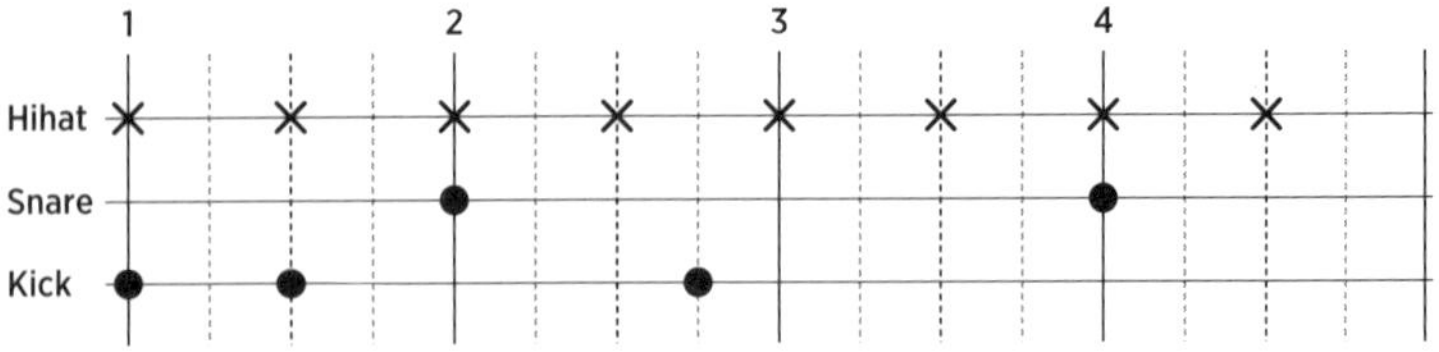

まるサンプリングしてループすることが可能となったのだ。これはＤＪの二枚使いをサンプラーが担うに等しい。それが有名な曲であれば「大ネタ」使いと呼ばれることになる。

時間という制約から解放され、ビートメイカーたちはひとつの理想郷に辿り着く。好きな曲から、好きなだけネタをサンプリングし、いくらでも重ねることができるようになったのだ。ある曲からブレイクビーツを、別の曲からウワネタを、さらに別の曲からベースラインをサンプリングし、互いに重ねることでひとつのビートを作る、という手法がポピュラーになる。

一九八〇年代の後半から一九九〇年代前半にかけてのヒップホップクラシックの多くは、こうした手法によって制作されている。たとえばＡＴＣＱの初期の二枚まではそのようなアプローチの産物だ。だがＡＴＣＱの三枚目の『Midnight Marauders』（一九九三）になると、アプローチが変化してくる。そしてこのアルバムを端緒に、サンプリングベースのヒップホップシーン全体でバックラッシュのような現象が起こる。ドラムのフレーズを丸ごと使うのではなく、キックとスネア、そしてハットといったパーツに分解し、それぞれ単音で打ち込む手法が優勢となるのだ。

［図4b］　元ネタのブレイクビーツ BPM: 91　著者作成

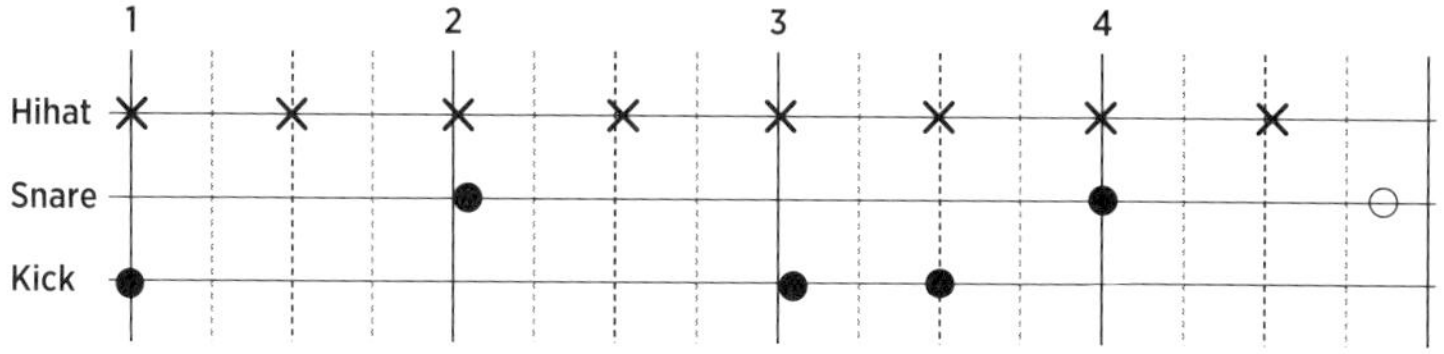

例として、ATCQの「Award Tour」のリズムと、その元ネタとなった一九六〇年代のロックバンドのブレイクビーツを見てみよう［図4aおよび図4b］。

　両者はなにが異なるのか。後者のブレイクビーツには、当然ながら演奏しているドラマーのグルーヴが封じ込められており、わずかながらグリッドからのズレも観測される。前者の場合、各音をグリッド上に整列させるクオンタイズ機能を活用しながらも、パッドを叩いてサウンドを打ち込むのはビートメイカーだ。だから元ネタのパターンに制約されることなく、自由な発想で、思いのままにリズムを打つことができる。これら両者もキックの打つ位置やテンポが異なっているが、たとえばBPM一〇〇の八ビートのロックのグルーヴから抽出したドラムサウンドで、BPM七〇の一六ビートのファンクグルーヴを生み出すようなことさえできるということだ。

　単音のパーツに切り分けられたブレイクビーツ。このように元のフレーズを切り刻む行為は「チョップ」と呼ばれる。ドラムを単音で打ち込む行為は、後から振り返ってみれば、サンプリングタイムに制限のあった時期にやむなく行われていた手法に立ち戻ったようにも見える。だがその時代には、その試みは一部の先行するビートメイカーだけのものだったうえ、シーケンサー等に制限が多く「自由な発想で、思いのままにリズムを打つ」までにはいたらなかった。

しかし九〇年代半ばへ差し掛かると、サンプリングベースのビートメイキングにおいて、リズムのグルーヴを決定づける役割は、ドラマーからビートメイカーに完全に受け渡されることになった。元ネタでドラマーが叩いているグルーヴが至高だ、という認識から、ビートメイカーが打ち込んだグルーヴがあってこそのビートメイクだ、という新しいスタンダードへの転換が図られたのだ。だからこの時点をもって、「ビートメイカーの自我」が完全に確立された。そう言ってもいいだろう。[※7]

このように記すと、ビートメイカーが主体的にリズムをすべてコントロールする印象があるかもしれない。しかし実は、これは半分機械仕掛けでもあった。なぜならそのグルーヴは、クオンタイズを利用して、機械的に整列された音が中心だったからだ。

ビートメイキングにとって、テクノロジーという軸は重要だ。ヒップホップのビートメイキングは、ドラムマシンやサンプラーといった機材や、あるいはPCとソフトウェアの組み合わせによって行われる。つまりそれは機械によって演奏される音楽であり、その意味で近年のAI技術との相性もよいと言えるだろう。だが一方で、黎明期にはバンド演奏の上でラップをしたのだし、近年も生演奏とラップの組み合わせによる作品は数多く存在する。だからヒップホップのビートの歴史は、機械と生音の相克の歴史でもある。

ドラムマシンやサンプラーといった機械は、人間には困難な延々と続く同じリズムパタ

※7　ドラムマシン時代にもリズムパターンを打ち込むのはビートメイカーだった。だがドラムマシンに内蔵されたシーケンサーは自由度の低いものだったため、これも一部の例外を除き「自由な発想で、思いのままにリズムを打つ」までにはいたらなかった。

ーンのループを、容易に実現できた。最初はその能力こそが革命的だった。それは機械的にあらかじめ決められたグリッドにドラムの各音を整列させることだった。メトロノームのような、無機質でスクエアなグリッドに。実はヒップホップで用いられる以前、一九七〇年代にはすでにドラムマシンは音楽制作に導入されており、その代表例としてクラフトワークがいる。それ以降、人力ではなく機械制御のリズムが延々と反復されることとなる。前述の『音楽機械論』の中で、坂本龍一と吉本隆明は、クラフトワークのある種の「平板さ」を評価している。そしてそのリズムは、アフリカ・バンバータの「プラネット・ロック」（一九八二）に引用される。椹木野衣はその著書『テクノデリック』（一九九六）の中で述べている。

バンバータのイノヴェイションとは、黒人音楽とは考えられていないエレメントの部分対象を摘出し、これを再配置することによって、内実としての黒人音楽ではなく、あくまで効果と機能としての黒人音楽を構成してみせるのである。※8

クラフトワークの無機質なテクノサウンドは当時、ヒップホップの「父」であるファンクの肉感的なグルーヴとは対極に位置すると考えられていた。人間が演奏するリズムには温かみがあり、機材で打ち込んだリズムは平板で冷たいというステレオタイプだ。だが、バンバータは、ドイツ出身のクラフトワークによる無機質で冷たいサウンドを「摘出」し

※8　椹木野衣『テクノデリック——鏡でいっぱいの世界』、集英社、1996年、159-160頁。

て、これを「再配置する」ことで、見事に「効果と機能としての」グルーヴを実現した。なんといっても、この曲以降、ドラムマシンやサンプラーによって反復されるのは、機械仕掛けの整列されたリズムになっていくのだ。

ビートメイカーが並べたドラムパターンを機械が整列させたリズム――いわばマンとマシーンの共同作業――は、現在にいたるまでヒップホップのリズムの中心となり、世界中のグルーヴを牽引している。

さらに見ておきたいのは、そのような共同作業にあたって、「ビートメイカーの自我」を強固なものにする事象があることだ。今ではビートメイキングにおけるスタンダードとなっているそれは、発見された当初は極めてクリエイティヴな試みだった。

先述の通り、ドラムマシンやサンプラーで鳴らされるキックやスネア、ハットなどの個々のサウンドは、それぞれが打ち込むシーケンサーによって強制的に整列＝クオンタイズさせられる。だがビートメイカーが繰り出すスネアやハットは、それらの機械が基準とする時間のグリッドから、徐々に「ズレて」いく。平板な世界観に反逆していく。

たとえば第二章で見た一九九〇年代の「トリップホップ」においては、サウンドの質感が楽曲自体の価値のひとつとなっていくと同時に、リズムそのものに関しても様々な実験が行われた。なかでもDJ KRUSHやDJ Vadimらがブレイクビーツのズレを逆手に取りクオンタイズからズレる「ヨレ」を取り入れた作品により、革新をもたらした。

そしてヒップホップ全体でも、一九九〇年代後半以降は「ヨレ」の群雄割拠の時代に突

［図4c］ J・ディラ「DD.012」BPM: 91.5　著者作成

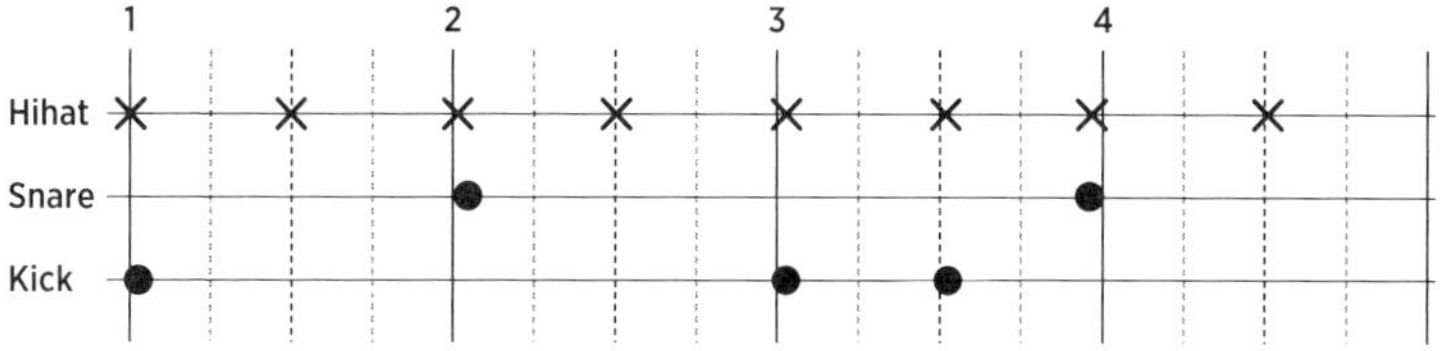

入する。その第一人者であるJ・ディラも先ほどATCQと見たのと同じブレイクビーツを用いたビート「DD. 012」（二〇一七年リリース）を残していた［図4c］。

これは二小節目を可視化したものだが、グリッドの点線から少しだけ左に先行したり、右に遅れたりするキックやスネアが「ヨレ」の正体だ。ディラは一旦構築されたドラムパターンのうち、意図的にスネアだけ、あるいはハットだけを前後にズラし、相対的に他の音がモタったり、走ったりする効果をもたらした。クオンタイズを逆手に取ったズレ。あるいは彼は、作家のダン・チャーナスが「ディラ・タイム」と呼ぶ独自のグリッドを獲得してしまったのだと言ってもいい※9。

これは今日、DAWにおけるステップ入力のインターフェース上で誰もが行なっていることだ。だがディラのような存在は当初あくまでもマイナーな、「例外者」たちであったことを忘れてはならない。このような独自のグリッドは、極めて批評的な営為でもあった。後述するように、ヒップホップが商業的に大成功を収めたことで、大ネタのサンプリングが自由に行えなくなった「critical＝危機的な」時代に、J・ディラの方法はサイン波のベースとチョップした

※9 ディラの評伝であり彼のビートの研究書でもある以下の書籍では、ディラの「ヨレ」の手法の詳細が論じられている。Dan Charnas, *DILLA TIME*, MCD, 2022.

ウワモノ——エレクトリックピアノ（エレピ）やオルガン、ハープといった演奏の断片——の組み合わせでビートメイキングのモードを変革してしまう「critical＝批評的な」ものだったのだ。

4 コラージュとしてのサンプリングアート

ヒップホップの四大要素のひとつはDJイングだったが、その変形がビートメイキングであることは疑いの余地がない。かつてDJたちは二台のターンテーブルとレコードを使って手動でブレイクビーツをループさせたが、テクノロジーの力でそれを可能にしたのがサンプラーだ。だからビートメイキングには、サンプリングアートとしてのヒップホップの本質が表れている。それは二束三文のレコードを素材に最高のビートを生み出してしまう価値転倒の源であり、反復というヒップホップの基盤を構成する技法＝アートなのだ。さらに第二章で見たように、ヒップホップは現代音楽の文脈でも捉えることができる。サンプリングは、ポストモダン的な剽窃によるアートとして考えることも、モダニズムの表現手段のひとつであるコラージュの一種として捉えなおすこともできる。だからヒップホップのビートメイキングの歩みは、アートの歴史の一部でもある。

ここまでの議論ではヒップホップのビートの要となるブレイクビーツについて考えてきた。だがサンプリングされループされるのはもちろんドラムのリズムだけには留まらない。上部構造にあたるウワネタ、つまり弦楽器や管楽器によるメロディや和音もまた重要な要素だ。

先ほども取り上げたＡＴＣＱの『Midnight Marauders』収録の「Award Tour」を見てみよう。ここではビートを構成しているドラム以外のサンプリングソースに注目したい。まずウワネタは、ウェルドン・アーヴァイン「We Gettin' Down」（一九七五）のエレピのフレーズがメインとなるループだ。フックでは一九七〇年代のフュージョン曲の粘り気のあるギターリフが絡まり、さらにヴァース中の展開として同じく一九七〇年代のジャズのリラックスしたヴィブラフォンがループされる。

残りのひとつが興味深い。実はこの曲は、ＡＴＣＱの主要メンバーであるＱティップが気に入った曲のベースラインから発想されたものだった。それがジェイドの「Don't Walk Away」で、「Award Tour」のわずか一年前の一九九二年にリリースされた曲だ。Ｑティップはこの曲のベースラインをサンプリングではなく、弾き直す形で引用している。[※10]

これらの五個のサンプリングソースが示している魅力のひとつは、全く縁もゆかりもない六〇年代、七〇年代、そして九〇年代の楽曲が時間と空間を超えて出会っていることだ。それぞれのソースの時代によって、録音環境や機材の質、音質のトレンドなどが異なる。

※10　ＶＩＢＥによる２０１１年のＱティップへのインタビューより。現在は当該箇所は表示されないがインターネットアーカイブで閲覧可能。"Full Clip: Q-Tip Runs Down His Music Catalogue Ft. Tribe, De La Soul, Nas, Biggie, The Roots, Dilla & More!" URL=https://www.vibe.com/gallery/full-clip-q-tip-runs-down-his-music-catalogue-ft-tribe-de-la-soul-nas-biggie-roots/promo-jungle-brothers-q-tip/

にもかかわらず、結果的にそれらは見事に融合する。理由のひとつは当時のサンプラーの性能に限界があったため、低い解像度の音質——高音がカットされてこもったり、ノイズが付与されてザラついたり——に統一されるからだ。わたしたちは、クリアに聞こえない音や、鼓膜を掠めるノイズに、えも言われぬ温かみやノスタルジーを感じている。それは今でも、「ローファイ」と呼ばれ愛好されている。

そしてそれらのサンプリングソースたちは、録音された場所や時代だけでなく、サウンドの性質についても距離が離れたものでありうる。場所と時代を超えて録音された様々なレコードから、様々な演奏の断片をサンプリングしパズルのように組み合わせることでひとつの作品が成立する様は、コラージュアートに近い。シュルレアリスムにおいては「異なった環境に置くこと」を「デペイズマン」と呼ぶが、元々のソースから切り離され、新たな楽曲にプロットされるサウンドの断片は、まさにこれに当てはまる。複数のネタが組み合わされる場合、素材間のジャンル、時代、場所、なによりサウンドの質感が異なっていればいるほど、その楽曲は異質なものとなる。

たとえばATCQの『Midnight Marauders』収録曲のなかでも「Lyrics To Go」が良い例と言える。メインでループされるのは、ミニー・リパートンの「Inside My Love」(一九七五)の、超高音のファルセットとエレピのサウンドだ。この浮遊感のあるエレピのヴォイシングは非常に魅力的で、J・ディラをはじめ多くのビートメイカーたちがこぞって使用した有名なネタだ。ATCQの慧眼は、このネタを、異質な環境に連れていったことだった。彼らがこれにぶつけたのは、あろうことかエレキギターのループだった。耳障りなほどノイジーなギターと、心地よさの権化のようなエレピが出会うことで、明らかな異化がもたらされている。

つまり「ビートメイカーの自我の確立」は、ウワネタにも当てはまる。さらに九〇年代の終盤になると、ビートメイカーたちはウワネタを短いスタブ音のような長さにチョップして、音程をつけて新たなフレーズを作ったり、並べ替えたりする。ビートメイカーの発想しだいで、その自由度は無限なのだ。

では、チョップの手法はなぜメジャーとなったのか、というよりもメジャーに「ならざるを得なかった」のか。その理由は複数考えられるが、これを加速させる要因のひとつはサンプリングクリアランスの問題だ。

サンプラーの技術向上によって引用が長大になることは、つまり、サンプリングソースが明確となることでもある。当初はアンダーグラウンドな営みであったヒップホップも、商業的に拡大していったことで、一九九〇年代以降、権利を巡る問題に突き当たることとなる。

非常に有名な一九九〇年代初頭のビズ・マーキーの「Alone Again」事件に代表されるように、権利問題をクリアにしないまま発売してサンプリングソースの権利者から訴訟を起こされ、店頭からの回収騒ぎとなる事例まで出てきたのだ。

だがこのような状況に対してビートメイカーたちは、すぐに持ち前の想像力を遺憾なく発揮した。サンプリングクリアランスの問題が発生するのは、一小節丸ごとループさせるなど、その使用が明らかな場合だ。だがそれをコンマ数秒の長さに切り刻み、音程やリズムも、そして音質さえも変えてしまったらどうだろう。ネタは断片化され、元ネタから切り離された「匿名の」サウンドと化す。

ビートメイカーたちはレコードのネタが元々持っている属性――キーやテンポ、使用されている楽器の種類など――から解放される。彼らのすべきことはひとつ、クリエイティヴィティをフルに発揮し、無限に広がる匿名のサウンドの断片たちを自由に召喚し、戯れることだ。

たとえばＤＪプレミアは、この大きなモードの変化に対応するだけでなく、その制約を更なるクリエイティヴィティに昇華してしまった。彼によるギャング・スター『Moment of Truth』（一九九八）のプロダクションや、ＡＴＣＱ『Beats, Rhymes & Life』（一九九六）やスラム・ヴィレッジ『Fantastic, vol.2』（二〇〇〇）のＪ・ディラのプロダクションは、チョップによってビートメイキングを刷新していった。

5

アンビエント・ヒップホップに耳を澄ます

サンプリングクリアランスを巡るモードの変化によって、簡単に元ネタを特定できてしまうようなサンプリングは減っていくとはいえ、それがヒップホップのビートメイキングにおいて重要な手法であることは変わらない。そこにはサンプリングというアートしか持ちえない魅力があるからだ。ここからはそのひとつである、意図せざるグルーヴの発生について見ていきたい。

先ほどコラージュのようなサンプリングアートについて触れたが、絵画におけるコラージュの素材となるのは、既存の新聞や雑誌、広告やポスターの切り抜きなどだ。それらのパーツに、元々の素材の質感や経年による劣化など、ノイズが付加されることで、他のパーツと組み合わせた際の面白さに繋がる。

では、ビートメイキングにおける「面白さ」とはなんだろうか。それは複数の素材が重なりあったり隣接したりすることで生じるサウンドの豊かさだけではなく、それらのあいだで偶然生まれるリズムによるグルーヴであるだろう。たとえばドラムのリズムパターン、ウワネタやベースが持つリズム、さらに解像度を高くして耳を傾けてみれば、それぞれのネタに表層と深層とでも言うべきレイヤーが存在し、意図せざる「ノイズ」たちが招き入

[図5]　グループ・ホーム「Livin' Proof」BPM: 92.6　著者作成

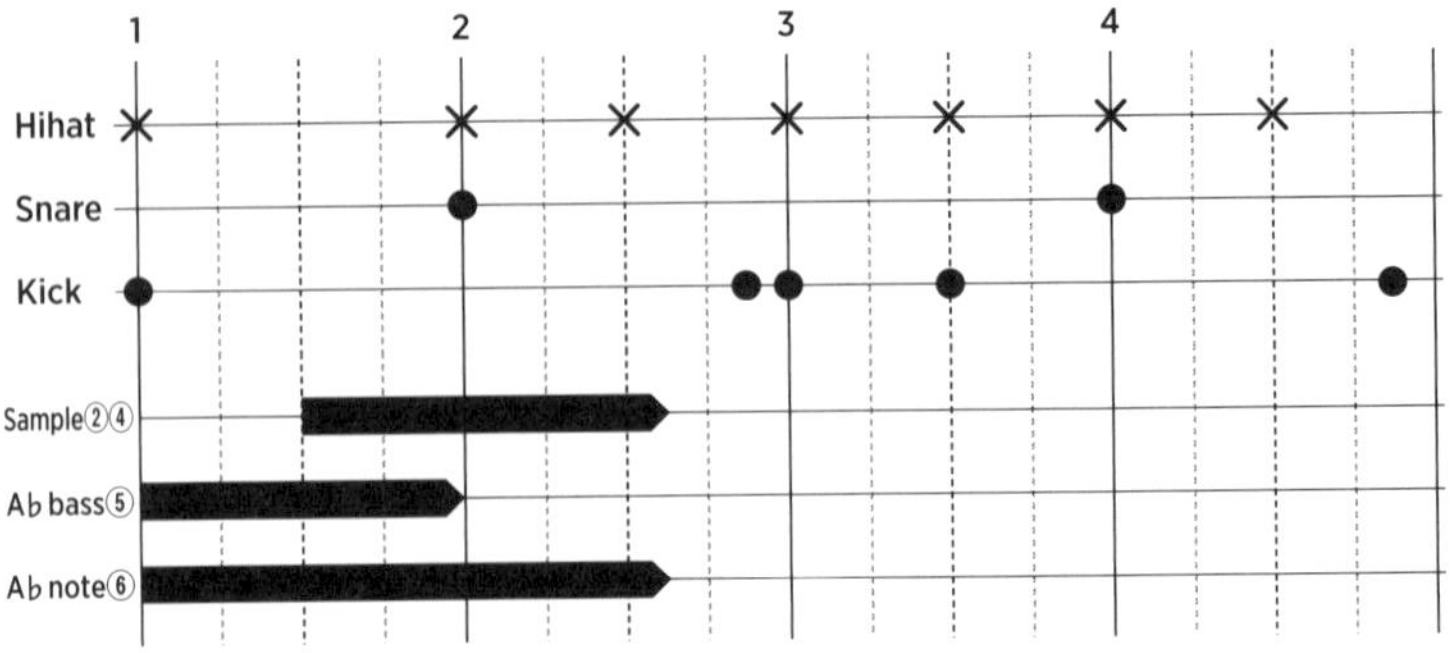

れられる。グルーヴとはその絡み合いの総体のことである。

そうした意図せざるノイズがグルーヴを形成している具体的な例として、ＤＪプレミアが手がけたグループ・ホームの「Livin' Proof」（一九九五）を見てみよう[図5]。ヒップホップのビートが必要とした最小限の材料を用いて料理されたこのビートでは、ＤＪプレミアのミニマリストとしての作家性が際立っている。聞こえてくるのは二小節単位でループし続けるザラついたドラムのパターン、そしてうっすらとリバーブのかかったエレクトリックピアノのごく短いフレーズ、そして最小限のベース音のみだ。

まず核となるドラムパターンだ。ここでＤＪプレミアは、愛用のＭＰＣ‐60Ⅱに実装されているクオンタイズを使いながらも、恐るべきグルーヴを体現している。それはスイングとも呼ばれる「ハネ」を強調したクオンタイズだ。文字通り音符が「跳ねる」箇所で、図では二発目（および五発目）のキックが「ハネ」を生み出している。第二章で見たDJ KRUSHのビートと同じく、続く三発目のキックとの間がつづまることで、独特のグルーヴが生じる。DJ KRUSHの「ヨレ」が元ネタのドラマー含め人間の手の産物だったのに対し、ＤＪプレミアはサンプラーによって、機械的に「ハネ」を作り出す。このグルーヴは、彼にしか出せない「プレミア印」のものだとしばしば言われてきた。

そしてもちろんグルーヴを生み出すのはドラムだけではない。それは、クオンタイズによって機械的に整列されたキック、スネアやハットと、それらの上に重ねられる別レイヤーの音たちとの関係によって生み出されるものだ。つまりチョップして切り刻まれたサンプリングネタに含まれる数々のサウンドやベースラインなどが、ドラムのリズムと交わるところにグルーヴが生まれる。それらの音は、ドラムの個々の音とときに重なり合い、ときに微妙にズレながらグルーヴの形成に寄与している。

こうしてサンプリングされた個々のサウンド――ギターやエレピ、ホーンやストリングだったり、人の声だったり、あるいは鳥の鳴き声やサイレンといった効果音だったり――は、微細なズレをどう表現するかという課題はあれど、それが発される拍や音程を特定することと自体は可能だ。

だからここまで、そのタイミングを図で示し、いわば譜面化することができた。だがこの曲のグルーヴに寄与する要素として強調しておきたいのは、そうしたサンプリングネタがまとう、さらに微細な音たちだ。

この曲のウワネタはジャズ・トリオによる一九七〇年代の演奏からピースのひとつのように引き剝がされた、わずか数秒のエレピのフレーズだ。元ネタで一緒に鳴っていたドラムのサウンドは丁寧にトリミングされている。だが、よくよく聴き込むと分かるのは、その背後で聞こえるベース音がブーストされて響いていることだ。さらに解像度を上げて分析してみると、もっと深層部で鳴っているサウンドを発見することになる。このビートの表層と深層で鳴っているサウンドたちを列挙すると、下記のようになる。

①チョップして打ち込まれたドラムブレイク（表層）
②エレピのフレーズ（表層）
③エフェクトで後づけされた②の残響音（深層）
④②のエレピネタの背後で鳴っているベース音（深層）
⑤一拍目から鳴っているA♭のベース音（表層）
⑥④より三オクターブほど高音のA♭音（深層）

こうして見るとこのビートは、深層から湧き上がってくる正体不明のゴーストノートのようなサウンドに満ちていることが分かるだろう。ゴーストノートとは、ギターやベース、ドラムの演奏において譜面にしたときにははっきり表れない、だが耳を澄ませば確かに鳴っている、微細なサウンドのことだ。たとえばギターの弦をミュートして鳴らす音やピッキングが弦に触れる音、スティックがドラムに軽く触れる音など、鳴っているか鳴っていないかすらあいまいな音。

具体的に見ていこう。①はソース不明のドラムをチョップして打ち込んだもの。②はジャズ・トリオのレコードからのサンプリング。そして⑤と⑥は後からつけ足したであろう、シンプルなサイン波のようなサウンドだ。③と④は②の背後に潜む痕跡のような存在だし、⑤と⑥については（実際にどう鳴らしているのかは不明だが）幽かに鳴っているように聞こえる音にすぎない。姿は見えないが、存在の痕跡だけが聞こえる、幽霊のようなサイン波。

サンプリングベースのヒップホップのビートは、このような譜面には表れない音に溢れている。いわばポルターガイスト現象やラップ音を引き起こす「幽霊」によって隠し味を付加され、独特のグルーヴやサウンドの妙を手にするのだ。

さらに鼓膜に全神経を集中して「Livin' Proof」のビートを聴き込めば、ななつめのゴーストの存在が認められる。それは人の——あるいは幽霊の——声だ。①のサンプリング元のレコードに刻まれていたであろう、ドラマーか、バンドの他の演奏者による呻き声のようなサウンド。耳で捉えられるのは四拍目の裏拍で鳴るその声だが、コーラスとヴァースの継ぎ目で一瞬ウワネタがミュートされる場面では、二拍目の裏拍でも同じようにこの声が聞こえる。つまりこれはスネアの残響音と共に毎回半拍後に現れる声なのだ。

表層を一聴しただけでは、ドラムとエレピだけで構成されたミニマルなグルーヴに聞こえた「Livin' Proof」のビート。しかしその深層を含めた実態は、エレピの残響音、その背後のベース音、サイン波のサウンド、そして人の声などを含んだ、実に豊穣な作品だったのだ。様々な環境音に囲まれているという意味で、それを「アンビエント・ヒップホップ」と言ってもいいだろう。

その豊穣さは、意図しない幽霊的存在の混入によるものだ。それを可能にしたのは、八〇‐九〇年代のビートメイキングの方法にほかならない。ヒップホップ黄金期のローファイビートたちは、サンプリングというアートで制作されたからこそ、幽霊を呼び込むことができたのだ。

では、それが生み出している「グルーヴ」とは一体何なのだろうか。そもそも英語の「groove」とは、「溝」を意味する言葉だ。

頭脳は　その溝の内側で
等しく　そして正しく振る舞う
でも　破片が向きを変えるがまま
放っておいてごらん
あなたにとっては
それは　簡単なことだろう
その水を　押し戻すことは
洪水が　丘を裂いて

道路を　えぐり取ってしまうとき
水車小屋を　破壊してしまうとき[※11]

「Groovology」（グルーヴ学）で有名なチャールズ・カイルは「グルーヴの定義」と題されたエッセイで、このエミリー・ディキンスンの詩を冒頭に引用している。一行目にある「溝」（groove）がレコードの「溝」も意味することから、この詩に書かれた頭脳＝意識の流れ＝水流を、音のアナロジーで見立てることもできるだろう。レコードの溝を、グルーヴをまとった音が流れる。やがてそれらの音は、溝から離れて暴走し始める。そしてついには、外の世界を破壊するにいたるのだ。

カイルはこのエッセイで、グルーヴを形成するのはリズムセクションであるとし、ドラマーとベーシストは「互いに一貫してシンクロすると同時に、一貫して食い違い、異なり、少しだけ位相を異にしたり、同調したりしなかったりする」と指摘する。彼はこの「ズレ」を「参加的なズレ（participatory discrepancies）」と呼ぶ。ベーシストとドラマーの間に生まれる微細なズレ、あるいはドラマーというひとりの人間の、手と足の動き、キック、スネア、ハットのズレ。

カイルの議論はリアルタイムで演奏を共にする複数のミュージシャンを前提としている。一方でサンプリングベースのビートの場合は、ネタそれぞれに、楽曲が録音された時間と場所の記憶が刻まれている。

※11　ドイツのポップミュージック研究フォーラム『PopScriptum』11号「Groove Issue」に掲載されたチャールズ・カイル「Defining Groove」より。エミリー・ディキンスンの詩は同論稿をもとに引用者訳。URL=https://edoc.hu-berlin.de/server/api/core/bitstreams/3cb7aff7-8fee-46cc-80d9-215295746ff5/content

それらの時間と空間を超えた他者としてのミュージシャン、いわば幽霊たちの演奏同士を、ビートメイカーがピッタリ重ね合わせたり、少しズラしたり、さらにはビートメイカー自身もパッドで演奏しそこに参加したりすることで、ビートのグルーヴは生まれる。ビートメイカーたちがその演奏を指揮するタクトとなるのは、サンプラーのパッドだ。具体的には、ヒップホップのプロダクションにおいて最も使用されたと言っていいＡＫＡＩ社のＭＰＣシリーズの、一六のパッドたちだった。時代が移り変わってＰＣでビートが作られるようになっても、様々な入力インターフェースにおいて同様のパッドは採用され続けている。

「One Of The Sixteen Pads Is Dead」（一六のパッドのうちひとつが死んだ）と最初のＥＰに名づけたのはDJ Klockだったが、ビートメイカーたちにとってはこの一六個の生きたパッドこそが身体の延長なのだ[※12]。

　このインターフェースを介して初めて、時空間を異にする演奏家たちの個々のリズムが、有機的なグルーヴを形作る。そして出力されたビートメイカーたちのビートもまた、レコードの溝に刻まれる。あるいはネットの海にアップロードされる。そして遠くない未来に、誰かにサンプリングされ、別の時空間の他者と出会うのを、待ち望んでいるのだ。

※12　DJ Klock『One Of The Sixteen Pads Is Dead』は2000年に彼自身のレーベルであるClockwise Recordingsからリリースされた。たとえば彼の『timing incorrect』（2003年）と題されたミックスCDに顕著なように、そもそもビートメイキング以前にDJの営為自体が、時空間の異なる他者の演奏同士を出会わせることで生み出すグルーヴの豊かさを提示している。

6

Gファンクと生演奏

　以上のようにサンプリングのアートとしてのビートメイキングは、一九八〇年代の後半から一九九〇年代のゴールデンエイジにかけてメジャーな方法であり、ヒップホップの面白さを体現する格好のサンプルでもあった。

　だがビートメイキングの進化は一方向ではない。それは地域性を持っている。これまで見てきたのはニューヨークのヒップホップの例だったが、地域によってサウンドの志向は異なる。本書の「はじめに」でも触れたように、おおざっぱに東＝ニューヨークのブーンバップ、西＝LAのGファンク、南＝アトランタやニューオーリンズ中心のダーティサウスという、東西南というみっつの極がある。そのうえで、ヒューストン発祥のチョップド・アンド・スクリュード、あるいはメンフィス・ラップ、シカゴ・ドリル、ブルックリン・ドリルなど地域の名を冠するサブジャンルが興隆する。その背景にはそれぞれの地域に固有の、非常に興味深い事情がある。だからヒップホップのビートの歴史を紐解くことは、各地で花開いていたスタイルとともに、その地域特有の嗜好や文化の多様さを追っていくことでもある。

　ここではまず西海岸の例を見ていきたい。先述したクリアランスの問題に突き当たるサンプリングという手法は、東とはまったく別の方法で乗り越えが図られる。

ヒップホップは一九八〇年代にニューヨークから西海岸へ飛び火し、N.W.Aをはじめとするギャングスタ・ラップが勃興する。その特徴は、ギャングスタイルの暴力的でリアルなリリックだけでなく、ビートのスタイルにもあった。

メロウなソウルやR&Bのサンプリングネタを中心に、生楽器を導入し、より音楽的にスムースで「レイドバック」したサウンドを目指したのがGファンク——ギャングスタのGだ——の特徴だった。リズム面においては、「ファンク」といってもジェームス・ブラウンに代表されるスタイルではなく、パーラメントやファンカデリックといったPファンクのゆるいグルーヴが参照された。

このトレンドを作った張本人であるドクター・ドレ「Nuthin' but a "G" Thang」(一九九二)のリズムを見てみよう［図6］。

レオン・ヘイウッド「I Want'a Do Something Freaky To You」(一九七五)のイントロ部分をサンプリングし、その中に含まれるドラムごとループさせたビート。スネアのリムショットが印象的だが、非常にオーソドックスなリズムパターンのループと言えるだろう。

だがこのビートはある特徴を持っている。N.W.Aのプロダクション時から、ドレの、そしてGファンクのトレードマークともなった、ピロピロいうシンセサイザーの単音メロディ。原曲を聴いてみると、このメロディはストリングスによってプレイされている。つまりドレはわざわざ、同じメロディをシンセで弾き直している。

［図6］　ドクター・ドレ「Nuthin' but a “G” Thang」BPM: 94.7　著者作成

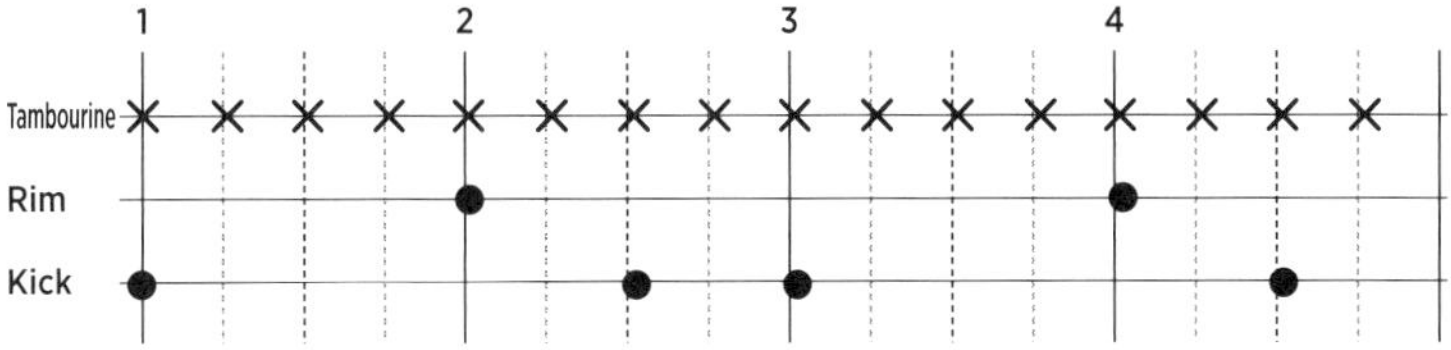

この曲では冒頭から、ミニマムなドラムと少しワウがかったギター、そして女性の吐息によるサンプリングのループが延々と繰り返される。そこに原曲のストリングスの部分をシンセで、そしてベースラインはエレキベースで弾き加えるという手法で制作されているのだ。

　これは画期的な手法だった。ループに展開をつけるために、ウワネタのキーボードやストリングス、あるいはベースやドラムだけを抜き差ししたい。そのために元ネタの別の小節をサンプリングしてつ繋げようとしても、どうしても余計な音が加わってグルーヴが崩れたり、テンポが微妙にズレたりしてしまう。当時のテクノロジーでは、サンプラーでフレーズの微妙なズレを調整するのは難しかったのだ。ならば、いっそミュージシャンに弾き直させてしまえばいい、というわけだ。

　今でこそ当たり前のように行われているが、この手法には一定のスキルが求められる。楽器をプレイできる人間が必要だし、なによりサンプルネタと楽器音を上手にミックスする耳が必要だ。Gファンクは、ニューヨークのサンプラーをベースとしたローファイな音像と異なり、よりクリアな生楽器とドラムサウンドが特徴的なハイファイサウンドを志向していく。さらにこれは同曲のMVでも明らかなように、車社会の西海岸において、ドライブ中でもクリアに聞こえる音像が求められることとも呼応する。それを可能にするため、コリン・ウルフのようなミュージシャンをフィーチャーし、分業体制でひとつのビートを作り上げるという、ヒップホップにおけるプロデューサー像を確立したのもドクター・ドレの功績と言えるだろう[※13]。

この手法を発展させ、すべてを生演奏としたらどうだろう。思えば一九八〇年前後には、ヒップホップを録音してレコードにするために生バンドがディスコソングを元ネタとしたビートを演奏していた時代があった。それと同じように生演奏によって、レコードの元ネタと同様のヴィンテージなサウンドとグルーヴが再現できるなら、もはやサンプリングから自由になり、巨額のクリアランス費用も不要となる。Gファンクの挑戦や、ザ・ルーツのようなバンド演奏を前提とした試みが再び成功し始めたのも、九〇年代前半という時期だった。

バンドの生演奏は、現行のヒップホップにおいてもますます求心力を増してきている。ヒップホップのライブは、DJがバックトラックをプレイする形式が定番だが、それに飽き足らずラッパーがバンドを従えるケースも多い。

二〇一〇年代に一気にメジャーな存在となったロバート・グラスパーに代表されるように、子供のころからヒップホップを聞いて育った、いわゆるヒップホップ・ネイティヴなジャズ・ミュージシャンたちも多く、彼らがヒップホップ寄りの楽曲をプレイしたり、ラ

※13　ヒップホップ研究者のローレン・カジカワは著書『Sounding Race In Rap Songs』で「Nuthin' but a "G" Thang」のMVや同じアルバムに収録の「Let Me Ride」といった車とドライブをモチーフにした楽曲を、パーラメントの『Mothership Connection』（1975）に象徴的なアフロ・フューチャリズムの派生系と捉えている。このような車でのドライブを、アフロアメリカンの自由に向けた宇宙船での旅に重ね合わせることで、ドライブしながら聴くGファンクがなぜPファンクネタを好んだのか、という問いにひとつの補助線が引かれて興味深い。Loren Kajikawa, *Sounding Race In Rap Songs*, University of California Press, 2015.

ッパーたちとコラボレーションしたりという例も枚挙にいとまがない。また、アーティストたちの探求心が楽器に向かい、第一章で取り上げたマック・ミラーのように自由な楽器演奏を大胆にビートメイキングに導入する例も多い。

ヒップホップ黎明期、その革新性はＤＪのプレイするターンテーブルとマイクだけでパフォームできてしまうことにあった。そして音源制作においても、機材の進化によって楽器が不要になっていく様子をここまで見てきた。

だからここへきてヒップホップに生演奏が取り入れられていることは、ある種の逆行にも見えてしまう。だがヒップホップには「なんでもアリ」という前提があったことも思い出したい。

サンプリングという手法は、他者同士を出会わせることだった。その意味では、何十年も前のレコードと現在形のミュージシャンによる演奏を重ねることもまた、時空間を超えた他者同士を出会わせ、「参加的なズレ」を持つリズムを協働によって生み出す、最もエキサイティングなデペイズマンにほかならない。

7

南からのキーボード・ビーツ

次に見ていきたいのは、ヒップホップの市場の急拡大に繋がった南部のビートの例だ。サウスヒップホップ、あるいはダーティサウスと呼ばれるそれは、シンプルに言えばダンスミュージックに特化し、その細部は実は複雑なのだが全体としてはノリやすいリズムパターンを特徴とする。それはサウンド面においても、リズムストラクチャーの面でも非常に革新的なものだった。

ニューヨークでの中心的なスタイルであったファンク由来のブレイクビーツを基礎にするそれまでのサンプリングミュージックとは一線を画すように、ウワネタは簡素なもので抑え、ダンスするためのＴＲ‐８０８を中心としたエレクトリックなドラムとベースに全振りしたような音楽性が南部の特徴だ。ジャンルとしては、一九八〇年代後半以降にはマイアミ・ベース、一九九〇年代から二〇〇〇年代にかけてはマスター・Ｐ率いるノー・リミット・レコードやニューオーリンズのキャッシュ・マニー・レコードを中心とした「バウンス」とも呼ばれるスタイル、そしてその後その派生系でもあるクランクが興隆する。その跳ねるようなバウンスのリズムは、瞬く間に全米のヒップホップシーンを席巻することになる。※14

※14 「バウンス」の定義は難しいが、以下の特徴が挙げられるだろう。①BPMは90前後（ブーンバップと比較し遅め）、②ビートの解像度を示すハイハットの打ち方が16ビート、③リズムのアクセントが二拍四拍のスネア以外に置かれるシンコペーションや、16ビートの解像度を活かした細かいフィルインなどを有することが多い。

さらにサウスのビートは、リズムだけでなく独特のサウンドも持ち合わせていた。二〇〇〇年前後にはサンプリングよりもシンセサイザー等の音源を活用したビートメイクが勢力を拡大していく。たとえばヴァージニア出身の代表的なプロデューサーであるティンバランドや、ファレル・ウィリアムスとチャドからなるネプチューンズらの手法は、サンプラーに代わってKORG社のTritonに代表されるオールイン型のシンセサイザーを用いて、しかもそのプリセット音源を積極的に利用するというものだった。レコードをディグして一番ドープなループを見つけ出すというコンペティションから、シンセのプリセットの音色とそれを使ったリズミックで印象的なサウンドやフレーズを、いわば鍵盤上でディグするゲームへとルールが一変したわけだ。

ネプチューンズがプロデュースしたクリプス「Grindin'」（二〇〇二）の例を見ておこう［図7］。この曲のビートに関しては、この二小節分のリズム譜がすべてとさえ言える。なぜならウワネタはおろか、ベースラインすら存在しないからだ。その意味では、先ほど取り上げた、ドラムだけで構成された「Sucker M.C.'s」の時代、ヒップホップ黎明期に立ち返ったようなビートでもある。

楽曲の後半にはハットが入ってくるものの、前半はキックとクラップ、アクセントのフィンガースナップ（指パッチン）がビートを支える。そして八小節のパターンがループするこのリズムのうち最も重要で、印象的なフックの役割を果たしているのが、蒸気を吐き出すようなサウンドだ（バツ印が蒸気音、白丸が指パッチン）。

[図7]　クリプス「Grindin'」BPM: 96　著者作成

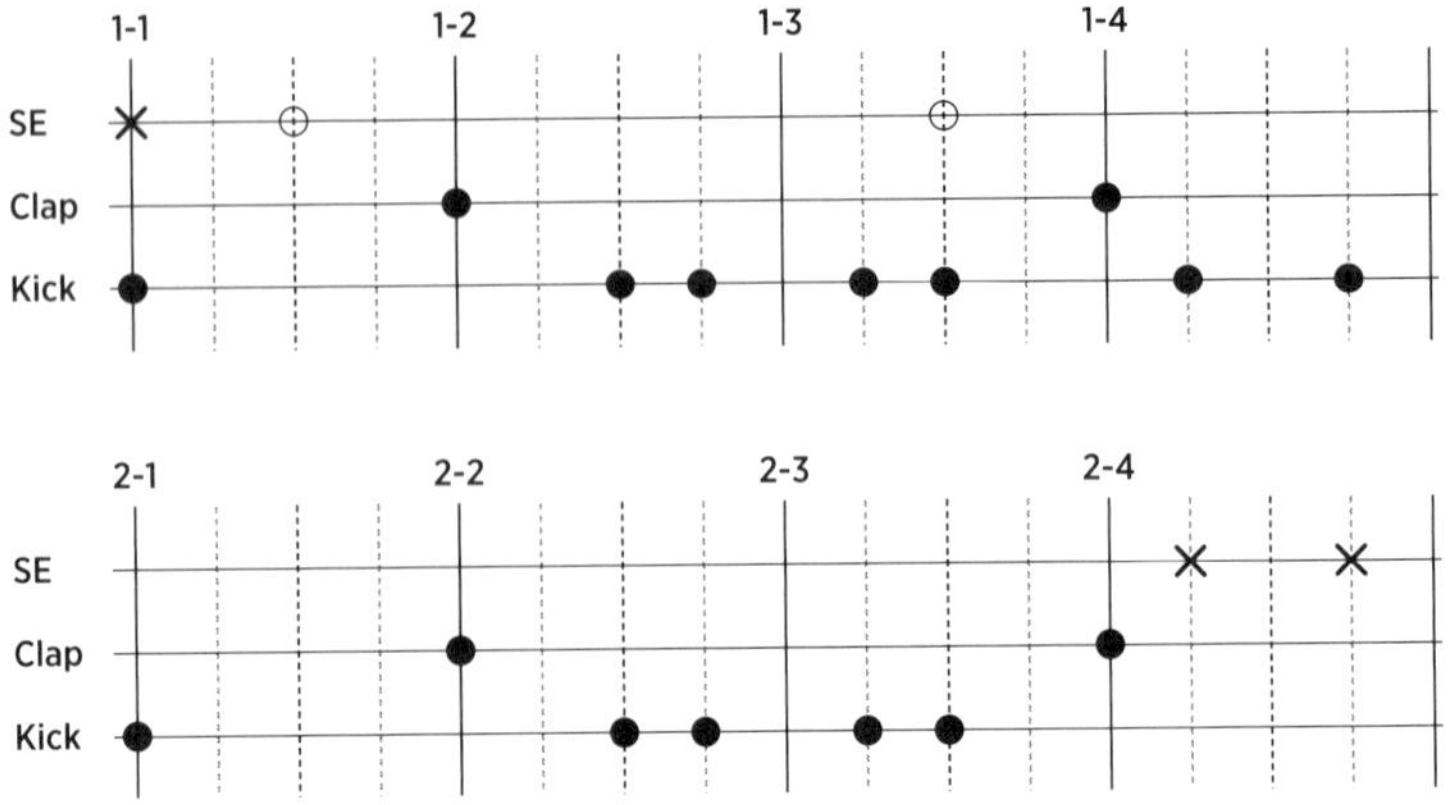

ＢＰＭ九六のドラムパターン自体は二拍四拍のクラップにアクセントが置かれたものだが、一方で蒸気サウンドのフレーズが特に後半の四小節においては連発されつつ「二拍目＝the one」を担う。フックでは同じタイミングでタイトルにもなっている「grindin'」という掛け声が置かれることからも、「the one」に特権的な役割が与えられているビートと言えるだろう。

キックとスネアはもちろん、この蒸気サウンドもまたTritonの「Percussion Kit」と名づけられたひとつのプリセットパッチの中のサウンドだ。彼らはこのプリセット音源を使っていかにキャッチーでユニークなリズムとフレーズを生み出せるかに腐心した。それはフック部分で聞こえてくるファニーなサウンド――ＭＶではネプチューンズのファレルが、まるでそれが口から出しているサウンドかのように頰を叩きながら口をパクパクさせる――によるフレーズに象

［図8］　ミッシー・エリオット「Get Ur Freak On」BPM: 89　著者作成

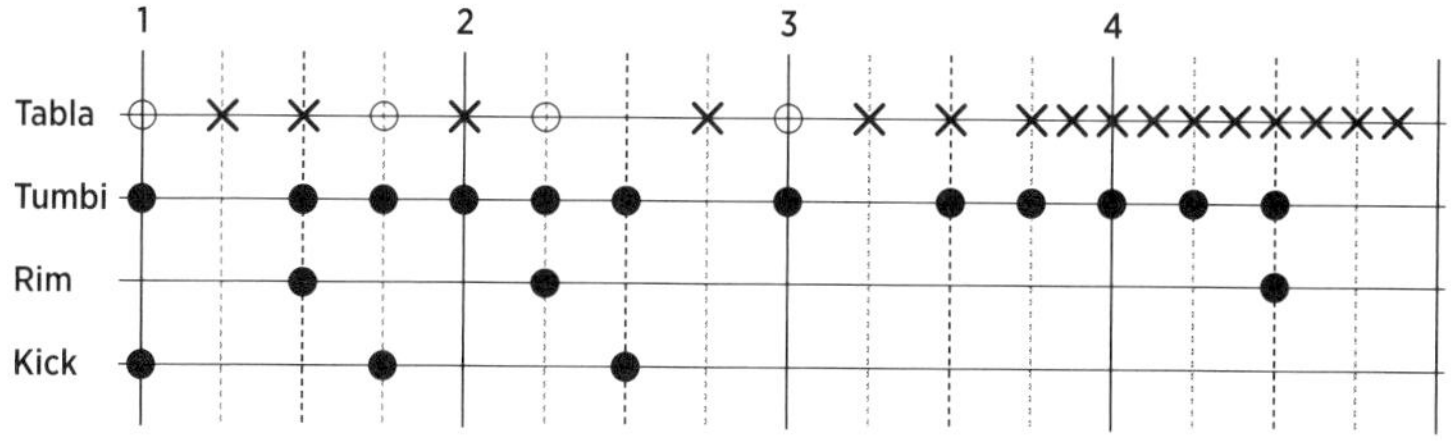

徴されている。音数は少ないが、一度聴いたら忘れないインパクトを持ったサウンドとリズム。

　こうした手法は、キーボード・ビーツとも呼ばれた。シンセにあらかじめ用意された音色セットを設定を変えることもなしに「そのまま」使ってしまう。だから、ある種のレディメイドだ。サンプリングという既成のレコードを使う手法から脱却したとはいえ、別のレディメイド製品を利用していると考えれば、これもまた極めてヒップホップらしい方法だと言えるだろう。

　次にティンバランドがプロデュースしたミッシー・エリオットの「Get Ur Freak On」（二〇〇一）のビートを見てみよう［図8］。BPM八九で一小節ループで展開されるリズムは、最初の二拍でキックとスネアがイレギュラーなビートを刻み、後半の二拍では三二音符で細かく刻まれるタブラ——正確には左チャンネルからは低音用のバヤ（図の白丸）、右チャンネルからは高音用のタブラ（図のバツ印）が聞こえてくる——の連打で構成されている。

　ウワモノと呼べるのは、一本しか弦のないインドの弦楽器、トゥンビらしきサウンドによる、音程的にはわずか三音のフレーズだ。キックと共にボトムを支えるのはサブベースと言っていいほどの重低音だが、一拍目だけでなく、キックの鳴らない三拍目の位置を指し示しているのもこのベース音だ。

トゥンビやタブラはサンプリングCDからとられたものだが、この曲においてティンバランドはさらなる広義の「サンプリング」を駆使していると言える。というのも、タブラやトゥンビのサウンド、そして独特のリズムは、「バングラ・ビート」というスタイルの引用と言えるからだ。これは九〇年代の終わりにパンジャビMCの成功によって世界的に認知されるようになった、インドのパンジャブ地方の伝統音楽であるバングラをヒップホップや2ステップなどのダンスミュージックと融合させた独特のジャンルだ。

これはこれまで見てきたファンクやブーンバップのビートとは明らかに異質なものだ。端的に二拍四拍のバックビートの磁場の外にある。試しにこのビートに合わせて手拍子してみよう。二拍四拍目で手拍子するどころか、それがどこかを把握することすら難しいのではないだろうか。

一方で完全に明らかなのは、やはり一拍目である「the one」だ。ループされるキャッチーなトゥンビのフレーズが小節の先頭を教えてくれるし、そこでは重たいキックドラムとベースが鳴っている。このビートに合わせて身体を揺らそうとすると、あるいは倍のテンポ――BPM八九ではなく一七八――で頭を振る、いわゆる縦ノリが乗りやすいかもしれない。このことはバングラ・ビートが2ステップからダブステップ――二〇〇〇年前後にUKから興隆した、テンポの半分でキックとスネアを打ち、音と音の隙間を生かしなが

［図9］ ジェイ・Z「Money, Cash, Hoes」BPM: 90 著者作成

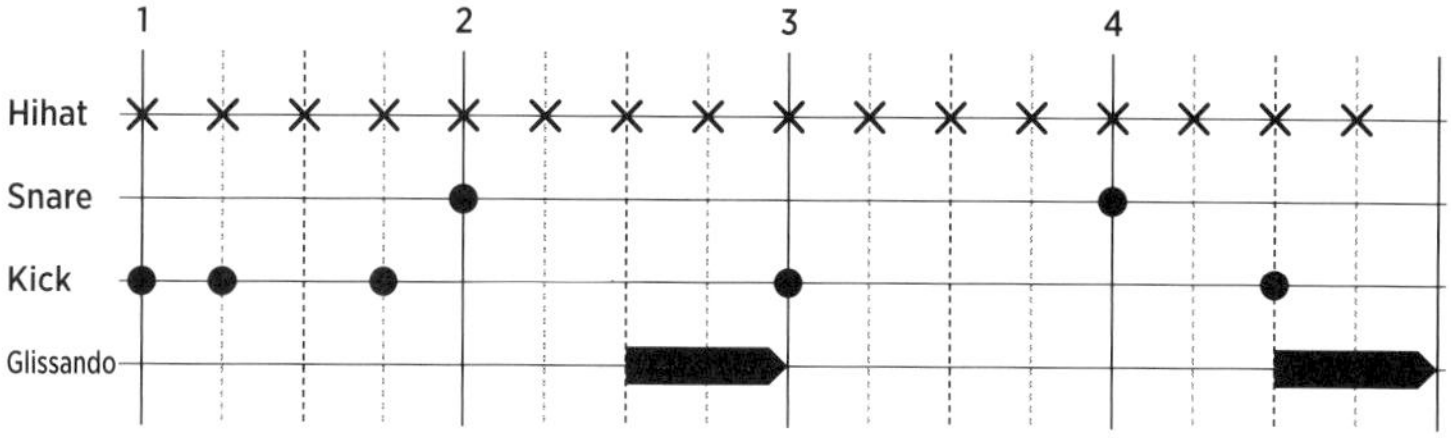

ら、フィルターをかけた太いサブベースが暴れるジャンル——などに接続されるUKダンスミュージックの一部として受容されたこと、そしてダブステップが倍のテンポによる縦ノリを誘発することともつながっている。

キーボード・ビーツはサウスで目立つようになるが、南部だけの流行ではなかった。ニューヨーク出身のスウィズ・ビーツも、ラフ・ライダーズの一員としてDMXの諸作などで名を上げた、キーボード・ビーツの代表ビートメイカーのひとりだ。彼の手によるジェイ・Zの「Money, Cash, Hoes」（一九九八）を見てみよう［図9］。

ドラムパターンはシンプルだが、ここで見ておきたいのはリズム譜ではない。ウワモノ、と呼べるかどうか、チープなピアノのような音色で奏でられるのは、メロディとは呼べない代物だ。むしろ打楽器のように荒々しくキーボードを叩きつけて記録されているのは、乱暴に途切れ途切れになるグリッサンド奏法——手を高音から低音へ滑らせながら連続で鍵盤を鳴らしていく奏法——である。子供がメチャクチャに鍵盤を叩いているような、音楽理論もへったくれもないウワモノなのだ。

だがこのビートは、ヒップホップらしいドープさに溢れている。ヒップホップの初期衝動とは、音楽理論のことを全く知らないままに、荒々しくターンテーブルの上のレコードを引っかいたりドラムマシンのボタンを適当に押したりすることから始まったはずだ。それは本質的には「遊び」のようであったはずだ。

遊ぶ人を意味する「ホモ・ルーデンス」が人間の姿であることを提唱したのはヨハン・ホイジンガだったが、彼は遊びには「制約」が必要であることを指摘した。そこにあるものを、そのまま使ってしまうのがヒップホップ的発想だった。決まった音しか鳴らせないドラムマシンや、サンプリングタイムに制約のあるサンプラーを用いて遊び倒すのが、ビートメイカーという存在だった。プリセット音源だけでいかに斬新なビートを制作するかというキーボード・ビーツにおけるルールも、実に「遊び」に適したものだった。

音楽理論をまったく知らず、遊びの延長で、現場で独学で磨き上げたビート制作のスキルによって成功を収めることがある——だが「遊び」の意味を履き違えてはならない、彼らは成功のためにとてつもない労力をかけドープなビートを追求する——のが、ヒップホップのビートメイキングの醍醐味のひとつだ。乱暴な子供のような初期衝動を持ち続けること。スウィズのように。

8 トラップ：ノリと低音の革命

サウスのバウンスするビートは、ヒップホップ黄金期のニューヨークのそれとはリズムのノリもサウンドの特徴も大きく異なるものだった。そしてそのダーティサウスの延長線上の「トラップ」の誕生は、ヒップホップのビートにおけるまさに革命と言える出来事となる。ドラッグの取引・製造所を指すスラングである「トラップ・ハウス」が語源となったこのスタイルは、人々を踊らせ続けることを絶対とする。そしてそのために、強固なルールを自らに課す。あるいはそのための方程式を確立していると言ってもよいだろう。結果的に同じヒップホップという枠組みでも、ブーンバップとはほとんど別のジャンルとして捉えられている。では具体的にどこが異なるのだろうか。

BPMは七〇前後と、九〇－一〇〇の範囲が多いブーンバップに比べるとかなり遅い。一見テンポが遅い方が、リスナーの身体を揺らすには不向きで、ダンスフロアーを盛り上げにくいようにも思える。だが鍵は、この遅いテンポにこそある。いや、このテンポは「遅くて速い」のだ。ライブやダンスフロアーにおけるトラップのオーディエンスのノリ方は、ヒップホップらしからぬものだ、と言ってもいい。実はトラップに反応する身体は、その倍のテンポ――つまり一四〇前後――に合わせて揺れる。ぴょんぴょんと縦に飛び跳ねるような上下運動を軸とした、誰にでも簡単に身を任せることができて、かつ、激しい動きが曲の盛り上がりと共に見られるのだ。これはロックのライブにおける縦ノリのイメージと共鳴する。というよりも、ほとんどそのものだ。

このことは、ヒップホップが商業的にロックに取って代わっていると言われる、二〇一〇年代以降の状況とリンクしている。ヒップホップは、ライブでのオーディエンスのノリ方を含めた、ロックのエモーション表現までも呑み込んでいるのだ。トラップを代表するアーティストであるミーゴスやフューチャーにせよ、ライブのことを「レイジ」と呼び――それが先述のサブジャンルの誕生にもつながった――強烈なエモーションを発散する場と捉えるトラヴィス・スコットにせよ、オーディエンスの熱狂や一体感は特徴的だ。トラップは一時期のヒップホップのモードを変革してしまった。そのすべては端的にこのダンスミュージックとしての「ノリ」の違いに象徴されている。

二〇一六年に大ヒットとなったミーゴスの「Bad and Boujee」のリズムの例を見てみよう［図10］。先述の通り、テンポは六三・五／一二七と並記しよう――二拍四拍に打っているTR－808のクラップを基準に考えると六三・五だが、縦ノリでリズムに合わせ上下に身体を揺らせば倍の一二七ともカウントできる。

この曲のプロデューサーであるメトロ・ブーミンがFruity Loopsというソフトウェアで制作するビートは、メトロノーム的＝機械的な時間軸に沿ってリズムが打ち込まれているが、そこには人々を踊らせてしまうグルーヴが存在する。だからこそネット上にリスナー

［図10］　ミーゴス「Bad and Boujee」BPM: 63.5（127）　著者作成

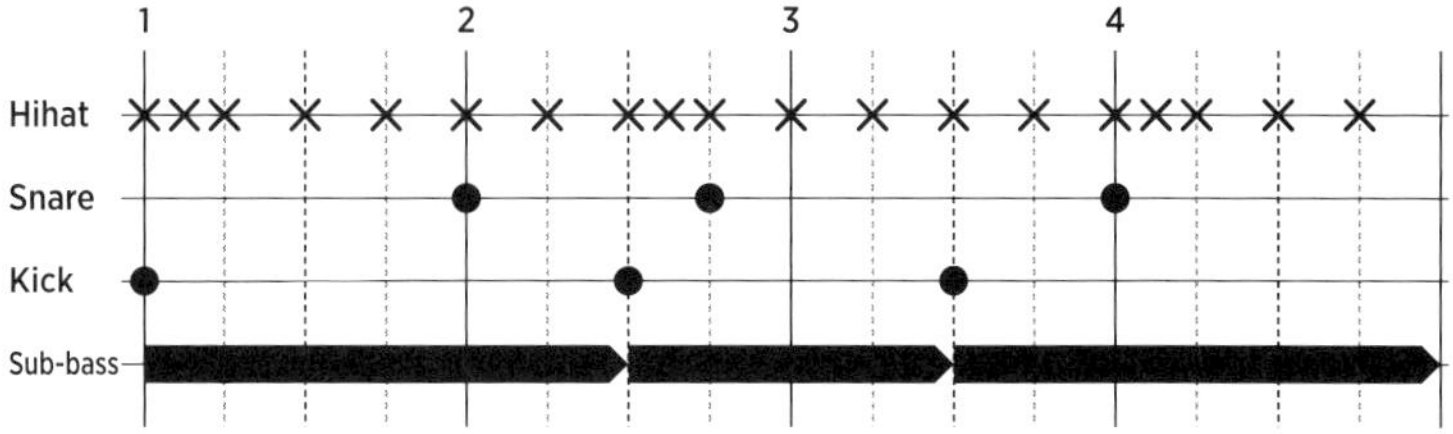

たちのダンス動画などが溢れかえり、バイラルヒット（＝ウィルス感染のようなヒット）につながったのだった。

　リズム面における「ノリ」の違いをますます強調しているのは、それを形作るサウンドたちだ。まずビートを刻むドラムは、一部のバウンスビートでも特徴的だったTR－808を模したエレクトロニックなサウンドが中心だ。そしてトラップにおいて断トツの存在感を誇示するのは、このTR－808の低音キックとサブベースによる圧倒的な音圧だ。ポイントはドラムのキック音のパラメータ操作でディケイを伸ばした（持続音を長くした）サブベースのサウンドだ。先頭の部分でキックドラムの音が聞こえ（アタックのある高音によって輪郭が捉えられる）、その後サブベースの超低音が持続する。実機のTR－808では限界があるが、エミュレートしたソフトウェアなどではいくらでもこれを伸ばすことができる。※15

　鍵となるこの低音は、わたしたちが「低い音」と感じるよりも「もっと低い」音なのだ。小さなスピーカーや低音再生に特化していないイヤフォンではほとんど聴こえないが、ひとたびクラブや車のウーファーで再生すれば下腹部に響く。音という

※15　1990年代には、当然ながら現在のように手軽にPC上のソフトウェアでエミュレーションされたサブベース音を鳴らすことはできなかった。だが当時も実機を用いていたとは限らず、ボム・スクワッドのように、レコードに記録されたサブベース／キック音をサンプラーでサンプリングして用いる例もあった。

のは「波」であるということをあらためて思い出させてくれる振動。周波数でいえば三〇－六〇ヘルツ辺りで鳴るサイン波がその正体だ。

サブベース。トラップが広く受け入れられるようになると、これによってビートの下部を支えるのが現代的なヒップホップのサウンドの基調となっていく。さらにはヒップホップの巨大化と呼応するように、ポップチャートを占めるあらゆる楽曲からサブベースの音が轟くようになる。

これが「the one」に強いアクセントをもたらす。一拍目にキックが打たれるのはブーンバップと同様だが、TR－808によるスネアの役割はだいぶ異なる。コンスタントに二拍四拍を刻むだけでなく、ときに三連符を交えながら連打されたりと、もっと装飾的な役割を担うのだ。従来その高音が目立つサウンドで二拍四拍を支えていたスネアは、装飾的な立場にいわば後退し――トラップ以前にサウスで猛威を振るったマイアミ・ベースやクランクがそうだったように――小気味よく乱打されリズムのアクセントとなったり、キャッチーなフレーズとして機能したりする。

「Bad and Boujee」においても二拍四拍以外の裏拍でいくつか打たれているが、もっとイレギュラーに乱打されるケースも珍しくない。しつこいようだが、ここでも手拍子を打ってみよう。確かにTR－808のクラップは二拍四拍で鳴っているにもかかわらず、BPM六三・五の遅さで、二拍四拍だけで手拍子を打つには間延びして違和感があるのではないだろうか。身体は自然と、一、二、三、四とそれぞれの拍を感じながら縦ノリに導かれるはずだ。この曲のBPMを倍と考えれば一二七だった。一般的に歩くテンポはBPM一〇〇以上、気分良く早歩きするなら一三〇程度までと言われている。トラップの縦ノリは、気分良くぴょんぴょん跳ねるのに適したテンポというわけだ。

トラップにおいては、一拍目に鮮烈なアクセントが置かれ、多くの場合サブベースを伴いながら、その小節内に響き渡る残響音のような余韻を引きずる。その一撃と余韻は、次の小節がやって来ると、再び次の「the one」に引き継がれる。そしてバトンを渡していくように、一拍目を蝶番に各小節を接続し続ける。私たちの身体は、その反復する余韻にさえリズムを感じるように、ぴょんぴょん跳ね続ける。

一方、ブーンバップにおいてブレイクビーツやウワネタのサンプリングソースは「the one」を起点にループされる。しかし、二拍四拍で打たれるクラッピーなスネアのサウンドは、都度「the one」の余韻を切断する。高音のアタックが効いたスネアは、二拍四拍のたびに、まるで警告音のようにわたしたちの注意を引きつける。一拍にアクセントが置かれるのか、それとも二拍四拍なのか。二者間の引き裂かれ。反復と切断。または絶妙なバランスによるふたつの「ノリ」の依存関係。ここにはヒップホップのグルーヴが孕むアンビバレンスが、確かに存在する。

だとすれば、両者に引き裂かれながらも、グルーヴの輪郭と身体の動きの輪郭を重ねたりズラしたりできることこそが、ヒップホップのビートが持つポテンシャルなのではないだろうか。その意味でヒップホップとは、あるときは延々とループするグルーヴに身を委ねるファンクであり、あるときは激しく飛び跳ねながらエモーションを解放するロックンロールであり、あるときは一晩だけ現実から逃避してステップを刻み続けるダンスミュージックである。

以上のようにトラップはリズム面において決定的な特徴を持っているわけだが、一方のウワネタについても特異な変遷を経ている。

トラップが誕生した二〇〇〇年代初頭からしばらくは、二〇一〇年前後にワッカ・フロッカ・フレイムやリック・ロスの「B.M.F.」をプロデュースしたレックス・ルーガーに象徴される、ブラスやストリングスといった具象音を中心に据えた不穏な曲想が主流だった。ところが二〇一〇年代に入ると、エレクトロニカやテクノに通じる「抽象的」なシンセ音源のサウンドを用いた、曲調は概してメロウでエモい「抒情的」な曲調の楽曲が圧倒的人気を誇ることになる。

メトロ・ブーミンもそのような大きなウネリの中から頭角を現したビートメイカーだった。「Bad And Boujee」は彼の手がけた楽曲だが、ごく控えめに言っても派手ではない、率直に言えば非常に地味なビートの曲だ。にもかかわらず、この曲は全米チャート一位を獲得したのだ。

もちろん、リリックがネット上でミーム化し、ダンスを含むバイラルヒットへつながったという要因はある。しかしそれでも、フックでなにか展開や盛り上がりがあるわけでもない、変化に乏しいループ感の高い楽曲が、なぜそれほどヒットするにいたったのだろうか。
　ヴァースの入りと一緒に聞こえるメロディとコードから、ウワモノのキーはピアノでいえばF以外全部黒鍵を用いるEbマイナーと分かる。冒頭部から聞こえてくるのもEbm9の和音だ。だがポイントとなるのはこの曲のベースラインだ。「Eb→Gb→Fb（E）→Eb→Gb→Fb（E）→Db」と動くサブベースは、キーから外れるFb（E）音を含んでいる。つまりベースラインはEbマイナーではないのだ。要するにウワモノとベースラインでキーが異なるためこの曲は調性が定まらないということだ。[※16]
　だがそれが「なんでもアリ」のヒップホップらしさである。その意味で、ビートメイカーは無知でなければならない。先ほどスウィズ・ビーツの例でも指摘した通り、理論に偏重して感性が失われては本末転倒だからだ。実際に楽理で武装することでドープさを失ってしまったビートメイカーは決して珍しくない。
　だからビートメイカーにとって、「音楽を知らない」ことは最大の武器にさえなりうる。メトロ・ブーミンがビートメイクを始めるのは彼が一〇代の頃だが、『FADER』のインタビューによれば、高校のピアノの授業を受けるまで「コード」という概念があることさえ知らなかったという。[※17]
　このことからも分かるように、彼のビートは、いかにも売れ線の歌モノ的でメロウなメロディの流れやコード進行を伴う構成ではなく、ヒップホップの原点に忠実なミニマルなワンループをベースにしているものが多い。彼が多用する空間的な広がりを有したソフト

※16　このベースをEbフリジアン・スケール（メジャースケールの第3音から始める旋法）と見る分析もある。ロバート・ジョフレッドはMediumへの投稿「Weekly Billboard Theory—Bad and Boujee」（2017）で、この曲はフリジアン・モードを用いた唯一のビルボードトップ曲ではないか、と見ている。URL=https://medium.com/that-good-you-need/weekly-billboard-theory-bad-and-boujee-a6b3723efe8b

※17　ウェブ版『FADER』掲載のメトロ・ブーミンのインタビューより。"Who Do You Trust?," *FADER*, 2016. URL=https://www.thefader.com/2016/04/12/metro-boomin-cover-story-interview

ウェア音源のシンセ音を「抽象的＝アブストラクト」なサウンドと理解すれば、先述のDJ KRUSHらが牽引したトリップホップやその影響を受けた楽曲との類似性を見出すのも難しくない。

たとえば21Savageと組んだアルバム『Savage Mode』（二〇一六）からタイトルトラック、「X」「Real Ni**a」などは、深いリバーブのかかった輪郭のあいまいな抽象的なシンセ音、メロディを奏でるホーン――メトロの場合はフルートのサンプルやホーン系のシンセ音だが、DJ KRUSHの場合、これは尺八だったり近藤等則《としのり》のトランペットだったりする――といった点でトリップホップと共通項があり、ＤＪミックスで連続してプレイしても違和感のないサウンドと言えるだろう。※18

そして大ヒットとなったフューチャーの「Mask Off」（二〇一七）では、メトロは一九七〇年代の歌モノ楽曲のフルートのピッチを落として引用し、サンプリングとトラップの融合、フルートネタのちょっとしたブームを巻き起こした。どこかノスタルジックで抒情的なそのサウンドは、「パーコセット、モリー、パーコセット」と鎮痛剤とＭＤＭＡの名前をフックで繰り返すヴァースと反応し合い、現実を大いに異化する、トラップの世界ではかつて見たことのない風景を提示した。

こうして大きな視野で見ると、メトロ・ブーミンに象徴される抽象的なスタイルのトラップビートは、次のような独特の位置にあると考えられる。つまりそれは二〇一〇年代のヒップホップ全体のエモ化するダークなサウンドの一角を担っているのだが、実は一九九

※18　ただしドラムに関してはメトロの代名詞とも、トラップのシグネチャー・サウンドとも言えるＴＲ-８０８ベースのサウンドに対して、ＤＪ KRUSHは常にドラムの新しいリズムとサウンドを求めており、90年代のブレイクビーツ的なものから、２０００年代以降の打ち込みの幅が大きく広がる音色やリズムパターンまで多様性を持つ。

〇年代中盤以降のアブストラクト・ヒップホップのサウンドとも共鳴しているのだ。抽象的なサウンドとは、トリップホップにおいては言葉の代わりとなり物語を想像させるものだった。だからトラップにおいては、マンブル的なラップの意味の希薄さを埋める、あるいは強化するために抽象的なサウンドが必要とされたのかもしれない。

9 パラメータ化するビートと署名

チャートを支配しているトラップの、あるいはトラップ以降のオーバーグラウンドなビートたちは、サンプリングベースのブーンバップとは全く異なるルールに従ってラッパーたちにプレイグラウンドを提供している。

極端に言えば、同じテンポに同じドラムの音色。同じリズムパターン。同じようにエモーショナルで内省的なウワモノのシンセサウンド。それらの前提は、完全にクオンタイズが効いてグリッド上に整列する、マシーナリーなリズムだ。ドラムのサウンドにはTR－808の音色が用いられる。注目したいのは、いまや制作はソフトウェア上で行われるにもかかわらず、そのリズムパターンはTR－808実機に搭載されていたのと同じようなシーケンサーを用いて、ステップ方式――ドラムを打つ、あるいは打たない箇所をひとつずつ手入力でオン／オフしていく方式――で入力されることだ。

そもそもPC上での楽曲制作が可能になった一九九〇年代、当然のことながらPCやソフトウェア、あるいは周辺機材のコストがかかり、ハードルは決して低くなかった。そんななかで、一九九七年に最初のバージョンが立ち上げられたDAWソフト「Fruity Loops」（FL）は、無料のデモ版で有料版とほぼ同じ機能を提供し、一気にユーザを増やしたのだ。一九七〇年代、壊れたターンテーブルでパーティをし、数セントで投げ売りされているレコードからビートを作るという、持たざる者のための音楽として始まったヒップホップの原風景が、復活したかのような事象だった。

FLは、元々MIDIデータを扱うTR－808のようなドラムマシンソフトとして開発された。だから一六ステップ（一六分音符に分割された一小節の任意の箇所に、オン／オフで音を置いていく入力方式）のシーケンサーでの入力をその核としている。その仕様上、FLが持つリズムパターンには限りがある。すなわち、音符一六個分のオン／オフ＝二の一六乗。さらに一二の種類がある音色の選択を加えて、六万五五三六の一二乗にあたるパターンが、組み合わせが生むリズムの小宇宙のすべてなのだ。

こう記すとほとんど無限のパターンがあるように感じられるが、TR－808のようなドラムマシンの場合メインで使用されるのはキック、スネア、ハット（オープン、クローズ）、そしてクラップの五音色程度であるし、一拍目にはキックが打たれ、スネアの位置も二拍四拍を基準とするだろう。つまりリズムには定番が存在し、その枠組みから大きく外れることはない。極端に言えば、FLの刻むビートでは、わずかな差異しかない共通のフィールドの上で、ラッパーたちが言葉をドロップしていくわけだ。

だがここにこそ、トラップが覇権を握った理由の一端があるのではないだろうか。FLが普及したからこそ、このソフトウェアのマトリクス上でのステップ入力に適しているトラップビートが拡散した。そう言っても過言ではない。多くのユーザを獲得した制作ソフト固有の制約によって、それらにフィットするリズムやサウンドが大量生産されたということだ。

それでは、ドラム以外のパートについてはどうだろう。まずトラップのトレードマークであるサブベースは、前述の通りTR－808のキックの音から派生している。これを再現しようとする無数のTR－808クローンのソフトウェアシンセのサウンドのなかから、ビートメイカーたちは最高のベース音を求めディグを続ける[※19]。

ウワモノについては、ピアノやブラスといった具象音でも、テクノやエレクトロニカを彷彿させるシンセによる抽象音でも、基本はNexusやOmnisphereといったソフトウェアシンセが利用される。それらのソフトには、膨大なプリセット音源の小宇宙が用意されている。ビートメイカーたちは広大なサウンドライブラリーを探索し、好みのサウンドをチョイスし、組み合わせる。

さらにそれらのサウンドを用いたフレージングにおいては、近年、EDMなどのエレク

※19　ビートメイカーのケニー・ビーツは、2021年のインタビューで、最高のTR－808のサンプルソースを見つけることの重要性を指摘している。“Kenny Beats' Connecting, the D.O.T.S.” URL=https://www.ableton.com/en/blog/kenny-beats-connecting-dots/

トリックなジャンルと同様、アルペジエイターやそれに準じたツールが多く用意されている。アルペジエイターとは簡単に言えば、ギターで言うアルペジオのフレーズを生成してくれるような、自動フレーズ生成のツールだ。それらの大半のアルゴリズムは単純なものだが、近年は様々なジャンルやスタイルの楽曲を自動生成してくれるＡＩによるサービスも登場してきている。

つまり、人間の役割は提案されるパターンを選択するだけで、一定の品質を担保されたビート群が、極めて効率的に量産される。そしてある特定のモード――リズムの打ち方、サブベースの効かせ方、ウワモノのサウンドの種類や旋律――が商業的に売れると判断されるや否や、そのパターンは素早く取り入れられる。ビートのトレンドは、ミーム化し、ハウツー動画で解説され、拡散される。極端に言えば、どこを見回してもダサいビートには出会えないが、同時にズレたオリジナリティにも出会えない。わたしたちは、そのような均質なビートの流星群に囲まれている。それらはひとときの間は気分を高揚させてくれるが、すれ違うや否や、忘れ去られてしまうだろう。

だがこのような状況下でも、一握りのビートメイカーたちは、しっかりと作家名を屹立させている。では量産されるウェルメイドな工業製品としてのビートに、どうやって作家性が担保されるのだろう。ビートメイカーたちは、それぞれのビートにどのように署名をするのか。ギタリストのような楽器演奏者のプレイにおいて、聞いただけで特定できるような個性的なサウンドは、シグネチャー・サウンド――つまり、サウンドによる署名――

と呼ばれる。これはビートメイカーにとっても変わらない。個性的なサウンドを持っていれば、それだけで勝手に署名は施されるというわけだ。

だが実は、二〇〇〇年代に入ってメジャーになった新たな署名方法が存在する。興味深いことにそれは、シグネチャー・サウンドとは根本的に考え方の異なるものだ。それは「タグ付け」とも呼ばれる、声による署名なのだ。

たとえばメトロ・ブーミンなら「Metro boomin want some more」（メトロ・ブーミンはもっと欲しがってる）、DJマスタードなら「Mustard on the beat」（マスタードのビートだぜ）という、あらかじめ録音された短いフレーズを、曲の冒頭でビートの上に乗せるのだ。これらの「声によるタグ」をつけられることで、量産ベースの工業製品は、数万ドルの値がつく、いわば一点モノのデザイナーズブランドのラグジュアリー製品へと変容する。

このタグ付けは、誰がプロデューサーなのか、いまだにクレジットをチェックしない限りリスナーには知りようがないという状況下において、ビートメイカーが名を売るために——いや、ラッパーと同様の正当な評価を得るために——極めて効果的な手法だ。さらにこれは、ビートメイカーたちがラッパーたちにプロモーションをするために自身のインストビートを名刺代わりに配る際に、作者不詳のビートとして勝手にジャックされないための効果も持っている。

だがこの方法は、裏を返せば、作者の名前をタグ付けしない限り、誰のビートなのか特定するのが難しいという、先ほど指摘した状況の証明になってしまってはいないだろうか。

それを裏づけるように「タイプビート」と言われるビート群がネット上には溢れている。特定のアーティストが使いそうな、あるいは特定のビートメイカーが作りそうな「誰々タイプのビート」という意味だ。タイプビートは基本的に無料でチェックすることができるが、レコーディングに利用する高音質版をダウンロード販売し、それらで稼ぐタイプビート職人たちも存在する。

大量のシミュラークルとしてのタイプビートたち。ここで「シミュラークル」という言葉を用いるのは、オリジナルのビートたちもまた「ネームタグ」を用いることでしかそのオリジナル性を担保できないからだ。

ではヒップホップのビートがシミュラークルだとして、それは否定されるべきことなのだろうか。メトロ・ブーミン、ゼイトーヴェン、ロンドン・オン・ザ・トラック、ピエール・ボーン、テイ・キース、マーダ・ビーツ、キュービーツ、サウスサイド、ウィーズィ、グローバル・クウェイ、ソニー・デジタル、ターボ、ワンダガール等々。それぞれに差異を獲得しながらも、巨大な渡り鳥の群れのように皆が同じ方角を向き、日々大量のビートを料理していくことで、ビート史の先端を一ミリずつ延伸していく。もちろん各自の好みの音色や、特徴的なフレージングやサウンドは存在する。一方で、新しいモードが流行り出せば、それらを積極的に取り入れるフットワークも軽快だ。

誰かが発明したサウンドやリズムは、シグネチャーが刻まれる以前に他のビートメイカーたちに参照され、共有される。だから固有のサウンドではなく、誰かの肉声で発声される名前そのもので、彼らは署名を施した。シミュラークルの海に、ビートメイカーたちの名前が高らかに響き、そしてすぐに消えていく。その光景は、ポストモダンの文化として生まれ、商業的に大成功し消費される現在のヒップホップにはふさわしい景色のようにも思える。

　そもそも、シグネチャー・サウンドが存在していたように思えるヒップホップのゴールデンエイジのビート群すら、理論上は既存の楽曲のサンプリンググループの組み合わせでしかなかったはずだ。それと同様にトラップ以降も刷新され続ける各モードにおけるビートも、既存のドラムマシンや自動生成されるフレーズの組み合わせで構成される。それらにタグ付けすることでかろうじて作家性を担保するビートメイカーたちも、互いが互いをサンプリングし合う。近年増加した方法、ひとつのビートに何人ものビートメイカーがクレジットされる集団制作とは、ビートメイカーが別のビートメイカーをサンプリングすることなのだから。レコードに刻まれた別の時空間の演奏をサンプリングする代わりに、今、目の前でソフトシンセによってフレーズを生成するコラボレイターの演奏をサンプリングすること。時空間を超えた他者同士が出会うサンプリングから、実際に対面で、あるいはネットを介してコラボする方法は、ビートメイカーたちのいわばバンド形式への先祖返りをも示唆している。そのようにして歴史は円環を描きながら前進するのかもしれない。

　いずれにせよ重要なのは、それがサンプリングのアートと化したときから、ビートメイキングは他者とのコラボレーションだということだ。そういう意味ではＡＩの自動生成で提示されるフレーズから「選ぶこと」はひとりコラボレーションでもある。コラボレーションする他者が、時間と空間を超えた演奏者のみならず、AIによる自動生成へと拡張される。そうしたサンプリングを繰り返すことで、サウンドやリズムのモードはミーム化し、SNS上に遍在することを欲望するテクストや画像、動画のように、一心不乱に自己複製を繰り返す。

10

808という名の署名

以上見てきたように、テクノロジーの進歩と共に誰もが一定クオリティのビートを簡単に作れるようになった結果、ビートメイカーたちはその恩恵にあずかりつつも、強引な署名を施さなければ自身の作家性を担保できないというアンビバレントな状況に置かれている。このようにビートへの署名の問題を考えることは、進行形のヒップホップの現在地について考えることでもあった。

本章を締めくくるにあたり、非常にユニークな署名の力を持つサウンドについて見ておきたい。このサウンドもまた、その力で、ヒップホップの現在地について考えるヒントをくれるからだ。

トラップ以降の現代的なビートには、共通してその屋台骨を支えるサウンドの存在があった。それはキックやハット、そしてサブベースといったシグネチャー・サウンドを持つTR－808をオリジナルとするサウンドたちだ。

このTR－808のような、ひとつの機材の、ひとつのサウンドが、本来遠くに位置するはずの音楽を結びつけてしまうことがある。連鎖的にいくつかの作品を結びつけることで、その背景にはそれまで見えていなかった系譜が見えてくる。ヒップホップのビートメイキングで用いられるサンプリングという手法には、そもそもそのような性質がある。TR－808のサウンドも、最初はリズムマシンの実機から発信されたものだったが、やがてサンプリングされ、あるいはソフトウェア化され、拡散されていく。そのサウンドがヒップホップの世界でどのような連鎖を生んでいったのか、改めて見ていこう。

一九八〇年にRoland社から発売されたリズムマシン、TR－808。ビートメイキングにおいては、AKAI社のサンプラーやTechnics社のターンテーブルといった日本製の機材が定番として使用されたが、通称「ヤオヤ」と呼ばれるTR－808もそのひとつだ。二〇一六年に流行したピコ太郎の「PPAP」（ペン・パイナッポー・アッポー・ペン）のリズム音源として使われていたので、聞き覚えのある読者もいるかもしれない。

その特徴的な音色のリズムが広く認識されたのは、ゴッドファーザーのひとりとされるアフリカ・バンバータがプロデューサーのアーサー・ベイカー、そしてソウルソニック・

フォースと制作した「Planet Rock」（一九八二）だった。これがエレクトロと呼ばれたヒップホップのグルーヴの覇権を握ることとなる。

この曲で参照――サンプリングではなくシンセで再現――されているのは、ドイツの電子音楽グループ、クラフトワークの「Trans-Europe Express」（一九七七）の不穏なシンセサイザーのウワネタだった。そしてＴＲ－８０８で打ち込まれたリズムも、クラフトワークが『The Man-Machine』（一九七八）などの作品で生み出した電子ドラムのグルーヴを再現しようとしたものだった。

ちなみに日本でもクラフトワークのリズムは、ＹＭＯによって分析された。ベーシストの細野晴臣とドラマーの高橋幸宏、そして（メンバーではないものの）マニピュレーターの松武秀樹は、人間による生演奏とは異なるフラットなグルーヴを再現しようとしたわけだ。

アフリカ・バンバータは自らのＤＪプレイのなかで、ＹＭＯの「Firecracker」（一九七八）を選曲していたこともある。[※20]「マスター・オブ・レコーズ」とも呼ばれ、なんでもアリのヒップホップらしさを体現した彼は、ジャンルを超えて世界中のグルーヴをディグして繋げてしまう。そこには当然ＹＭＯらが追求した機械的なグルーヴも含まれていたわけだ。

そのサウンドを参照したのはバンバータだけではない。ＹＭＯの坂本龍一のソロアルバム『B-2 Unit』（一九八〇）には、彼らが追求した機械的なグルーヴの延長線上で生まれた「Riot In Lagos」という名曲が収録されているが、この曲を聴いて大きな衝撃を受けたのが、当時ニューヨークでＤＪを志していたカーティス・マントロニックだった。[※21]カーティスは

※20　アフリカ・バンバータの当時のDJプレイが収録された『Death Mix』（1983年）でも「Fire-cracker」はプレイされている。

※21　909ORIGINALSのカーティス・マントロニックへのインタビューより。"Interview: ORIGINALS AAA Kurtis Mantronik," *909ORIGINALS*, 2020. URL=https://909originals.com/2020/08/26/interview-originals-kurtis-mantronik-part-one/

MCティーと一緒にマントロニクスを結成し『The Album』（一九八五）などの傑作を生み出し、ドラムマシン時代のビートメイカーの第一人者のひとりとなる。

そして彼のTR－808を中心としたプロダクションこそ、現在のトラップにつながるサウンドのオリジネイターと目されるものである。彼がプロデュースしたT・ラ・ロックの「Bass Machine」（一九八六）のような楽曲には、スネアの高速乱打や三連のリズムといった、トラップにおけるドラムプログラミングテクニックのほとんどすべてが先取りされていたからだ。

八〇年代当時、時代の先端を行くアバンギャルドだったヒップホップは、どんな方角を目指して進んでいくのか、誰にも分からなかった。そのような、すべてが現在進行形であることが一番の魅力であった時代に、人力と機械の狭間でグルーヴの追求が行われたのだ。

その背景にあったのはテクノロジーの進歩だ。シンセサイザーやドラムマシン、サンプラーといった機材がヒップホップのサウンドを決定づけた。そのひとつであるTR－808が、一九八〇年代と二〇一〇年代をつなぐわけだ。

だが当時、TR－808は高く評価されたわけではなかった。打楽器専用のアナログシンセサイザーとして合成音で表現されたドラムは、本物のドラムのサウンドからはほど遠かったからだ。その結果、よりリアルなサウンドを追求したドラムマシンたちに埋もれる形で、当時わずか一万二〇〇〇台ほどしか製造されなかった。[※22]

しかし合成だからこそ生まれた、ユニークなベースの効いたキックと軽快なスネアやク

※22　Roland社が公開している「The TR-808 Story」より。URL=https://www.roland.com/jp/promos/roland_tr-808/

ラップのサウンドは、テクノをはじめとした様々なジャンルの作品で広く用いられるようになり、特にヒップホップにおいてはなくてはならないサウンドとして重用される。

たとえば一九八〇年代の終わりから九〇年代にかけて時代を席巻したパブリック・エナミーのビートをプロデュースしたプロダクションチームである、ボム・スクワッドのケースを見てみよう。中心人物であるハンク・ショックリーもまた、このTR－808のベースの効いたキック音に重要な意味を与えた。荒々しいドラムと騒々しいウワネタを有するそのサウンドは、一九八〇年代後半からビート制作においてメジャーとなるサンプリングの手法を最大限に活かしたものだった。ある意味で彼らはサンプリングという手法の転回を図ったのだった。

なぜだろうか。重要なのは彼らが掲げたアティテュードだ。中心人物のチャック・Dが「ラップは黒いCNNだ」と語るように、彼らは抑圧される黒人の状況を訴える政治的・社会的なメッセージを、ジャーナリスティックかつ刺激的な形で楽曲にした。そのことを、サウンドでも示す必要があったのだ。それを可能にするのがサンプリングだった。ブレイクビーツのグルーヴに、リスナーに一度耳にしたら忘れられないような刺激的な、もっと言えば攻撃的で、かつユニークなサウンドを追加すること。

もちろんそれは、ラッパーの声と拮抗するものでなければならない。政治リーダーの演説のような説得力を持つチャック・Dと、道化師のようなユーモアで価値転倒を引き起こすフレイヴァー・フレイヴの声と。それらはメッセージとしてリスナーに聞き取られる必要があるが、同時にサウンドのひとつとして、ビートと絡み合いながら力を持たなければならない。だからボム・スクワッドによるビートは、彼らの声の後景であると同時に前景でもなければならないという、アンビバレントな要請を受けることとなったのだ。

そこで彼らが選択したのは「ノイズ」だった。ノイズはいつでもわたしたちの周りにある。それをうるさいと思うかどうかはわたしたちしだいだ。雨音ひとつを取ってみても、眠りにいざなうことも、それを妨げることもできる。

ボム・スクワッドの特異性は、たとえばパブリック・エナミーのセカンドアルバム『It Takes A Nation Of Millions To Hold Us Back』(一九八八)に収録の「Rebel Without Pause」で確認できる。この曲でサンプリングされループされているのは、耳をつんざくようなテナー・サックスのフリーキートーンだ。音程が徐々に上がっていくグリッサンドのサウンドは、危機迫る緊迫感を表象している。

いわば人々の鼓膜を引っ掻き、爪痕を残すサウンド。そこに乗せられたポリティカルなライムがそうであるように、ある者たちにとっては強烈なインパクトゆえに不快な響きとして捉えられてしまうかもしれない。だがそれがパブリック・エナミーの、ボム・スクワッドのシグネチャー・サウンドとなる。

そしてこのノイジーなサンプリングサウンドとラップをひとつに束ね、ダンサブルなサウンドに仕立て上げているのがTR-808の超低音なのだ。ハンク・ショックリーは二〇一五年に行われたインタビューで、彼らが一般的なベースラインの代わりに

TR－808の超低音を使用したこと、しかも実機のサウンドではなくレコードからのサンプリングであったことを開陳している。だから、ウワモノがそうであったのと同様に、ベース自体もノイズが増幅された「汚れた」サウンドになっていたのだと。[※23]「Rebel Without Pause」を――できればウーファーの効いたカーステレオやクラブで――聴けば、すべてのキックドラムのサウンドにこのTR－808印のサブベースが重ね合わされているのを確認できるだろう。

　この曲におけるTR－808のサブベースのように、その他の多くのヒップホップのクラシックやヒット曲においても、ベースは極めて重要な役割を果たしている。ヒップホップがポップであると同時にエッジィであり、ダンサブルであると同時にノイジーであるという、相反するスタンスを獲得できている理由、それこそが「低音」にあるのだと言ってもいい。言い換えれば、ヒップホップが抱えるアンビバレンスを象徴するサウンドが、低音なのだ。

　パブリック・エナミーはコンシャスでポリティカルなメッセージを「ノイズ」に乗せた。それは人々に届いた。ポップさを獲得した。ノイズは否が応にも人々の耳を引く。その意味でノイズはポップだ。

「Rebel Without Pause」がリリースされたのは、新自由主義を推し進めるレーガン政権下の一九八八年だった。チャック・Dはインタビューで、レーガンとブッシュのせいでブラック・コミュニティは壊滅状態となり、その結果ヒップホップ界の先人たちのおかげもあ

※23　nrp Musicによるハンク・ショックリーへのインタビューおよびThe Quietusによるインタビューより。"We Had Something to Prove," *MRP Music*, 2015. URL=https://www.npr.org/sections/microphonecheck/2015/04/16/399817846/hank-shocklee-we-had-something-to-prove "The Noise And How To BringIt Hank Shocklee Interviewed," *The Quietus* 2015. URL=https://thequietus.com/interviews/hank-shocklee-interview/

ってパブリック・エナミーは生まれたのだと言っている。[※24]

レーガンは一九八〇年代のゲットーにクラックの流行を引き起こした張本人として多くのラッパーたちに言及されている。その貧困に喘ぐゲットーでヒップホップは生まれたのだ。たとえばチャック・Dが先人として真っ先に挙げているグランドマスター・フラッシュ&ザ・フューリアス・ファイブの「The Message」はレーガン政権の悪政の結果として荒廃したニューヨークのブロンクスの街の姿を可視化したものだ。だからこそ当時のヒップホップは「メッセージ」としての意味を帯びたのだった。

それから約三〇年後でもなお、その原点は忘れられていない。ケンドリック・ラマーは実質的なデビューアルバムである『Section. 80』(二〇一一)収録の「Ronald Reagan Era (His Evils)」のなかで、自身が一九八七年生まれの「レーガンの子供たち」のひとりであり、クラックの蔓延は故郷である西海岸コンプトンでも大きな問題になっていると歌う。街中でみなが「誰も勝利しない戦争」を戦っていたのだ、と。

ケンドリックが生まれた翌年はニューヨーク出身のパブリック・エナミー「Rebel Without Pause」のリリース年でもあるが、同年にはコンプトンでも重要な作品が生まれる。この街の名前がタイトルに据えられた、N.W.Aの代表作『Straight Outta Compton』である。ギャングスタ・ラップという一九九〇年代以降に巨大化するウネリ。その確立に一役買ったクラシックとされる一枚だ。

ギャングスタ・ラップは一般的に、コンシャス・ラップと分類されるパブリック・エナ

※24 Salonでのチャック・Dのインタビューより。"As hip-hop turns 50, Chuck D praises its power as 'a worldwide cultural experience and religion'," *Salon*, 2023. URL=https://www.salon.com/2023/01/31/chuck-d-fight-the-power-how-hip-hop-changed-the-world/

ミーとは真逆のイメージを持たれる。しかし実際はそれほど単純ではない。一九九〇年代当時はともに「リアリティ・ラップ」とも呼ばれたように、両者は社会の様相をリアルに切り出している点では共通している。ただ、その切り出し方が異なるのだった。

　ラッパーがその眼に映る景色やその身で味わう経験をリリックに落とし込むとき、否応なしに自らが置かれる社会状況が映り込む。ラッパーは、中立を装うメディアである必要はない。そのような状況に対し、自らがどのように感じ、リアクトするのか。その反応を、ありのままに記す。ありのままに口に出してしまう。そのありのままの目線が「リアル」であるということになるだろう。

　N.W.Aが「Fuck The Police」（一九八八）で、パブリック・エナミーが「Fight The Power」（一九八九）で体制を批判し、ケンドリック・ラマーが『Mr. Morale & the Big Steppers』（二〇二二）の楽曲群で示したように、彼らは楽曲を通して論争的なトピックに触れることで、従来のメディアとは別の経路を生み出す。なにがしかの論点に対して、コンシャスになるための回路。

　つまり彼らがどう呼ばれるにせよ、ラップはなによりもまず問題提起の役割を果たしている。それを広範囲に届けるためには、ポップでありながらエッジィなビートが欠かせないし、そのビートをよりダンサブルで、インパクトの強いものにする必要がある。そのためには、ヒップホップらしくラフでノイジーで大音量の低音がなくてはならないというわけだ。

もちろんN.W.Aの『Straight Outta Compton』においても同様だ。そのことを裏づけるように、タイトル曲のラップの背後でループするドラムには、非常に有名なアーメン・ブレイクとも呼ばれるブレイクビーツが用いられている。しかも注意深く聴いてみれば、そのキックドラムの低音は補強されていることが分かるだろう。ここで分厚い低音を実現しているのは、またしてもTR－808のそれなのだ。[※25]

最初のアイス・キューブのヴァースと二番目のMCレンの間、そしてラストのイージー・Eのヴァースの後に挿入される間奏ではブレイクビーツがミュートされ、このTR－808のドラムのみのサウンドを確認できる。彼らのラップを説得力のあるものにするには、量感のあるビートとの相克が必要だ。たとえばライブにおいて、ビートの音量が小さすぎる、あるいはラップの音量が小さすぎると、オーディエンスはまったくノレなくなってしまうだろう。

だから両者は干渉し合いながらも絶妙なバランスを取る必要がある。たとえば「Straight Outta Compton」においては高音のアイス・キューブとイージー・Eの声と、地を這うTR－808のベースが対極に位置し、その間で曲全体に漲る緊張感が醸成される。その緊張感があるからこそ、コンプトンを闊歩するギャングスタたちの存在証明たる宣言は高らかに鳴り響いたのだし、この曲はクラシックとなりえた。

だからこのようにして言葉をエンパワーするそのベースサウンドは、社会のリアリティを映し出してしまうラッパーにとって不可欠なものとなっていた。そしてそれは当然、時

※25　Kajikawa, *Sounding Race In Rap Songs*, p.93.

間と空間を超えて日本語ラップにも観察されることになる。

「Straight Outta 138」。そのタイトルからして「Straight Outta Compton」のオマージュである。日本語ラップのクラシックとして認知されているこの曲は、田我流の代表作『B級映画のように2』（二〇一二）に収録された、ＥＣＤをフィーチャーした名曲だ。「１３８」は「いちのみや」と読み、山梨県一宮町出身の彼が地元をレペゼンするタイトルとなっている。だが、リリックの中身はそれだけではない。ＥＣＤによる「言うこと聞かせる番だ俺たちが」というパンチラインの通り、非常にコンシャスでポリティカルな内容なのだ。彼らはそこで反原発をはじめとし、東日本大震災を踏まえた社会・政治批判を展開する。

そしてその言葉の説得力を支える屋台骨こそが、プロデューサーのヤング・Ｇによるビートだ。歴代のブレイクビーツの中でも特大クラシックの通称アパッチを思わせるボンゴのリズムと響きが、打ち込みのドラムに疾走感を付与している。そのリズムに重なるウワモノは、アクション映画のサウンドトラックのようなストリングスの緊張感溢れるフレーズだ。両者が相乗効果を生み出すことで、田我流とＥＣＤの切羽詰まった言葉の速度感、すぐに動かなければ手遅れになる――いや、もうなっている――というメッセージのアクチュアリティを加速させている。

ひとつ注目しておきたいのは、二小節ごとに一拍目のキックドラムのみ、他のキック音より太く低音が効いていることだ。ここでもＴＲ－８０８的なサブベースがビートの「the one」を補強しているのだ。

第二章で見た通り、日本のラッパーたちがヒップホップを受容する道のりは決して平坦ではなかった。その道のりの先で、ラフなサブベースを響かせることの重要性は、独自の進化を遂げた日本語ラップのビートメイキングにおいても、間違いなく引き継がれたというわけだ。

このようにしてTR－808の低音は、ヒップホップを象徴するひとつのサウンドとして、グローバルに拡大するビートを支える存在となっていく。一方でアメリカ国内を見れば、アフリカ・バンバータによる「Planet Rock」のリズムの発想は、ニューヨークから南部へ飛び火するようにして、一九九〇年代から二〇〇〇年代へかけてマイアミ・ベース、そしてクランクを支える骨太のサブベースと軽快なリズムへとつながっていく。

たとえば一九九〇年代後半からダーティサウスの一角を担うニューオーリンズのキャッシュマネーレーベル作品を手がけるマニー・フレッシュがプロデュースした、T.I.――アトランタ出身のトラップの起源のひとり――の「Top Back」（二〇〇六）は、クランクに特徴的な連打するスネアのフィルを持ちながら、音程がついたキックや初期トラップによく見られるストリングスのウワネタを持つ、クランクとトラップを架橋する曲だ。かつて一九八〇年代にカーティス・マントロニックが探求した細かいリズム連打を引き継ぐようなリズムパターンは、TR－808ならではのキレの良い電子音だからこそ可能となっていることを思い出させてくれる。キックのディケイを伸ばすことで「持続」されるサブベースと、反対に短く「切断」されることで連打されるハットやスネアという対照的なふたつの武器は、コストカットのためにやむなく選択された合成音という方式の産物だった。

さらに二〇〇〇年代にはエポックメイキングな出来事も生じる。ＴＲ－８０８の特徴的なサウンドがアルバム全編に使用されたカニエ・ウエスト『808s & Heartbreak』（二〇〇八）によって、再びスポットライトを浴びることになるのだ。たとえば収録曲の「Love Lockdown」は、サブベースを伸ばしたキックに音程をつけて叩いた――ということは、原音をサンプリングしているか、あるいはＴＲ－８０８を再現したソフトウェアによる演奏ということだ――リズムのループの上に、簡素なピアノの和音とオートチューンの効いたカニエのヴォーカルが、単純ではない恋愛感情を吐露するエモーショナルな一曲だ。

このアルバムは二〇一〇年代にオーバーグラウンドで台頭するメロウでエモーショナルなヒップホップのスタイルや、サブジャンル化するエモ・ラップの先駆け的作品と言われることもある。ＴＲ－８０８の初期の活用例には、ソウルシンガーであるマーヴィン・ゲイの「Sexual Healing」（一九八二）があった。当時薬物中毒や創作意欲の減退に悩んでいたマーヴィンは、ＴＲ－８０８で新しいリズムを生み出し、「癒やし」について歌った。[※26]カニエが母親の死や婚約者との離別に苦しむ感情を吐露するビートに選んだのもまた、ＴＲ－８０８の電子音だった。それはシンガーやラッパーが、感情を吐き出す後押しをするリズムの伴奏者であり、同時に分厚いサブベースでその孤独な感情を増幅させリスナーに届ける伴走者でもあった。

その後、このサブベースとスネアやハットの連打のリズムがトラップのトレードマーク

※26 ELECTRONIC SOUNDの以下の記事より。"Marvin Gaye 'Sexual Healing'," *ELECTRONIC SOUND*, 2020. URL= https://www.electronicsound.co.uk/features/time-machine/marvin-gaye-sexual-healing/

になったこと、その象徴としてのミーゴスの「Bad and Boujee」の例があったことは、先ほど見た通りだ。

以上のように、TR－808のシグネチャー・サウンドについて様々な作品間で連鎖する流れを追ってきたわけだが、実はこれはあることを象徴しているように見える。つまりいくつかの点で、TR－808の歴史は非常にヒップホップ的であり、もっと言えばそのサウンドの取り扱われ方が、ヒップホップそのものを巡る状況を思わせるのだ。

たとえば、TR－808は当初、高価なサンプリング音源を用いることができなかったため音声合成チップを採用したリズムマシンだったわけだが、それが原因で逆に極めてユニークなサウンドを獲得することとなった。つまり、アクシデントを逆手に取った価値転倒という、極めてヒップホップ的な原理の下に誕生した機材だった。

あるいは、TR－808は生産された実機の数はそれほど多くなかったが、その後多くのビートメイカーによってサンプリングされ、特にキックとサブベースはピッチを変化させて利用されることでヒップホップの低音を支える代表的なサウンドのひとつとなった。サンプリングという手法を用いることでオリジナルとコピーの立ち位置が逆転している。これも非常にヒップホップ的な現象だ。

そしてTR－808のシグネチャー・サウンドの歩みは、Planet Rockの試みから出発し、パブリック・エナミーやN.W.Aの隠し味的サウンドとして機能しながら、サウスへの展開や、カニエを端緒としたエモーショナルなサウンド全般への適用など、加速度的に商業化するヒップホップそのものと並走するものだ。なによりそのサブベースは、トラップを筆頭とする商業的に大成功するスタイルには欠かせないものとなり、ヒップホップのみならず広くポップミュージック全般に波及し、二〇〇〇年代以降を象徴するサウンドのひとつにまでなるのだから。

しかしここで、新たな問題が生じる。かつてパブリック・エナミーのチャック・Dのコンシャスな言葉を増幅させる「ノイズ」と呼ばれたTR-808のこの超低音は、広く普及し、人々のイヤフォンの中で無意味につぶやかれる言葉に伴奏する、鼓膜に囁く「心地のよい」サウンドとなっていく。[※27]

しかもそのサウンドは、オリジナルの実機から出力されるものではなく、サンプリングにサンプリングを重ねられ、さらに数えきれないほどのソフトウェアとして流通し、やがて原型が完全に忘却されてシミュラークルしか存在しない状況を迎える。もはやTR-808のリアルな再現であることは求められず、精巧なフェイク音源であることが自明であるために、それがフェイクであるという指摘さえ意味をなさなくなる。

ビートメイカーから見れば、どのソフトウェアのプリセット音源にもこのサウンドは存在し、どのハウツー動画でもサブベースの使い方が解説され、AIがこれらのサウンドを打ち込む補佐をし、誰もがカッコよく、これを使いこなしたビートを作ることができる。そこにはクリエイティヴな葛藤はなく、マニュアルに沿った作業だけがある。

だから先ほどの議論の言い方を変えれば、それはもはやビートの創作ではなく、思考を

※27　トリーシャ・ローズは著書『ブラック・ノイズ』（1994年、和訳はみすず書房、2009年）のなかで、ヒップホップのベースラインを強調したサウンドを「ノイズ」になぞらえている。そのビートの聞こえ方が人によって異なるように、チャック・Dのポリティカルなメッセージをはじめとするラップの言葉も、受け取り側の立場によって「ノイズ」となりうる。

伴わないビートの製造なのだ。そのようにして生まれるビートは、本書の序文で指摘したような「クリティカル」なものではあり得ない。だとすれば、そのビートに合わせてダンスフロアーで踊る人々には、少しだけ先の未来は見えているのだろうか。それらのビートは、抑圧された日々を過ごす人々が、その絶望からひとときでも逃避できるに足る強度を持っているのだろうか。

それはポストモダンに誕生した文化であるヒップホップが辿り着くのにふさわしい場所なのだろうか。

繰り返しになるが、一九七〇年代にヒップホップがパーティの現場を離れてレコード音源となり、多くの人々の耳に届くヒットとなった時点で、「ヒップホップは死んだ」と言う人々がいた。二〇〇六年にはナズが「Hip Hop Is Dead」と名づけられた曲をリリースした。そのようにして何度もその死を指摘されてきたヒップホップは、しかしながら、確かに生きている。

であるならば、それはどこで、どんな風に生き延びているのだろうか。次章ではその生存例に、目を向けてみよう。

第6章

日本語ラップ

Japanese Rap

1 日本語という条件

第二章から第四章で見てきた通り、日本ではヒップホップがオーセンティシティを獲得するための格闘があった。それは見方を変えれば、ヒップホップがグローバルに拡大し、アメリカ発祥の流行のスタイルが「中心」から「周縁」へと広がっていった過程のようにも見えるだろう。

しかしアメリカのヒップホップが地域ごとにローカルなスタイルを持っていたように、グローバルなヒップホップもまた、中心に囚われない地域ごとのスタイルを有する。日本語ラップもそのひとつだ。

終章では、グローバルに展開し商業的な成功を収めたヒップホップのスタイルを観察することで、そこに「異形のヒップホップ」の可能性を探る。思考停止で当たり障りのない流行だけを押さえた均質な工業製品のようなヒップホップは、実際に生きている、そして生きられるヒップホップの思想とは遠く離れているように思われる。だとすれば、むしろ異形のヒップホップこそ、生き延びるヒップホップのひとつの可能性なのではないか。そしてその一例として、今一度「日本語ラップ」を検討したい。ヒップホップに様々なモードの変革がもたらされた二〇一〇年代を経た現在、その特異性は果たしてどこにあるのか。

二〇二〇年代の日本においては、フリースタイルバトルやオーディション番組が定着し、非常に多くの若年層を動員するフェスが開催されている。黎明期とは比べ物にならないくらい大きなシーンが形成されていると言っていいだろう。ラッパーたちの数や作品数もますます増え、特定のラッパーにシーンを代表させることが難しいほどに多様化している。日常生活のなかで日本語によるラップを聞くことも、少しも珍しいことではなくなった。

そもそもそれは、一九八三年に日本公開された映画『ワイルド・スタイル』の衝撃から始まったのだった。ヒップホップの四大要素のひとつであるMCイングを日本で行う際、選ばれた言語は日本語だった。その意味では「日本語ラップ」という名称が確立されていることこそが、ラップが日本で受け入れられたことの証左のようにも見える。

だが、言語が異なる以外の、たとえば音楽的なスタイルは、アメリカのそれと地続きと言えるのだろうか。それとも先ほど「異形」と称した通り、日本語ラップとは、『ワイルド・スタイル』の衝撃から四〇年以上をかけて熟成された、日本ならではの「変異」と言えるのだろうか。もちろん、アフロアメリカンやラティーノのコミュニティから生まれたヒップホップをそのままの形で受け入れ、実践することは困難である以上、「変異」は不可欠だったはずだ。たとえば第二章や第三章で見た通り、ラッパーのリリックやフロウ、ビートメイカーが生み出すビートには、オーセンティシティやオリジナリティ獲得のための格闘の経緯があり、変異することは必然だったと言えるだろう。

これについて考えるために、ふたたび柄谷行人の議論を見ておきたい。日本は海外の文化とどのように向き合ってきたのか。それを「文字」から解きほぐす議論だ。

柄谷は、『〈戦前〉の思考』（一九九四）に収録されている「文字論」の中で、日本人の心理や思考の形態を規定しているもののひとつに、「漢字仮名交じりの表記」があることを指摘している。

日本語が西洋由来の概念を受け入れるとき、明治時代のように漢語に翻訳したり、現代のようにカタカナで表記したりする（たとえばcultureは「文化」と訳されたが、complianceは「コンプライアンス」と表記される）。柄谷はいずれの場合でも、そこに「外来的なものの外来性が保存される」ことを指摘する。日本において、外来の抽象概念は漢字やカタカナで表記されてきたからこそ、一向に内面化されず、外来のものとして残り続けるということだ。

ではヒップホップではどうだろうか。「レペゼン」「ストリート」「フッド」「クルー」といった用語はカタカナで広く流通している。ここでもやはり、外来性は保持されたまま日本語化されている。しかもそこに保存されるのは、言語と文化という二重の外来性だ。

これらの用語はカタカナ発音されることで日本語へのローカライズが図られているが、一方で決して完全に翻訳＝消化されているわけではない。さらにことヒップホップにおいては、この文化ならではと言える「リスペクト」の慣習がこの傾向を強めているのではないか。たとえば「リスペクト」の反対、「ディスリスペクト」も「ディスる」という風に広く用いられている。

つまり、ヒップホップ用語の背後にある文化が文字通りリスペクトされ、それゆえにローカライズに当たっても、もとの文化が持つオーセンティシティが保持されているということだ。だからこそ日本語ラップは、英語のヒップホップのジャーゴンをそのまま用いている。そうは考えられないだろうか。

一方で先ほど見たように、それらがカタカナのまま用いられるということは、本当には内面化されず、それが外から入ってきたという消えない刻印を付与されているということでもある。つまりDJ KRUSHが指摘した通り、それが「借り物」であることを決して忘れさせない刻印としての働きだ。

柄谷は日本語の特徴と関連して、「日本の原理というのは、何を入れても構わないような、ゼロ記号みたいなもの」だと指摘しつつ、同時にそれは「何も本質的には受け入れないという、ある「排除」の形態」なのだと、日本がどのような宗教も受け入れてきたことを例に述べる。[※1]

これは第二章での議論とも呼応する。ヒップホップのことを「外から与えられた絶対的なドグマ」に喩えたことを思い出しておきたい。日本語ラップの黎明期において、ラッパーたちは内村鑑三のような葛藤を抱えながら、ヒップホップと向き合った。だがヒップホップをどれほど愛していたとしても、それが完全に内面化されることはなかった。英語ではなく日本語をラップの言語として選択した時点で、カタカナに象徴される「排除」の構造も同時に採択されたのだ。

※1　柄谷行人『〈戦前〉の思考』、講談社学術文庫、2001年、162-164頁（単行本は文藝春秋、1994年）。

だから日本における「ヒップホップ」とは、そのカタカナによる表記に象徴されるように、受容と排除の力学にさらされたアンビバレントな文化なのではないか。

2 複数形のグローバル・ヒップホップ「ス」

ではこの受容と排除の力学は、日本に固有の問題なのだろうか。それを見るために、一旦グローバルに視野を広げてみよう。

ヒップホップ研究における最初期のグローバルヒップホップ論のひとつとして、音楽研究者のトニー・ミッチェルが二〇〇二年に編纂した『Global Noise: Rap and Hip-Hop Outside the USA』が挙げられる。そこではイギリス、ドイツ、ブルガリア、イタリア、カナダ、オーストラリア、ニュージーランド、韓国、そして日本のヒップホップが取り上げられていた。

彼はその後、『Global Linguistic Flows』（二〇〇九）という別の論集で、言語学者のアラステア・ペニークックとともに、同じくグローバルに広まった英語とのアナロジーでグローバルヒップホップについて再考している。

彼らによれば、今日でも一般的な「グローバルヒップホップのルーツをニューヨークのゲットーだとする」考え方に当てはまらないラッパーたちが登場しているというのだ。[※2]具体的にはソマリア出身のラッパー、ケイナーンと、オーストラリア先住民のヒップホップを展開するワイヤーMCである。彼らのインタビューを参照しながら議論は展開される。

ケイナーンは初期のアルバム『The Dusty Foot on the Road』（二〇〇七）において、アフリカの伝統的な打楽器ジャンベの奏者を擁する生バンドの演奏に合わせてラップをしている。アメリカのヒップホップとのサウンドの違いが一聴して分かるスタイルだ。

ケイナーン曰く、アフリカではドラムに合わせてなにかを朗読するのは自然なことだ。西アフリカには「グリオ」（楽器演奏に載せた口承）の伝統が、東アフリカには口承詩の伝統がある。アフリカにおけるラップはそれらから派生したもので、事後的にヒップホップと呼ばれるものになったにすぎない――そのようにケイナーンは主張する。

ワイヤーMCの主張もこれと似たものだ。彼はオーストラリア先住民が、物語や信念、怖れや迷信を「カラバリ」という伝統的な歌と踊りを通して表現してきたと語る。そして自分は、ヒップホップというフォームでそれを継承していると言うのだ。ワイヤーMCは、ヒップホップは先住民の文化の一部であり、これまでもずっとそうだったとさえ主張する。

これらの発言を受けトニーとペニークックは、ニューヨークからヒップホップという単一の文化が広まったというイメージを乗り越える必要があると言う。それぞれの地域で初めからローカルな「ヒップホップ」があり、それらは「グローバル・ヒップホップス」の

※2 H. Samy Alim, Awad Ibrahim, and Alastair Pennycook eds., *Global Linguistic Flows*, Routledge, 2009, pp. 25-40.

一部なのだ、と。そのオリジンもまた複数ある。アフリカのグリオ、ニューヨークのゲットー、パリの田舎、ブラックアトランティック、オーストラリアの先住民というように、それらはグローバルに共存しているわけだ。トニーはこれらの伝統が、ヒップホップの発展によって同じ舞台に置かれることになったと指摘する。

そしてそれらのヒップホップは、アメリカ由来のヒップホップにおける支配的なテーマである、暴力、消費主義、ミソジニーに対して批判的であるという。たとえばケイナーンは貧困や紛争が問題となっている自国では女性に対して蔑視発言をするような状況にないと指摘しているし、ワイヤーMCも、オーストラリアの先住民のコミュニティでは女性に対して蔑視表現を用いることなどないという。

それでは、これと同様の考えを日本に適用することはできるだろうか。日本語ラップも、日本のローカルな伝統文化の延長に自然に生まれたグローバル「ヒップホップス」のひとつとして存在しているのだろうか。

たしかに日本にも、音楽に合わせて言葉を紡ぐ、あるいは物語を語る伝統的な文化は存在する。能や狂言、浄瑠璃、あるいはもっと時代を遡って、平家物語を語る琵琶法師による平曲といった例が挙げられるだろう。

しかし日本語ラップには、このような伝統芸能や邦楽を直接的にラップやサウンドのスタイルに反映させたものはほとんど見られない。それどころか、第二章や第三章で見たように、これらの「伝統芸能」は日本語ラップにとって、ダサさと関連付けられる、忌避すべき領域にほかならなかった。ゆえに単に「伝統」をルーツとして見ることは難しく、ケイナーンやワイヤーMCの例を、そのまま日本に適用することはできないように思える。[※3]

しかし一方で近年、そういった前提を揺るがすような作品が登場してきているのも、また事実だ。それはただ単に日本の伝統を、いわゆる「和」の要素を折衷させた日本語ラップのスタイルではない。二〇一〇年代以降のアメリカのヒップホップのモードを認識しながらも、日本語ラップにしかできないやり方で、それらのモードへのアンサーとなっているような作品群なのだ。[※4]

3 二〇一〇年代のUSラップ

したがってそれらの作品の革新性を見るためには、まずは二〇一〇年代のグローバルシーン全般に影響を与える、みっつのキーワードを押さえる必要がある。それは「マンブルラップ」「オートチューン」「エモラップ」だ。

マンブルラップは、特に二〇一〇年代のアメリカのラップシーンにおいて注目された潮流のひとつだ。これはジャンルの名前というより、ラップのスタイルを指す。mumble す

※3 「伝統」をルーツとして措定できるような例外的な存在として、志人の作品群を挙げておきたい。伝統的な民話や文学に着想し方言や古語を交えたリリックの内容、民謡や声明の節回しがうかがえるフロウの形式まで、どこを取っても唯一無二の表現者だ。

※4 トニー・ミッチェルの仕事を含むグローバルヒップホップの研究については、島村一平編著『辺境のラッパーたち』（青土社、2024年）にまとめられている。

なわち「つぶやく」ようなラップ、あるいは「もごもご」と発声されるラップと訳出できるような特徴を持つ楽曲群やアーティストたちが、二〇一〇年代に入り存在感を示した。ミーゴス、フューチャー、リル・ヤッティ、リル・ウーズィ・ヴァート、ヤング・サグなどがヒットチャートの常連となる。たとえばフューチャーのラップは「筆記体でラップしている」とも指摘された。[※5]ルーズで不明瞭、かつ単語と単語を癒着させるような粘度の高い発声は、たしかに「筆記体」という表現が似合っている。

　リリック面での特徴は、ミーゴスの「Versace」（二〇一三）のようなブランド名や、21サヴェージの「Skrrt Skrrt」（二〇一五）のようなオノマトペ——「skrrt」は急ブレーキ等の摩擦音を指す——の連呼だけで、ビートと連動した中毒性を生み出し、楽曲を成立させてしまうことにある。

　それゆえマンブルラップは、コンシャス・ラップと対極的な中身のないラップをディスる際の代名詞ともなる。しかし同時に、ラップのある種の特性をあらためて浮き彫りにするものでもあった。「意味」からは程遠い、ナンセンスな単語。それらは言語体系に含まれながらも、外側へはみ出すような音たちだ。それらをリズムに乗せ、反復することで、楽曲として成立させてしまう。いわばラップの持ちうる「呪術性」を明らかにしたのが、マンブルラップのひとつの側面なのだ。

　次にオートチューンについて見ておこう。これは声の加工に用いられるエフェクトのひとつで、具体的にはAntares Audio Technologies社製の「Auto-Tune」（一九九七年発売）をは

※5　フューチャー「F*ck Up Some Commas」（2015）のオフィシャルMVのYouTubeのコメントを参照。URL=https://www.youtube.com/watch?v=wKl6umkwKfU

じめとする自動ピッチ修正ソフトのことだ。その名の通り自動的にヴォーカルなどの音程を補正するソフトウェアなのだが、極端な設定をすると、その副産物として「ロボット声」や「ケロケロ声」と呼ばれる独特の効果を生む。結果として本来の用途を超えて、ひとつの歌唱表現のスタイルとして確立されるまでにいたった、革命的な技術である。

オートチューンがかかったヴォーカルはジャンルを問わず一般化し、R&BやEDM、ロックなどあらゆるヒット曲で用いられるようになった。日本の読者ならPerfumeの歌声がイメージしやすいだろう。それは加工された声であるにもかかわらず、オートチューンのかかったヴォーカルからこそエモさを感じるという意見も聞かれる。

ヒップホップの楽曲でも二〇〇〇年代から、フック（＝サビ）においてメロディを歌いながらオートチューンのかかった声を用いるケースが増えてくる。その中でもエポック的作品が、第五章でも取り上げたカニエ・ウエストの四枚目のアルバム『808s & Heartbreak』（二〇〇八）だ。第五章ではTR－808の電子音に焦点を当てたが、ヴォーカル表現においても彼はいわばラップを捨て、オートチューンをはじめとするエフェクトで機械的に加工した声で、メロディをつけながら歌っている。

カニエは自身の声を、なぜオートチューンで加工したのだろうか。同作リリース前年の二〇〇七年に相次いで彼を襲ったのは、フィアンセとの別れ、そして彼のマネージャーでもあった最愛の母親ドンダの急逝だった。彼が紡ぎだしたリリックのなかで元フィアンセと母親の不在はときに互いに混濁し合い、カニエの歌声はなによりも自分自身に言い聞かせる言葉のようにも聞こえる。彼は、それらの言葉を、自分の地声で歌うことができなかった。彼女らへの直接的なメッセージを生の声で歌うことは耐え難く、だからビートにTR－808を用いたのと同様、声にオートチューンを用いたのではないか。

オートチューンはカニエの地声にロボット声を重ね、彼の声から固有性を剝ぎ取る。オートチューンは設定でその効果を強くすればするほど、誰が使っても、同じような声に聞こえる。その意味で、彼の声は半分匿名化されている。

しかし「声が匿名化される」とはどういうことだろう。オートチューンのかかった声は、ヒットチャートを飾る楽曲群から度々聞こえてくる。匿名の声だからこそ、匿名の大衆に受け入れられヒットする。その意味で「匿名な」とは「ポップな」と同義と言えるだろう。カニエがもし地声で悲痛な胸の内を歌ったとしたら、そこには切実な感情が直接的に表れるはずだ。そしてそのこと自体に過剰さを感じ、受け入れがたいリスナーもいたかもしれない。むしろ歌声から、過剰なエモーションが削がれることで、逆説的に「エモさ」が喚起されポピュラリティが獲得されたのだ。あるいは次のように言うこともできるだろう。そこでは本当の切実さや過剰な感情は暗号化され、オートチューンがもたらすロボット声の内側に匿われるのだ、と。オートチューンとは、そのようにアンビバレントな特性を持つ装置と言えるだろう。

最後に見ておきたいのがエモラップだ。「エモ」はエモーションの短縮形だが、もともとヒップホップとは別の音楽ジャンルの名前でもある。それはその名の通りエモーショナルな表現を前面に押し出したパンクロックのサブジャンルで、一九八〇年代にルーツを持つ。音楽ジャーナリストのテイラー・マーカリアンはその特徴を次のように記している。

個人的で繊細なリリック。パンクとハードコアのエッジと、ポップセンスとキャッチーなメロディの融合。そしてトーンやテンポのバリエーションは、スローでミニマル、メランコリックなものから、アグレッシヴでアップビート、切ないものまで。[※6]

多くの音楽のサブジャンルがそうであるように、「エモかどうか」の線引きは難しい。とはいえポップでありながら、特に短調の曲想と物哀しいメロディー、感情を揺り動かす歌唱、サウンド表現を持つ楽曲やアーティストがエモとして括られることが多い。

ヒップホップのサブジャンルとしての「エモラップ」は、文字通り「ラップ」と「エモ」を親に持つ。だからそれは、ヒップホップのドラムサウンドやリズム、ラップといった特徴と、エモが持っているリリックのテーマ、楽器やヴォーカル表現を融合させたものだ。

たとえばギターのアルペジオのようなサウンド面での特徴はもちろん、ときには声を枯らして咆哮し、ときには泣き崩れそうに囁くように歌い上げるその歌唱法に、ロックとの境界を越えるようなエモラップの特異性がある。それらの表現がリスナーに優先して届けるのは「エモーション」に違いない。

※6　Taylor Markarian, *From the Basement: A History of Emo Music and How It Changed Society*, Mango Media, 2019. 引用者訳。

エモラップの三大アーティストとされているのは、リル・ピープ、XXXテンタシオン、ジュース・ワールドの三人だ。この三人は大きな共通点がある。三人とも、大きなブレイクを果たした矢先に命を落としてしまうのだ。

もちろん事情はそれぞれに異なるのだから、これは単なる偶然のはずだ。だが一方で、単純にそう捉えることのできない背景もある。たとえばXXXテンタシオンとリル・ピープは、カート・コベインとの関係で語られる存在だ。いずれもカートのように自ら命を絶ったわけではないが、リル・ピープは二一歳、エックスは二〇歳という若さで亡くなってしまう。残されたジュース・ワールドはふたりの死を受け、「Legends」（二〇一八）で、カート・コベインやジミ・ヘンドリクスが二七歳で亡くなったことから命名された「二七クラブ」を引き合いに「俺たちは二一歳を迎えることすらできないのに」と歌った。そして自らもオーバードーズにより二一歳で亡くなってしまう。

彼らのリリックの主題は失恋やドラッグ、世界への失望であり、そのサウンドもメランコリックで抑鬱的なものだった。エモラップというジャンルはヒップホップとメンタルヘルスの関係から読み解くことができるし、だからこそ、現代のZ世代を中心に圧倒的な支持を得ることになった。

以上のように、マンブルラップ、オートチューン、エモラップのみっつを並べたとき、現代のラップの特徴が見えてくる。それらに通底するのは、ラップの言葉の意味を咀嚼するというよりも、そのサウンドやそこに表れる感情に意識が向いているということだ。これらは言葉の意味を重視する従来のコンシャスラップ的な視点から見れば批判すべき潮流だと言えるが、一方で意味が過剰に飛び交うネットを背景にしたいまの世界において、ラップといえども音楽には意味を求めたくないという人々の欲望の表れなのかもしれない。

4 DJ KRUSHとJinmenusagiの化学反応

これらのみっつの潮流はトラップの成功とも結びついている。代表的なマンブルラッパーたちはジャンルとしてはトラップから登場し、オートチューンを多用し、エモラップ的な楽曲やサウンドのスタイルを披露することもあるからだ。

それらがアメリカのヒップホップの前面にせり出せば、必然的に日本語ラップにもその影響が表れるようになる。だが注目したいのは、商業主義に染まってそれらを単に受け入れるのではなく、むしろその潮流をハッキングしオリジナリティを発揮する作品たちだ。その試みは必然的に、どれもが日本というローカリティを武器にした、オリジナルな「ワイルド・スタイル」を確立するものになる。

まずはマンブルラップの日本語ラップ流のハッキング例として、DJ KRUSHが

Jinmenusagi をフィーチャーした「破魔矢 ‐Hamaya‐」を見てみよう。最初のヴァースの終盤、彼のリリックは次のように進む。

拙者の job 憂き世を偲ぶ
人は呼ぶ Kanja Ninja
さながらアブドーラ・ザ・ブッチャー
いやそうじゃなきゃ、鬼武者
それもしかしたらまさか　そのまさかさ Massacre
埋め込まれた Arasaka　闘い方はバーサーカー
まただハクナマタダ　研ぎ直せなまくら刀
真っ暗な穴ん中から　飛んでくるの破魔矢[※7]

「拙者」「Ninja」「鬼武者」「なまくら刀」そして「破魔矢」と、日本の「伝統」を背景にしたような単語が選ばれている。一方で「鬼武者」（『鬼武者』）や「Arasaka」（『サイバーパンク2077』）と、ゲームからの引用がちりばめられているのも Jinmenusagi らしい。さらにフロウに耳を澄ませば、「まさか」「Massacre」「Arasaka」「バーサーカー」「ハクナマタダ」「刀」「穴ん中」「破魔矢」と執拗に韻を踏みまくっているのが聞こえてくるはずだ。

ここまででも彼のスキルと独特の世界観は一目瞭然なのだが、注目したいのはこの曲そ

※7　DJ KRUSH、Jinmenusagi「破魔矢 -Hamaya-」、『再生 -Saisei-』、DJ KRUSH RECORDINGS、2024年。歌詞カードより。

のものだけではなく、リスナーの反応である。YouTube上のMVのコメント欄には、ある言葉が多数書き込まれている。Jinmenusagiのラップはまるで「お経」のようだ、というのだ。

言われてみれば、たしかにそうも聞こえる。特にそれが顕著なのは、曲の後半、ビートがそれまでの一定のリズムのループから、四つ打ちのキック中心のノリへと転換するパートだ。

よく耳を傾けてみれば、このパートを「お経」として演出するかのように、ハンドクラップらしきサウンドが木魚のように一六分音符で打たれ、その背景には読経する僧侶の声色にも似た低音のドローンヴォイスが響いている。DJ KRUSHのインタビューによれば、海外ツアーでこの曲をプレイするとき、このパートで一気に観客が盛り上がるそうだ。[※8]

かつて日本語ラップの黎明期において「お経っぽい」とは、まさに日本語でラップすること自体をディスる言葉の最たる例だった。いわく、日本語でラップしても、お経のようにしか聞こえないから、ダサい、だから日本語はラップには向いていない。

しかし「破魔矢 -Hamaya-」に寄せられる「お経っぽい」という声はどうだろう。それは明らかにポジティヴな意味で用いられている。そこで寄せられているのは「お経っぽく」て、同時に「カッコいい」という（旧来からすると）ある種アンビバレントな評価なのだ。ここで起きているのは、非常にヒップホップ的な事態だ。ある言葉の意味を反転させてしまう、「価値転倒」が起きているのだから。

※8　DJ KRUSHへの筆者によるインタビューより。「DJ KRUSH『再生 -Sai sei-』――ビートの探究は終わらない」、FNMNL、2024年。URL＝https://fnmnl.tv/2024/06/27/160408

ではなぜこのような転倒がもたらされたのだろうか。理由は大きくふたつ考えられる。ひとつめは、二〇一〇年代以降、特にKOHHを代表とするラッパーたちの影響によって、日本語ラップの言葉遣いのモードが大きく変化したという背景だ。たとえば彼が「Junji Takada」（二〇一五）や「ビッチのカバンは重い」（二〇一五）などの曲で持ち込んだユーモラスで「貧しい」ボキャブラリーは、アメリカにおけるトラップやマンブルラップの流れと呼応するようにして、日本語ラップでもユーモアがパンチラインになるという変化をもたらした。

一九九〇年代のハードコアを標榜していた世代には、このようなユーモアは「ダジャレ」として忌避されたかもしれない。しかしこの土壌の変化によって、ユーモアを生かしたパンチラインはむしろもてはやされるようになった。※9

実際に「破魔矢 - Hamaya -」のリリックを見渡すと、「イングリモングリ」「むさぼるメシむしゃむしゃ」「チワワ乗した／わナンバー」といったギャグ的なラインが散見する。さらには「坊主が上手に屏風に絵を描いた」を参照した「娼婦が上手に陰部に頬擦り」というラインにしても、要するにギャグめいた早口言葉のパロディであり、シリアスなリリックの文脈では引用されそうにない。

そしてもうひとつの理由は、「お経っぽく」同時に「カッコいい」ラップを可能にするJinmenusagi のスキルフルなフロウだ。そもそもそのフロウは、なぜ「お経」っぽく聞こえるのだろうか。

※9　近年ではたとえばWatsonの「Hood Star」（2022）や「ASOBI (Remix)」（2022）などのヴァースにおけるパンチラインの人気にこの傾向が表れている。

誰もが知っている「南無妙法蓮華経」を例に、お経のフロウを考えてみよう。これは漢字七文字の題目だが、実際に唱える際の音の並びを、次のように四音を一拍とする、三拍子のフレーズとして考えることができる。また二音でひとセットの一音目に木魚を叩くとして、それを傍点で示した。

1　2　3
なむみょー／ほーれん／げーきょう

こうしてみると、お経らしいフロウを構成する要素のひとつは、一拍を形成する四音のうちに長音をひとつ挟む、「●●●ー（タカター）」や「●ー●●（タータカ）」というフレーズの連なりだということが分かるだろう。

このことを踏まえ、あらためて先ほど言及した「破魔矢 -Hamaya-」の曲後半のヴァースを、実際のフロウ通りに仮名と長音で表してみよう。四音を一拍とするところは変わらないが、こちらは四拍子だ。

パーティーの場湧かす／バラすパーカス
我を通すボス／ドス・カラス
ならず者かバダスなら

姿は人に非ず／チャラス焦がす※10

1　　2　　3　　4
ぱーてぃの／ばーかす／ばーらす／ぱーかす
がをとす／ぼすどす／かーらす／なーらず
もーのか／ばーだす／なーらす／がーたは
ひーとに／あーらず／ちゃーらす／こーがす

感情を抑えた、一本調子とも言えるトーンで、Jinmenusagiは粛々と、「タータカ」というリズムに言葉をマッチさせるパズルのようにラップしていく。

ではこの「お経っぽくてカッコいい」フロウはなぜ生まれたのだろうか。Jinmenusagiは自身のファーストアルバム『Self Ghost』（二〇一二）において、あるオリジナリティに溢れる試みを形にしていた。この作品は驚くべきことに、どの曲も一体何語でラップされているか分からないのだ。リリックをテクストで確認すれば全編を通して日本語でラップされていることが分かるのだが、発音に極端な変化が付けられているがゆえに、本来の音は解体し尽くされ、ほとんど日本語に聞こえない。では何語に聞こえるのかと言えば、英語っぽくもあるが、フランス語の「r」のような発音も聞こえてくる、まるで様々な言語の「ラップっぽい発音」だけを抽出して並べたような、いわば「架空語ラップ」なのだ。

第二章で見た通り、DJ KRUSHはその活動の初期において、自身が率いるKRUSH

※10 「破魔矢 -Hamaya-」、歌詞カードより。

POSSEの解散により、MUROというラッパーを失った。日本語でヒップホップを表現する手段を失った。そうして彼は、言語を用いない、インストでヒップホップを表現するというオリジナルな世界へと歩を進めていった。

一方のJinmenusagiは日本語を用いながら、その発音を極端なまでに歪めつつも的確にリズムに乗せることで、意味を必要としないラップの快楽を志向する。いわばマンブルを逆手に取るラッパーだった。だからDJ KRUSHと一緒に曲を制作するに際して、彼が「お経」を彷彿させるような異形のアプローチを取ったのは、実は必然だったかもしれない。

意味なしで屹立してしまうDJ KRUSHの世界観に、あらためて日本語の異形性をぶつけてみること。USラップ的なスタイルと比較すれば極端な異形である、日本語による伝統的なフロウの形態として、読経をぶつけてみること。

その試みが、DJ KRUSHのビートという最高の燃料と化学反応を起こし、お経＝ダサいという従来の価値観すらも転覆させる「破魔矢 - Hamaya -」という日本版マンブルラップに結実した。そうは言えないだろうか。

5

『KUGA』の唯一無二性

日本語ラップからの異形のアンサーはこれだけではない。次にアメリカの潮流のふたつめ、オートチューンを用いた日本語ラップならではのスタイルとして、ラッパーのTohjiとLootaがフランス出身のビートメイカー、ブロディンスキと組んだアルバム『KUUGA』(二〇二一)を見る。

Tohjiはロックにも通ずるエモい表現を軸にしつつ、作品ごとにスタイルを変え、独特のポップセンスで時代の寵児のひとりとなったラッパーだ。一方のLootaはゴシックなセンスを特徴とし、韓国のラッパーKeith Apeの「It G Ma」(二〇一五)にKOHHとともにフィーチャーされたことでグローバルに存在感を示した。

そんなふたりが、フランスのポスト・エレクトロ・シーンに彗星のように現れたプロディンスキと組んで生まれたのが『KUUGA』だ。ブロディンスキはカニエ・ウエスト『Yeezus』(二〇一三)の制作にも参加している。

平成仮面ライダーシリーズの一作目の異形のヒーローの名前が与えられたこのアルバムには、日本の童謡や民謡、あるいは古典文学に通ずるような言葉やメロディが全編にちりばめられている。

たとえば宮沢賢治『よだかの星』を想起させるタイトルの「Yodaka」は、和を感じさせるメロディが印象的な、ダークメルヘンとでも言える一曲だ。追いかけてくる何者かから逃走するような、緊張感を持った荒い呼吸音が響く。これは比喩ではない。実際にTohjiとLootaの「呼吸音」が、ドラムのハイハットのように一定のリズムを刻むのだ。

アルバム全編を通して目立つのはこのような、言葉＝意味を伴わないTohjiとLootaの「声」が、ウワモノとリズムを跨いだ複数のパートで重ね合わされる様だ。かつてビョークが『Medúlla』（二〇〇四）という、声だけですべてのトラックを制作する野心的な作品をリリースしたが、『KUUGA』の試みもその系譜にあると言えるだろう。

そしてそれら多層的な声に組み合わされた、凶暴に歪んだキックやベースといったインダストリアルサウンドを特徴とするブロディンスキのビートは、最小限の音数で最大限の効果をもたらす、ミニマルの美学に貫かれている。

これらの音響的な特徴は、特段日本的な響きを有しているわけではない。だから、本作が和の感覚を色濃くまとっているとすれば、それは二人のリリックと歌声から来ていることになる。欧米にルーツを持つ冷たさと凶暴さを併せ持ったインダストリアルなビートに、非常に日本的なリリックとメロディが融合した異形の音楽。

なかでも「ハッハッハッ」というLootaのリズミカルなハミングから始まり、やがて声が次々と重なっていく「Oni」は、象徴的な一曲だ。

突っ込んでる片脚
揺れる丸い眼差し
やけに外が騒がしい
そこは鬼の縄張り※11

各行の末尾で韻を踏む言葉たちも、ウワネタの楽器のひとつであるかのような声によって発せられる。それらが後半に向かって幾重にも重奏的に流れていく様は、複雑な建築物の構造を眺めているようでもある。「鬼さんこちら」から始まる、大人向けの童謡といった趣のシンプルなリリックにブロディンスキによるビートが並走する。それはUKやブルックリンで流行を生んだドリルにも通じる、変則的なリズムの歪んだサウンドだ。両者の組み合わせは「和ドリル」とでも命名できそうな新たなスタイルを生み出している。

そしてその声を際立たせるものこそ、Tohjiのトレードマークとなっているオートチューンを用いたヴォーカル表現だ。たとえば『KUUGA』に収録されたわずか一分程度のイントロ的な楽曲「Aegu」から聞こえてくるのは、深い残響音の効いたラインだ。そのメロディは、極めて日本的な音階に聞こえる。なぜだろうか。

少しだけ音楽理論の観点から考えてみよう。このメロディを並び替えるとG#ナチュラルマイナースケールから、六番目の音であるEを抜いた音階となる。六番目が抜けている

※11 Tohji、Loota、ブロディンスキ「Oni」、『KUUGA』、2021年。

ことから、この音階はニロ（二・六）抜き短音階（マイナーペンタトニックスケール）のバリエーションと考えられる。ニロ抜き短音階は民謡音階とも呼ばれ、日本の伝統的な民謡、演歌や歌謡曲で用いられてきた。「Aegu」と同じように六番目のみを抜いた例として、坂本龍一「戦場のメリークリスマス」（一九八三）があるが、その作曲時のメモにもまた「東洋」「日本っぽく」と記載されている。[※12]

さらにニロ抜き短音階は、音階の高低差という面では、日本らしさを演出する音階として有名なヨナ抜き長音階と同じ構造をしている（キーを変えれば同じ五音からなる）。メジャースケールのうち四番目と七番目を抜いた五音からなるこの音階は、軍歌、民謡、童謡に演歌と、幅広く用いられ、さらにJ－POPにもこの音階をベースに作曲された楽曲が数多く存在する。[※13]

だから「Aegu」のメロディーに「日本」を感じるのは、ごく自然なことなのだ。

Tohji は自らの音楽の影響元に浜崎あゆみなどの「J－POP」の存在があることを度々公言していた。第二章で見たように、「J－POP」は「J－RAP」をも含むものとして、オーセンティックな日本語ラップからはネガティヴな視線を浴びるが、Tohji はこれにポジティヴな価値を見出した。結果としてそれは、アメリカのヒップホップから距離を置く、オリジナリティを模索するアプローチとなったわけだ。

彼のオートチューンの効果も、アメリカのヒップホップで見られるものとは異なる。先ほど見たように、オートチューンは人間の声を機械仕掛けに加工するにもかかわらず、そ

※12　坂本龍一『坂本龍一・全仕事』、山下邦彦編、太田出版、１９９１年。

※13　美輪明宏「ヨイトマケの唄」（１９６５）から近年では米津玄師「Lemon」（２０１８）まで多数の例がある。

こにエモーションを発生させてしまう。たとえばカニエの場合、最愛の人々を失った激しい哀しみを歌うにあたって、その感情を暗号化するかのようにオートチューンを用いたわけだが、そのことが逆に痛々しいほどのエモーションを生み出していた。

一方 Tohji の場合、オートチューンがもたらしている効果はこれとは異なる。しゃくりあげるように地声からファルセットに移行しながら日本語で歌う様は、J-POP由来の、ヴィジュアル系でもよく聞かれる歌唱法を想起させる。

オートチューンは、どんな声でも一定程度同じような声色に聞こえさせてしまうエフェクトであり、だからこそカニエは自らの声を「暗号化」できた。しかし Tohji の場合は、逆に個性を際立たせる装置として機能しているように聞こえる。隠そうとしても余計に目立つ個性。それほど彼の歌唱法は独特ということだ。

インダストリアルな無機質なビートのサウンドに対して、Tohji と Loota の声はエモーションをもたらす。だがそれが生声ではなくオートチューンによる加工声となっていることは、一体なにを意味するだろう。

本作で歌われているリリックと、オートチューンという表現方法の双方から考えてみよう。本作のリリックは「本当のこと」というよりも、彼らが伝統的な文学を参照しながら語る「寓話」だ。そのような物語を語るふたりを『KUUGA』という舞台上の演者として捉えてみれば、彼らはオートチューンという名の仮面、あるいは能面を付けて踊っているようなものだ。あるいは逆にオートチューンという装置によって、わたしたちは彼らの、

『KUGA』という舞台における演者としての立ち位置を意識させられる。

だからオートチューンで加工された声は、寓話の語り手、登場人物としての彼らの役割を補強する装置として機能している。しかしTohjiの独特の歌唱法が、この能面を貫通してしまうほど屹立していることもまた確かなのだ。この表現を前にわたしたちは、生身のTohjiのリアリティと、和の物語世界の演者のインテンシティ（＝強度）の両方に引き裂かれることとなる。

つまり本作においては「リアル＝生声の歌唱法」と「物語＝オートチューンの仮面」が拮抗する、ヒップホップにおいて稀有な場面が立ち上がっていると言えるだろう。もっと言えばこの構図は、「リアル＝TohjiのJ－POPに影響を受けた歌唱＝日本語としてのオリジナリティ」と「物語＝オートチューンによるエフェクト＝アメリカの潮流」の拮抗にまで延長して眺められる。

リリックの内容やサウンドのスタイルを含めた強烈なオリジナリティと共に、このようなアンビバレントな引き裂かれの体験こそが、本作を異形たらしめている理由にほかならない。

6 舐達麻流エモラップ

以上のように、DJ KRUSHとJinmenusagi の作品はマンブルラップを、Tohji、Loota とブロディンスキの作品はオートチューンを日本的なアイディアで再解釈したような異形の達成だった。では最後に、エモラップの日本流解釈の例として、舐達麻《なめだるま》について考えてみよう。

舐達麻は、埼玉県熊谷市出身のBADSAIKUSH、G-PLANTS、DELTA9KIDの三人組。フッドである熊谷を「Hot Town」と呼びレペゼンし、APHRODITE GANGと名付けられたクルーを構える。

二〇〇九年に金庫荒らしで逮捕され、当時まだ一〇代だったBADSAIKUSHは少年院送致、DELTA9KID は四年の実刑判決を受け少年刑務所に収監される。同事件の盗難車による逃亡時、警察に追跡された果てに衝突事故を起こし、同乗していた仲間の1.0.4.（とし）が亡くなっている。

彼らの特徴は、そのような過去を背景としたリアリティのあるリリックと三者三様のフロウ、それを支える抒情的なビートだ。

BADSAIKUSH のフロウは、ビートにノらずにあえて「降りる」スタイルが特徴だ。彼の極めてフラットな、しゃべるように淡々と言葉を吐いていくスタイルと、対照的にリズムに意識が向けられているがゆえに絶妙のフックも量産するG-PLANTSのフロウ、そしてDELTA9KIDのしっかりとノったハイピッチのヴォイスで展開されるリリシズム。その音源を聴いた者なら、だれしもが「エモい」という感想を抱くだろう。

しかしこの三人のスタイルに、従来の「エモラップ」のようなロックに通ずる表現は存在しない。彼らのエモーションは、淡々としたラップの語り口の中で、むしろ隠匿されている。エモさを担うのはビートだ。この後詳しく見ていくように、極めて抒情的なビートによって、フロウが隠したはずの感情はさらされ、ブーストされている。人間の内面を果てしなく掘り下げていくような言葉と、抒情を生むことだけに特化し、人間の想像力の果てを探るようなビート。両者の交配によって誕生したこの音楽は、エモーショナルな音楽が人々に求められる理由の一端を、間違いなく明らかにしている。

たとえば彼らのセカンドアルバム『GODBREATH BUDDHACESS』（二〇一九）収録の「FLOATIN'」のビートの、冒頭からトレモロがかかったシンセによる和音とそこに重なるピアノの繊細な響き。この一連のサウンドは、アンビエント界の巨匠のひとりによる楽曲からのサンプリングだ。雲の行方をいつまでも眺めていられるように、時間を忘れていつまでも繰り返し聞き続けることができてしまうサウンドをループするビート。それを手掛けるのはプロデューサーのGREEN ASSASSIN DOLLAR（以下、GAD）だ。彼がメイクするビートは空間、時間的な広がりを想像させる響きを有している。その上に乗る「バー

ル買いに行かせたイマフジ／仕事バックれたタカハシ／借りに行かせた武富士」という
BADSAIKUSHのパンチラインから始まる三人のリリックは、金庫破り事件の描写や亡くなった1.0.4への想いという、極めて重たい現実を描いている。※14

地上に縛り付けられている重たい自己の身体の存在ゆえに、雲の上を想像することができる。その意味で相反するリリックとビートは、被せられたピアノの旋律とG-PLANTSのリズミカルなフロウで構成されるフック部分で、エモーショナルさを極めている。

このように、彼らのスタイルには、GADのビートが大きく寄与している。ヒットとなった「100MILLIONS（REMIX）」や「BUDS MONTAGE」のような楽曲において印象的なのは、エモーショナルな女性ヴォーカル入りのネタがサンプリングされていることだ。ピアノをバックにしたヴォーカルの元ネタはバラバラにチョップされて再構築され、新たなフレーズのループに作り変えられている。さらに「BUDS MONTAGE」では、ネタのピッチが上げられて再生される。

これはかつてアメリカで「チップマンク（シマリス）・ソウル」と命名されたサウンドの別解釈のようだ。再生速度を上げてピッチとテンポの上がったヴォーカルがシマリスの鳴き声のように聞こえることから命名されたこの手法は、カニエ・ウエスト、ジャスト・ブレイズらによってカニエ自身やジェイ・Zのアルバムで多用され、二〇〇〇年代を象徴するモードのひとつとなった。

それは当時下火になっていたサンプリングのルネッサンスであるとともに、ソウルネタ

※14 舐達麻「FLOATIN'」、『GODBREATH BUDDHACESS』、APHRODITE GANG HOLDINGS、2019年。

のリバイバルでもあった。ソウルフルな歌声がビートにエモーションをもたらすことが再発見され、なにより「早回し」というユニークな着眼点が非常にヒップホップ的だと受け止められ、多くの名曲が生まれた。

ビートにエモさをもたらすという意味でも、GADの手法はチップマンク・ソウルと根を同じくしているように見える。だが、伝統的なソウルのレコードではなく二〇〇〇年以降のポップス曲という珍しい領域をネタにしている点や、過度の切り刻みと並び替えにより元ネタから想像できない全く新しいヴォーカルのメロディとループを生み出している点に、GADのオリジナリティが炸裂している。

そしてこれらのエモさは、MVによってさらに盛られることになる。たとえば「GOOD DAY」の言葉とビートを聞きながら、MVの映像を見てみよう。

道路地面1.0.4.の分の酒を垂らした
俺は今は飲まない やる事がある
まだ生きてる内 真剣に文章綴り
聞かせてやる眠る石の下
響かせてこちらこの世で咲いてやる※15

カメラに向かってヴァースを披露する三人はそれぞれに集中し、この曲のリリックを歌

※15 舐達麻「GOOD DAY」、『GODBREATH BUDDHACESS』、APHRODITEGANG HOLDINGS、2019年。

うことに没入している。だが、注目すべきは、その背後に映り込む風景だ。

緑の森の中、両側が農地の畦道、大麻畑、そして「スナックさぶちゃん」「門平歯科」といった熊谷の店名が記載された提灯の数々。カット割りの巧みさや色彩の調整によって、どれもどこか非現実的で幻想的な風景に見える。しかし畦道や提灯といった具体的で土着的なシンボルが、それらが現実の風景であることを思い出させる。

あるいは「100MILLIONS（REMIX）」のMVに映り込むものはどうだろう。ファーサイドの「Drop」（一九九五）の映像で有名なMV監督、スパイク・ジョーンズのパロディーを名に冠するSpikey JohnによるこのMVの映像が映す世界観は、冒頭の二二秒間に凝縮されている。[※16] 地元熊谷と思しき街の空撮、三人が休息するホテルの部屋。ひとりの客人と交わす挨拶。APHRODITE GANGの仲間たちと和彫の刺青、ゴールドチェーン。電柱と雲が散らばる青い空。コンクリートの壁を背にして咲く花。そして工場の踊り場のような場所で佇み遠くを見る三人。BADSAIKUSHが吸うジョイント（大麻）と煙。第四章で論じた風景型のヒップホップのMVが必要とする要素がここには揃っている。

あるいは映像作家の木村太一による「BUDS MONTAGE」のMVにも、咲き乱れる紫陽花、花瓶に挿さった一輪の桔梗、道路の水たまり、車の行き交う交差点、横断歩道、電線の上の鳩たち、ビルの窓ガラスといったショットの数々が、三人のラップする姿とタトゥーとジョイントに接続される。梅雨どきの雨の日の匂い。目に映る、日常の何気ない風景のすべてが、突然意味を帯びて見えるようになる瞬間。その意味をつかむ想像力をなに

※16　映画監督のスパイク・ジョーンズは、主に1990年代に数々のMVを監督している。ファーサイド「Drop」は、長尺のカットの逆再生による斬新なMVが話題となった。

よりも加速させるのは、ＧＡＤがチョップしたヴォーカルとピアノに並走するキックとスネアだ。

日本 Made Hottown 熊谷が地元
此処に居るいつでも ここから飛び立つ
Zigzag の裏巻き 願い事のようにリリックを書いて
太い Beats 人生の核 地を這う
［中略］
手にSmoke 災いや偽りはいらない
音に浸かるこの旅 言い訳は聞かない
Backroll APHROGANG 煙に巻き頂き
吹いた神の息吹 Godbreath の導き※17

ここで「願い事のように」リリックを書くというパンチラインを記しているBADSAIKUSHは、自分にとってのヒップホップとは「リリックを書くこと」だと言っている。

それはなによりも、まず自らに向き合うことだ。その内面を発見しようとする行為はいつも、日本にいる限り自己の外側に変わらず存在する四季や自然の描写と結びついている。

※17 舐達麻「BUDS MONTAGE」、『APHRODITE GANG HOLDHINGS』、2020年。

リリックに頻出する四季の表現、なにより1.0.4.を失ったことによる生死と向き合うラインの数々と、大麻を蝶番にしながら「神の息吹」と「煙」を掛け合わせることを介した神への言及。彼らの熊谷の街並みは生命を見下ろす大自然へと直接つながっている。

以上をふまえて、なぜ舐達麻のラップが「エモい」のか、あらためてまとめよう。先述のテイラー・マーカリアンによるエモラップの定義を思い出してほしい。エモラップには、「リリックのテーマ」「楽器」「ヴォーカル表現」という三点の特徴があった。

一点目は、具体的には「個人的で繊細な」リリックである、ここまで見てきたリリックはまさにこの定義にあてはまる。そしてMVに映る土着の風景もまた、「個人的で繊細」なものだった。

二点目について、従来の「エモラップ」にとってはエレキギターのアルペジオや歪んだリフなどがその最たる例だ。しかし舐達麻の楽曲においては、GADによるチップマンク・ソウル的なヴォーカル早回しのウワネタがその代替物になっている。

そして三点目の「ヴォーカル表現」について、これは従来はロックのスクリームや歌い上げるスタイルを示していた。だが特にBADSAIKUSHのビートから降りて地声でしゃべるような平熱のラップのスタイルは、スクリームとは正反対の表現だった。しかしGADによるビートは、チップマンク＝シマリスの鳴き声という、人間の地声とは対照的な声色でエモーションを伝えるものだった。

だから構図はこうだ。BADSAIKUSHの内面の感情＝エモさをGADのビートが代弁する。

BADSAIKUSHの地声のぶっきらぼうさは、彼らの歌うリリックが「エモを盛っていないこと＝本当のこと」であることを担保している。逆にもし彼がわざとらしく情感たっぷりにラップしたらどうだろう。エモさとエモさの掛け算には、リスナーも興醒めするのではないだろうか。

舐達麻のスタイルは、アメリカのエモラップとはまったく異なる。しかし彼らは自らのフッドに根差した方法論で、説得力を持つ「エモさ」を生み出す「ワイルド・スタイル」を確立させた。それゆえに多くの日本のリスナーに響き、結果として大きな存在感を手に入れたに違いない。

7 鬼と妖怪とラッパーたち

ここまではアメリカで生まれた潮流に対して日本語ラップからアンサーした、三組のラッパーとビートメイカーたちの作品を見てきた。三者三様の強烈な個性を有する彼らだが、では、彼らに共通項はあるのだろうか。もちろんわたしは、あると考えている。

彼らが曲を通して作り上げているそれぞれの世界観に着目したい。その世界観は楽曲のリリックだけでなく、ビート、MV、アーティストのイメージといった複数の要素によって構築される。

三組ともに「和」のイメージが目立つのはここまで見てきた通りだ。DJ KRUSHとJinmenusagiは、「破魔矢 -Hamaya-」と題したお経のようなラップと寺でのMV。TohjiとLootaの『KUUGA』は「鬼ごっこ」や民話や宮沢賢治「よだかの星」といった童話を引用したリリックと、和を感じさせる民謡音階を参照したメロディを特徴としていた。そして舐達麻の唯一無二のスタイルは、和彫りや提灯、畦道、紫陽花といったMVのイメージ、四季の流れを中心とした日本の大自然を背景に人の生死について思索するリリックによって支えられるものだった。

これらの作品に通底する日本のローカリティを考えていくうえで、ヒントとなるものがひとつある。それは「妖怪」のイメージだ。

なかでも「鬼」が分かりやすいだろう。鬼は恐ろしさの象徴であり、伝説上の妖怪として描かれる一方で、人間を指して使われることもある。とくに人々は、アウトサイダーや社会の底辺の人間、あるいは自分の属する共同体に敵対する人間を「鬼」と呼ぶ。ヒップホップの祖たるアメリカ人が、かつて「鬼畜米英」と呼ばれたように。

そしてラッパーはしばしば、「鬼」を自称する。第四章で触れた小名浜出身の鬼、あるいは般若、童子-Tをはじめとして、妖怪や幻獣の類に範囲を広げれば、輪入道、釈迦坊主、Yokai Jakiといったラッパーたちの名前が浮かぶ。NENEのEP『夢太郎』(二〇二〇)

では、彼女がろくろ首に扮したジャケットのアートワークが印象的だし、よく考えればJinmenusagiという名前も、妖怪を連想させるものだ。「鬼」はアウトサイダーを指す「異形」なのだから、アメリカのラッパーたちがa.k.a.を名乗る際に度々参照してきたギャング映画のギャングスターや、マーベル・コミックなどに登場するヴィラン＝ダークヒーローの日本版とも言えそうだ。

そしてそのモチーフは楽曲にも登場する。先ほど見たJinmenusagiの曲のタイトルの「破魔矢 －Hamaya－」とは、鬼神である夜叉神のひとりである烏摩勒伽《うまろきゃ》の持ったものが発祥とされている。そのリリックには「いやそうじゃなきゃ、鬼武者」というラインもあった。異形の力を手に入れた武者は、いかにも日本版ダークヒーローのイメージとマッチしている。TohjiとLootaは「Oni」のなかで、深い森の「鬼の縄張り」について歌う。「鬼が呼ぶ」「鬼さんこちら」といったラインを用いることで、鬼の棲家に出向いているのか、はたまた自分自身が鬼のような存在だというのか、その線引きの曖昧さをあえて強調するような作りとなっている。

では舐達麻はどうだろう。その名は直接には風俗ライターの「なめだるま親方」から来ているとされるが、そこで参照されている「達磨」とはもともと、インドから中国に伝わり、禅宗のシンボルとなった僧侶を指す。彼が九年間眠らずに修行のため座禅を組んだ結果手足を失ったという伝説が残り、後に「木魚達磨」と呼ばれる妖怪が創作され、江戸時代の浮世絵などに描かれることになる。鬼や般若や達磨は、彼らのヴィジュアルイメージで重要な役割を果たす和彫りのポピュラーなモチーフでもある。

ではいったいなぜ、彼らはこうした「妖怪」のモチーフに惹かれるのだろうか。

「おに」という名称の起源としてはいくつかの説があるが、「隠（おん）」の文字から来ているという説が有力だ。また民俗学者の折口信夫が、畏怖の念が「鬼」と「神」の両方に用いられた例を挙げていることから、「鬼」とは隠れていて見えない、「かみ」と同義の存在なのだという説もある。「鬼神」という名称からも明らかなように、鬼とは両義的な存在なのだ。※18

『古今和歌集』の前書きには、この「鬼神」についての言及がある。和歌とは、究極的には「鬼神を感動させ」ることを目標とするのだという文言だ。※19

和歌を含む「芸能」の当時の意味は、現代流通している意味とは少し異なっていたという。当時はジャンルを問わず、一芸に秀でていることが好まれた。その一芸こそが「芸能」と呼ばれ、その極地は鬼神と交感することにあったというのだ。秀でた芸は、鬼神にも認められるということだ。※20

だとすれば、Jinmenusagi、Tohji と Loota、そして舐達麻のラップも、秀でた「芸能」の一種なのだろうか。

日本のラッパーたちが鬼や妖怪のモチーフに惹かれ、自らをそこに重ねるのは、それが日本版ヴィラン＝ダークヒーローだからというだけではない。第二章で見た通り、雅楽、歌謡、能・狂言、歌舞伎、落語、講談といった「芸能」、そして俳句や短歌といった文学

※18　馬場あき子は『鬼の研究』（ちくま文庫、1988年）でこの折口の「おに」と「かみ」の同根説を補足している。馬場は自ら鬼にならざるを得なかった者たちの「哀切」に着目し、それはかつて「おに」が「かみ」と同義だったという「両面」を持つからこそだと指摘している。

※19　『新版 古今和歌集 現代語訳付き』、角川ソフィア文庫、2009年の高田祐彦による現代語訳を参照。

※20　小松和彦、内藤正敏『鬼がつくった国・日本―歴史を動かしてきた「闇」の力とは』光文社文庫、1991年を参照。

は、日本語ラップ黎明期には嘲笑の対象となっていた。

だから彼らは大衆に受け入れられるポップな表現だけでなく、ある意味で一般には評価されない＝ダサいとされる表現方法を取ることでヴィラン性を担保する。さらにはそれを鬼神にも認められるような高いスキルと適格な言葉選びで実現することで、日本語ラップは真の意味で一芸となる「芸能」に昇華される。

これらの作品は異形の存在だからこそ辿り着くことのできた、価値転倒とオリジナリティのヒップホップ的キメラなのだ。

8 アメリカの影の外へ

アンビバレントな存在である鬼神にも認められる高いスキルが発揮されているのは、ラップだけではなかった。その力はDJ KRUSH、ブロディンスキ、GADの三人のビートにも宿っている。それらのビートはみな、アメリカの影を抜け出すという発想において共通しているのだ。

まずはJinmenusagiのラップを支えるDJ KRUSHのビートを思い出そう。第二章で指摘したように、彼のビートはインスト作品として成立し、世界中でビートの価値観を変えてしまった。それはラップを必要とせず、したがって「誰がなにを歌うのか」というオーセンティシティの議論をキャンセルしうるものだった。だからそこにラップを乗せることになっても、ラッパーはアメリカのスタイルを模倣する必要がなく、発想をなにも制限されない。ただそのビートと対峙するために、強烈なオリジナリティを要求されるだけだ。だからJinmenusagiは、「お経」のようなラップさえもそこに乗せることができたのだ。

DJ KRUSHのサウンドは、アブストラクトであるがゆえにヨーロッパをはじめグローバルなオーディエンスを沸かすことができるものだった。『KUUGA』のプロディンスキの手によるビートにも同じことが指摘できる。そこで要になるのは、シンプルで退廃的なインダストリアルを志向するサウンドだ。

「インダストリアル」とは、一九九〇年代にアメリカのミニストリーやナイン・インチ・ネイルズといったバンドで花開いた冷たい機械音を前面に出したダンスミュージックを指すことが多い。一方で、よりアバンギャルドなノイズやハードコアテクノのスタイルを形容する際にも用いられる。要するにその名の通り、工業化を果たした社会の様相を象徴するような、冷たく血の通っていない、歪んだ機械的な音色やリズムの形容として幅広く使われる。

ここでも第二章の議論を思い出してほしい。ヤン富田が影響を受けたピエール・シェフエールのミュージックコンクレートは、まさに実際の工場の機械音を音楽として提示した試みだった。だからブロディンスキのビートは、現代音楽の延長で捉えるヤン富田の実践を間接的なルーツとすると言えるだろう。それは当然、商業化が極端に進んだアメリカのヒップホップとは別の位相に存在するものだ。[※21]

では三者のうちの残りの一組、舐達麻の場合はどうだろうか。曲の多くを手がけるGADのビートは、彼らの世界観になくてはならないものだ。そのビートもまたアメリカの影の外側を志向しているが、そのことを捉えるには、少々込み入った議論が必要だ。

彼らの代表作のひとつ「FLOATIN'」は、二〇一〇年に三六歳という若さで早逝したビートメイカー、Nujabesへのオマージュでもある。なぜなら同曲でサンプリングされているのは、Nujabesが二〇〇二年に手がけたFive Deez「Latitude」のリミックスと同じウワネタなのだ。

Nujabesの最大の武器は、多くの人々の琴線に触れるような「エモい」旋律にあった。だから彼は、J・ディラとならんで「ローファイ・ヒップホップ」の父として言及されることがある。[※22]

ローファイ・ヒップホップとは、エモくてメロウなウワネタと、リスナーの身体にダンスを焚き付けない程度の、前に出過ぎないドラムパターンを特徴とする、インストのビート群につけられたジャンル名だ。重要なのはこのローファイ・ヒップホップという潮流もまた、アメリカのヒップホップの圏外で立ち上がったものであることだ。それはアメリカのヒップホップが要請するオーセンティシティからは自由な存在であり、ネット上で共有

※21　1970年代のパンクやニューウェーブから派生したイギリスのスロッビング・グリッスルやキャバレー・ヴォルテールといったアバンギャルドなグループがインダストリアルの起源とされているが、彼らの作品の一部はまさにミュージックコンクレートと地続きのスタイルを持っている。

※22　JAPAN NAKAMAの記事やLofi Weeklyの記事を参照。"Nujabes: The Godfather of Modern Lofi," *Japan Nakama* 2022. URL=https://www.japannakama.co.uk/nujabes-the-godfather-of-modern-lofi/ "J Dilla: The God Father of LoFi Hip Hop," *Lofi Weekly* 2024. URL=https://www.lofiweekly.com/2022/02/03/j-dilla-the-godfather-of-lofi-hip-hop/

され、グローバルな支持基盤を持っている。

それはある意味で、BGM化したヒップホップと言える。近年それらはいくつかのYouTubeチャンネルで全世界に配信され、勉強のための、あるいは不眠をやり過ごすためのBGMとして需要されている。「beats to relax/study to」といった配信のタイトルや、映像として流されるループし続けるアニメ絵に、そのことはしっかりと表象されている。[※23] そのヒップホップのシミュラークルに世界各国からアクセスし、眠れない時間を擬似的に共有する――その体験自体がエモーションを喚起し、ローファイ・ヒップホップという現象そのものを支えている。

いまローファイ・ヒップホップを、あえて「ヒップホップのシミュラークル」と呼んだ。そのことには理由がある。その父とされるNujabesにせよ、J・ディラにせよ、そのようなシミュラークルとは一線を画すからだ。

オーセンティックなヒップホップのビートにおける、いわば絶対条件のひとつは、むしろ「BGMにならないこと」だ(と、少なくともわたしは考える)。優れた楽曲のビートは、ラップを引き立てるBGMとして機能するのではなく、むしろラップを掻き消すくらいに存在感を放ち、ラップの言葉と拮抗するものだ。

そしてそのようなビートが成立するためには、具体的に次のみっつの条件があるだろう。ひとつめに、リスナーの身体に働きかけるリズムを有していること。自然と身体が揺れる、頭を振ってしまうビートはBGMにはなりえない。

※23　YouTubeチャンネル「lofi hip hop radio - beats to relax/study to」を参照。URL=https://www.youtube.com/watch?v=jfKfPfyJRdk

ふたつめに、ウワネタやベースラインの旋律や音色に必然性があること。ヒップホップのビートの前提となるループとは、快楽原則に従って選択されるものだろう。それは避けられない。しかし表面的な快楽だけをなぞることや、心地よさやエモさの追求が自己目的化するのを避けること。

そしてみっつめに、その制作者であるビートメイカーが、ビートメイキングの過程でなにか新しいことにチャレンジし、発明しようとしていること。他人の、あるいは過去の自分の単なるコピーや、フォローではなく、たとえそれがリスナーには伝わらないほど小さなことだとしても、なにかしらの乗り越えを実感すること。ビートメイキングという遊戯のアウトプットを、大袈裟に言えば、生きていることの実感に昇華すること。

これらを踏まえて、ローファイ・ヒップホップについて考えてみよう。

ここでの目的は、ひとつのサブジャンルという大きな主語で、作品に暴力的にレッテルを貼ることではない。ローファイ・ヒップホップと括られるビートのなかにも、当然これに当てはまらないものは存在するだろう。だがローファイ・ヒップホップが、もしサウンドの表面的な心地よさだけを追求してしまうのであれば、先のみっつの要素が顧みられることはないだろう。そこでは心地よいビート制作の方程式が確立され、ネットで共有され、クオリティの高い無数のビートで溢れているが、オリジナリティという観点は忘却されてしまっているように見える。そういう意味で、「ワイルド・スタイル」的なオリジナリティを求めるオーセンティックなヒップホップからすると、頽落した形態と捉えられかねない。これは、ヒップホップの祖父たるジャズと、かつて「スムース・ジャズ」と呼ばれた作品群との関係に近いかもしれない。[※24]

アメリカでBGMという考え方が広がっていくのは一九三〇年代のことだ。アメリカでは、BGMを指すのに「muzak＝ミューザック」という言葉が使われることがある。これはもともと、BGMが仕事の効率を上げるという調査結果を発表し、それを広めた会社の名前である。ミューザック社の研究において、BGMは一定の「リズム」によって、労働者の生産力を向上させるために無意識に訴えかけて緊張をほぐすことが重要とされた。[※25]

ローファイ・ヒップホップが持っているのは、まさにこうしたリズムである。人々の身体を揺らすほどではないが、勉強や考え事に寄り添う程度のリズムを供給するために、サンプリンググループで構築されたビートを持った音楽。むしろ単に名もなきBGMとして消費されてしまうことに抗うために、「ヒップホップ」と自己言及しているかのようだ。

だがローファイ・ヒップホップのゴッドファーザーと呼ばれるNujabesのビートは、これとは明確に異なる。彼はどのような方法論を持っていたのだろう。

かつて多くのビートメイカーたちは、エモくてメロウなサウンドを作ろうとするとき、ソウルやR&Bの楽曲をサンプリングした。一方でNujabesの慧眼は、スピリチュアル・ジャズやイージー・リスニング、ニューエイジ、ボサノヴァといった、いわばBGMとなりうるような幅広いジャンルのサンプリングネタを取り込み、エモいビートを構築した点だった。彼はヒップホップをBGMにしたのではない。いわばBGMからエモーションを

※24　スムース・ジャズは、主に1980年代後半から1990年代に用いられた、実際にはジャズというより、ケニー・Gのようにポップで洗練された一部のフュージョン系アーティストたちを指す表層的なジャンル名だが、楽曲の聞きやすさや、BGMとしての心地よさに焦点が当てられている。

※25　ジョセフ・ランザ『エレベーター・ミュージック――BGMの歴史』、岩本正恵訳、白水社、1997年、64頁。

抽出することで新しいスタイルを発明したのだ。

ひとつ注目しておくべき点は、Nujabesは自分のビートに日本語を乗せなかったことだ。彼はアメリカのラッパーだけでなくVerbalやShing02といった日英のバイリンガル・ラッパーたちと活動し、その過程で代表作のいくつかを生んだが、それは「日本語ラップ」ではなかった。リリックはいつでも英語だったのだ。[※26]その意味でNujabesのビートは日本語ラップとは距離を置くものだったが、だからこそそれは後年グローバルな人気を獲得し、ローファイ・ヒップホップのゴッドファーザーとまで呼ばれる遠因となったのかもしれない。

Nujabesのスタイルは革新的な、いわば発明だった。だが同時に彼のビートを貫き、ローファイ・ヒップホップとは一線を画すのは、その前面で鳴り響くドラムの強烈かつBPMの早い軽快なリズムだ。NujabesとGADのスタイルは異なるが、このドラムの存在感は、GADのビートにも共通している。

GAD制作の舐達麻のビートたちは、ピアノとヴォーカルの譜割りのゆったりとしたメロディと和音に、乾いた単音の打ち込みのドラムが切れ味よくリズムを刻む。つまりラッパーのフロウの場所を決して邪魔しない、彼らのフロウのスペースを十分にとった作りとなっている。特にBADSAIKUSHの地声のフロウとぶつからないどころか、その地声の素っ気なさを「映え」させる。

だからGADのビートの革新性は、それがなによりもラッパーの思索、回想に寄り添う

※26　歌モノではアーティスト本人との共同プロデュースしたMINMI「四季ノ唄」(2004)や「Who's Theme」(2004)といった日本語曲もある。

ビートだということだ。だがこれはローファイ・ヒップホップがリスナーの思索に寄り添うBGMとなることとは異なる。それはラッパーを思索させるスペースを持つと共に、ラッパーを奮い立たせ、その頭と身体を揺らすドラムの強靭なリズムを持ち合わせているからだ。

つまりGADのビートは、ローファイ・ヒップホップの「祖」としてのNujabes的なサウンドをリスペクトしながらも、BGM化には抗うように、独自のヒップホップ的な強靭なドラムパターンを前面に押し出す。だからこそGADのビートと舐達麻の表現は、アメリカのオーセンティシティに縛られることなく、かつローファイ・ヒップホップ的なエモさとも距離を置く、それらいずれとも異なった価値を提示している。

舐達麻の音楽を通してGADのビートを受け取ったリスナーもまた、そのエモさに共感しながらも、身体を揺らすだろう。それはリスナーの精神と身体の双方に訴えかける、ヒップホップならではのビートなのだ。

9

日本語ラップという名のワイルド・スタイル

「はじめに」で言及した通り、本書ではふたつの、「アンビバレント」という語によって共鳴し合う「ねじれ」を追ってきた。

ひとつは、資本主義を体現するヒップホップの世界で勝ち上がるためにリアルを誇張しなければならないというねじれ。そしてふたつめに、日本独自のヒップホップを追求するためにアメリカのそれを参照し続けねばならないという日本語ラップのねじれ。

まず前者について、本章で見てきた三組のラッパーとビートメイカーたちが、どのようにしてそのねじれと対峙していたかをあらためてまとめておこう。そこには、三者三様のリアルがあった。そしてそのリアルを担保するための誇張＝ボースティング＝フィクションの力が確かに働いていていた。

最初に見た、インストの世界を開拓してきたDJ KRUSHと意味を持たない言葉の快楽を探求するJinmenusagiは、「和」を言葉ではなく「音」で表現するという点で彼らなりの「リアル」を追求した。そこでは「お経」に聞こえるフロウが、盛りの要素であり、ボースティングの装置だった。

次に見たTohjiとLoota、そしてブロディンスキはどうだったたか。Tohjiは生声の歌唱法を

「リアル」として提示し、そこにオートチューンの仮面という「物語＝フィクション」をボースティングとして実装していた。そしてこれは日本の童謡や古典文学という「物語＝フィクション」を引用することで、彼らならではのリアリティを提示するリリックと相似形を成していた。彼らの世界観とリアル観は、たとえばギャングスタ・ラップのような作品とは全く異なるが、これもまた、本書の「はじめに」で指摘した通り「リアル」であるために「フィクション」を必要とするひとつの例と言えるのだ。

そして最後に見た舐達麻のリアルは、熊谷というフッドや仲間たちとの生活や経験に根差した、正面からヒップホップ的なリアリティだった。彼らの表現においては「エモさ」こそが「盛り＝ボースティング」として機能していた。なかでもGADのビートがもたらすサウンド面でのエモさは、ラッパーの内面の感情を代弁しつつ、彼らの思索を促すものでもあった。

一点留意が必要なのは、これらの例における「リアル」という語の使い方だ。単純に考えれば、リリックの中身、つまりラッパーが歌っている内容が「リアル」がどうかに焦点が当てられる。だがここではラッパーたちが選択するフロウやビートも含めた表現方法が「リアル」かどうか、あるいは盛られているかについて考えている。一見両者は別のレイヤーにも思えるが、実際のところ、ラッパーのリリックとその表現方法は不可分である。それなぜなら、リアルなリリックはリアルな表現方法をもってはじめて成立するからだ。それがフェイクな、つまり単なる他のコピーであったり、探求の末に自身のなかに見出した表現方法でアウトプットされなかったりすれば、ラッパーたちのリリックは上辺の言葉としてしか伝わらないだろう。

その意味で、彼らには三者三様の「リアル」があり、それを三者三様の仕方で誇張＝ボースティングしている。それらは極めてヒップホップ的な構えと言えるだろう。

一方で、それらは本書の「はじめに」で見たように「後期資本主義経済の『リアル』に呑み込まれている」ゆえの行動、つまり「食うか食われるか」の世界で成功するために取る「なんでもアリ」の戦略なのだろうか。

たしかに資本主義下の競争を体現した現代のヒップホップにおいて、食うか食われるかという環境のなかで成功するためには「なんでもアリ」の姿勢で臨む必要があった。否定的な見方をすれば、それは自身の「リアル」を切り売りし、注目を浴びるためにエスカレートし、炎上することも辞さないような姿勢だった。

だが本章で見てきた日本語ラップの試みにおいてそれは、お経や伝統文学、J-POPやNujabesのビートという、過去にはオーセンティックな日本語ラップと相性が悪かったものを総動員する「なんでもアリ」に取って代わられている、とは考えられないか。

さらにそれは、ヤン富田がグランドマスター・フラッシュの脳波を使って曲を作った際に言った「本来のヒップホップの仕事」と共鳴する「なんでもアリ」という感覚にほかならない。

これはつまり、日本語ラップのエッジにおいては、ラッパーたちが歌う内容よりも、それがどのように表現されるかの探求と模索にリアルの軸足が置かれるということだ。彼らはオリジナリティ溢れるワイルド・スタイルを確立するために「なんでもアリ」を追求する。そしてむしろその姿勢にこそ、リアリティが滲み出す。

続いて、ふたつめのねじれについて考えてみよう。それは、特に日本語ラップ特有の課題だった。日本でヒップホップを立ち上げるにあたっては、当然ながらアメリカのそれを参照してオーセンティシティを獲得する必要がある。だがそれと同時に、日本におけるヒップホップなりのオリジナリティを模索しなければならない、というねじれ。

三者三様の表現は確かに「日本的」だと感じさせるものだった。だが一方で、それらがあくまでも「ラップ」である以上、その「日本らしさ」は、発祥地たるアメリカを経由している。その点は、第二章で参照した東浩紀のオタク文化論と重なる部分があるだろう。だが、異なる点もある。

トリップホップも、インダストリアルなビートも、そしてNujabesに呼応するGADのビートも、インストでも完結しうるビート群が前提となっており、その点でアメリカのヒップホップの王道からは外れるものである。それらのうえに、あらためて日本語で言葉を乗せるという試みの結果生まれた三者三様の楽曲は、ケイナーンやワイヤーMCとはまた違った意味で、グローバルヒップホップ「ス」のひとつの形なのではないだろうか。

アメリカのヒップホップとは異なるサウンドをベースとするがゆえに、英語のラップに引っ張られずに、好きなだけ日本語を追求できる。そこにはたしかな自由さがある。それらはいわば、アメリカ以上にグローバルなサウンドに根差すがゆえに、その影が届かない日向で生まれた作品たちなのだ。

柄谷行人は、先に触れた「文字論」のなかで、もうひとつ興味深い指摘をしていた。インドに仏教は残っておらず、いまインドにある仏教は日本を含めた外から逆輸入されたものである。世界宗教とは「それを生みだしたところではなく、それを抵抗しながら受け入れたところにこそ生きている」のだという。[※27]

本書の第二章で、日本語ラップの担い手たちの葛藤を、キリスト教を前にした内村鑑三の葛藤になぞらえたことを思い出したい。ヒップホップ、そしてラップというアートフォームは、そもそも抑圧された環境に置かれた者が、自分自身の声を発することであり、そこでは声を用いた自由な表現＝ワイルド・スタイルを葛藤の末に獲得することが重要だったはずだ。だとすれば、それを「抵抗しながら受け入れた」これらの日本語ラップの作品にこそヒップホップらしさが宿っているとしても不思議ではないだろう。

黎明期には芸能に紐づけて笑われ、ダサいとされた日本語ラップが、いまあらためて「伝統」と結びつくことでダサさから脱却し、自由を謳歌している。それは一方でアメリカのモードの単なる模倣ではなく、他方で「J化」からも逃れるような、アンダーグラウンドで、自由で、アバンギャルドな営みだ。

そもそも日本の「伝統」とは、そのように外来のものを変異させながら受容していくプロセスではなかったか。かつて江戸時代に琉球経由で中国から三味線が入ってきたとき、

※27　柄谷『〈戦前〉の思考』、163頁。

それまでの琵琶奏者たちが弾いたために、バチを使うようになったといわれている。三味線は元々バチで演奏する楽器ではなかったが、それが日本流の奏法になった。そして浄瑠璃で三味線が使われるようになって、そこから歌舞伎へとつながっていく。その日本流の受容が、伝統となっていくわけだ。[※28]

「『ワイルド・スタイル』の衝撃」によってアメリカからもたらされたヒップホップと対峙したとき、先人たちは日本語でラップを演奏=フロウすることを選んだ。当初日本の伝統と接続するような表現は稀だったが、それから四〇年以上の時間をかけて、個々のアーティストたちがオリジナルなスタイルを模索してきた結果、伝統と接続できるような日本流のワイルド・スタイルも見出されるようになった。

そしてそれらの作品群は、グローバルヒップホップ「ス」のひとつとみなされるものかもしれない。それはほかのヒップホップ「ス」とは区別される、独自のルーツを持つということだ。しかしここまで見てきた通り、それは単に日本の伝統芸能をルーツとしたヒップホップということではない。第二章や第三章で見た、日本語ラップ黎明期から続く、アメリカとの間のアンビバレントな葛藤こそが、日本独自の、唯一無二のルーツとなっているはずだからだ。

だから、先述したふたつめのねじれ、日本独自のヒップホップを追求するためにアメリカのそれを参照し続けねばならないという日本語ラップのねじれとは、まさに日本語ラップの前提となっている、いわば日本語ラップの伝統そのものにほかならない。「日本の伝

※28　宮本圭造編『近代日本と能楽』、法政大学能楽研究所、2017年、15-16頁を参照。

統（＝芸能）と接続するとダサくなってしまう、にもかかわらずオリジナリティが必要だ」という伝統と、あらためて二〇二〇年代の日本語ラップが、接続すること。

一九七三年にニューヨークで誕生したヒップホップは、二〇二三年で五〇歳の誕生日を迎えた。常に「いま」を映す現在形の音楽であるヒップホップは、一方ですでに歴史を堆積している。ヒップホップが抑圧された人々と場所から誕生したという事実に、アンビバレントな視線を向ける若いラッパーたちもいるかもしれない。だが「いま」と、未だに強い磁場を持つ過去のあいだで緊張感を保てればこそ、ヒップホップはいつまでもフレッシュなものであるだろう。

そして日本語ラップも、また別の形で、この緊張感を持つ。黎明期の先人たちの葛藤に対して、リスペクトと共に、そこにはもう留まらないというアンビバレントな視線を向けるからこそ、「いま」のワイルド・スタイルは次々と生まれていくだろう。だとすれば、この緊張感こそが、ヒップホップが生き延びていくための条件なのかもしれない。

いまからさらに五〇年後、一〇〇歳を迎えるとき、ヒップホップは一〇〇年の歴史を持つ伝統的な音楽と考えられるだろう。同時にそのとき、日本語ラップはグローバル・ヒップホップ「ス」のひとつとして、数十年の伝統を見せつけるだろう。

わたしは、そこに日本語ラップの可能性の中心を見出したい。

あとがき

本書は、ゲンロンが発行していた電子批評誌『ゲンロンβ』での連載「アンビバレント・ヒップホップ」（二〇一六―二〇一九年）を元にしている。必ずしもヒップホップに明るくない読者に向けてその魅力を炙り出そうとする連載は足掛け約四年、二四回にわたるものだったが、それを一冊の書籍にまとめるにあたり、想定をはるかに超える時間が経過してしまった。その間、時々刻々と変化していくヒップホップを取り巻く状況に翻弄され、結局本書の大部分は書き下ろしという形となった。度重なるスケジュールの遅れが発生し、大変お待たせしてしまった方々にお詫び申し上げたい。

ヒップホップという多様な文化を描くにあたり、章ごとに様々な切り口で論じようというのが本書の試みだった。その結果、とても広がりのある議論が展開できたと自負している。とはいえ、まだまだ扱いたいテーマや、もう一歩掘り下げたいトピックはたくさんある。ゆるふわギャングとNENE論、ACE COOLやBonberoのフロウ論、2パック論、演技論、ラッパーの椅子に腰掛ける姿勢論、短歌との対比論など泣く泣くまるごとカットせざるをえなかった文章もある。願わくば今後の仕事につなげていきたい。

本書は多くの方々の力で形になった。『ゲンロンβ』での連載は、二〇一五年にゲンロンと佐々木敦氏の協働で立ち上がったプロジェクト、「批評再生塾」に参加したことからいただけた機会だった。東浩紀氏と佐々木氏による、血の通った「場」を作るという熱い思いと行動との出会いなくして、わたしはそもそも筆を取ることすらなかった。まずはお二人に感謝申し上げたい。そしてゲンロン編集部の皆様、とりわけ辛抱強く、粘り強く並走していただいた担当編集の横山宏介氏、長い執筆期間にわたり見守って頂いた上田洋子氏に。そして本書にポップなヴィジュアルを与えてくださった水戸部功氏、イケてる帯文を頂戴した菊地成孔氏と佐々木氏へリスペクトを。そのほか、批評再生塾の課題と格闘しているとき以来一緒に考えアドバイスをくれ続けた島本幸作氏、韻踏み夫氏、各論について前向きな議論をさせて頂いた大谷能生氏、赤井浩太氏、タッグを組みゲンロンカフェ等でのトークイベントを通してヒップホップについて一緒に考えてくれた荘子it氏、そしてここには書ききれない多くの方からの励ましのお陰で本書は形になった。そのことを強調するとともに、各氏に改めて御礼申し上げる。

連載開始からの約一〇年間、ヒップホップとはなにかを考えれば考えるほど、その正体は遠ざかるようだった。だが本書執筆の終盤、ゲンロンカフェでのいとうせいこう氏との、そして偶然インタビューの機会を頂戴したDJ KRUSH氏との対話を通じて、『アンビバレント・ヒップホップ』を一冊の書物としてまとめる道筋がはっきりと示される実感があった。両氏にも最大のリスペクトをお送りしたい。

いとう氏との対話のなかでは、日本の伝統芸能に目を向けることの面白さを改めて教えて頂いた。ルーツに返ることは日本語の豊かさの再発見につながり、それをヒントに日本語ラップの思いもよらないオリジナリティへと結実していく可能性がまだまだあることを実感した次第だ。

DJ KRUSH氏へのインタビューのなかに、ヒップホップとはなにかのヒントがあったように思う。数時間に及んだインタビュー中、彼の口から何度も発せられたのは「まだまだ勉強不足」や「勉強中」という言葉だった。そしてソロ活動三〇周年以上、六〇歳を超えてなお、ビートを作るのが「楽しくてしょうがない」と実に嬉しそうに仰っていたのが強く印象に残った。本書の「はじめに」で記したOMSB氏とのエピソードと同じく、背筋が伸びる思いでその言葉を聞いていた。

ヒップホップという道は、決して極めるということがない。オリジナリティのあるスタイルを求め続けるその過程自体が、ヒップホップということだからだ。もちろん、そのジャンルがポピュラーなものとなった現在、その解釈も様々であるべきなのだろう。だが少なくとも、わたしが本書で考えたかったヒップホップとは、いち音楽ジャンルの名称ではなく、まともに向き合うと「背筋が伸びる」ような生き方のことにほかならない。それが持つ熱量や可能性が少しでも本書に表れていれば幸いだ。そしてなにより、本書を手に取ってくださった読者の皆様に感謝を。そしていつもサポートしてくれる家族にOne Loveを。

二〇二四年一二月

Society, Mango Media, 2019.

Mitchell, Tony ed. *Global Noise: Rap and Hip Hop Outside the USA*, Wesleyan University Press, 2002.

Morgan, Marcyliena. *The Real Hiphop: Battling for Knowledge, Power, and Respect in the LA Underground*, Duke University Press, 2009.

Ohriner, Mitchell. *Flow: The Rhythmic Voice in Rap Music*, Oxford University Press, 2019.

Railton, Diane, and Paul Watson. *Music Video and the Politics of Representation*, Edinburgh University Press, 2011.

Said, Amir. *The BeatTips Manual: The Art of Beatmaking, the Hip Hop/Rap Music Tradition, and the Common Composer*, Superchamp Books, 2013.

——. *The Art of Sampling: The Sampling Tradition of Hip Hop/Rap Music and Copyright Law*, Superchamp Books, 2015.

Schloss, Joseph G. *Making Beats: The Art of Sample-Based Hip-Hop*, Wesleyan University Press, 2014.

Schaeffer, Pierre. *In Search of a Concrete* Music, Christine North, and John Dack trans., University of California Press, 2012.

Smith, Macklin, and Aurko Joshi. *Rhymes in the Flow: How Rappers Flip the Beat*, University of Michigan Press, 2020.

Tannenbaum, Rob, and Craig Marks. *I Want My MTV: The Uncensored Story of the Music Video Revolution*, Dutton, 2011.

Westhoff, Ben. *Dirty South: OutKast, Lil Wayne, Soulja Boy, and the Southern Rappers Who Reinvented Hip-Hop*, Chicago Review Press, 2011.

Wilder, Eliot. *Endtroducing...: 33 1/3*, Continuum International Publishing Group, 2005.

『ALL ABOUT KING OF DIGGIN' : MURO』、白夜書房、2003年
『JAPANESE HIP-HOP HISTORY』、千早書房、1998年
『ユリイカ 2016年6月号 特集=日本語ラップ』、青土社、2016年
『Wax Poetics Japan』、サンクチュアリ出版、2008年-
『私たちが熱狂した90年代ジャパニーズヒップホップ』、辰巳出版、2016年

Abrams, Jonathan. *The Come Up: An Oral History of the Rise of Hip-Hop*, Crown, 2022.
Alim, H. Samy, Alastair Pennycook, and Awad Ibrahim eds. *Global Linguistic Flows*, Routledge, 2009.
Alim, H. Samy, Jeff Chang, and Casey Philip Wong eds. *Freedom Moves: Hip Hop Knowledges, Pedagogies, and Futures*, University of California Press, 2023.
Bradley, Adam, and Andrew DuBois eds. *The Anthology of Rap*, Yale University Press, 2010.
Cantor, Paul. *Most Dope: The Extraordinary Life of Mac Miller*, Abrams Press, 2022.
Caplan, David. *RHYME'S CHALLENGE : Hip Hop, Poetry, and Contemporary Rhyming Culture*, Oxford University Press, 2014.
Charnas, Dan. *Dilla Time: The Life and Afterlife of J Dilla, the Hip-Hop Producer Who Reinvented Rhythm*, Swift Press, 2022.
Christopher, Roy. *Dead Precedents: How Hip-Hop Defines the Future*, Repeater Books, 2019.
Danielsen, Anne. *Presence and Pleasure: The Funk Grooves of James Brown and Parliament*, Wesleyan University Press, 2006.
Dyson, Michael Eric. *Know What I Mean? Reflections on Hip Hop*, Basic Civitas Books, 2007.
Dyson, Michael Eric, and Sohail Daulatzai eds. *Born to Use Mics: Reading Nas's Illmatic*, Civitas Books, 2009.
Edwards, Paul. *How to Rap 2: Advanced Flow & Delivery Techniques*, Chicago Review Press, 2013.
Ewoodzie, Jr., and Joseph C. *Break Beats in the Bronx: Rediscovering Hip-hop's Early Years*, The University of North Carolina Press, 2017.
Forman, Murray. *The 'Hood Comes First: Race, Space, and Place in Rap and Hip-Hop*, Wesleyan University Press, 2002.
Fricke, Jim, and Charlie Ahearn. *Yes Yes Y'all: The Experience Music Project Oral History of Hip-hop's First Decade*, Da Capo Press, 2002.
Hyland, Simon 'PBody.' SP-1200: *The Art and the Science*, 27sens, 2011.
Jay-Z. *Decoded*, Spiegel & Grau, 2010.
Kajikawa, Loren. *Sounding Race in Rap Songs*, University of California Press, 2015.
Katz, Mark. *Groove Music: The Art and Culture of the Hip-Hop DJ*, Oxford University Press, 2012.
Keil, Charles, and Steven Feld. *Music Grooves: Essays and Dialogues*, The University of Chicago Press, 1994.
Markarian, Taylor. *From the Basement: A History of Emo Music and How It Changed*

――『小説の準備――コレージュ・ド・フランス講義1978-1979年度と1979-1980年度』、石井洋二郎訳、筑摩書房、2006年
エド・ピスコー『ヒップホップ家系図 1970s~1985』、綾井亜希子、高松和史訳、プレスポップ、2023年
ジョーダン・ファーガソン『J・ディラと《ドーナツ》のビート革命』、吉田雅史訳、DU BOOKS、2018年
マーク・フィッシャー『資本主義リアリズム』、セバスチャン・ブロイ、河南瑠莉訳、堀之内出版、2018年
――『K-PUNK 夢想のメソッド――本・映画・ドラマ』、坂本麻里子、高橋勇人訳、Pヴァイン、2023年
福永武彦、加藤周一ほか『マチネ・ポエティク詩集』、水声社、2014年
ピーター・ブルック『なにもない空間』、高橋康也、喜志哲雄訳、晶文社、1971年
ソーレン・ベイカー『ギャングスター・ラップの歴史 スクーリー・Dからケンドリック・ラマーまで』、塚田桂子訳、DU BOOKS、2019年
星野太『崇高のリミナリティ』、フィルムアート社、2022年
細馬宏通『ミッキーはなぜ口笛を吹くのか――アニメーションの表現史』、新潮社、2013年
――『うたのしくみ』、ぴあ、2014年
穂村弘『短歌の友人』、河出書房新社、2007年
ウルフ・ポーシャルト『DJカルチャー――ポップカルチャーの思想史』、原克訳、三元社、2004年
松林尚志『日本の韻律――五音と七音の詩学』、花神社、1996年
松村正人『前衛音楽入門』、Pヴァイン、2019年
松本俊夫『映像の発見――アヴァンギャルドとドキュメンタリー』、清流出版、2005年
みの『にほんのうた――音曲と楽器と芸能にまつわる邦楽通史』、KADOKAWA、2024年
宮沢章夫、NHK「ニッポン戦後サブカルチャー史」制作班編著『NHKニッポン戦後サブカルチャー史』、NHK出版、2014年
ポール・D・ミラー『リズム・サイエンス』、上野俊哉、今西玲子訳、青土社、2008年
マーカス・J・ムーア『バタフライ・エフェクト――ケンドリック・ラマー伝』、塚田桂子訳、河出書房新社、2021年
森達也『それでもドキュメンタリーは嘘をつく』、角川文庫、2008年
山下壮起、二木信編著『ヒップホップ・アナムネーシス――ラップ・ミュージックの救済』、新教出版社、2021年
山田奨治『日本文化の模倣と創造――オリジナリティとは何か』、角川学芸出版、2002年
山田陽一『響きあう身体――音楽・グルーヴ・憑依』、春秋社、2017年
ヤン富田『フォーエバー・ヤン――ミュージック・ミーム1』、アスペクト、2006年
吉本隆明、坂本龍一『音楽機械論――ELECTRONIC DIONYSOS』、リブロポート、1986年
デイヴィッド・ライアン『監視文化の誕生――社会に監視される時代から、ひとびとが進んで監視する時代へ』、田畑暁生訳、青土社、2019年
ジョゼフ・ランザ『エレベーター・ミュージック――BGMの歴史』、岩本正恵訳、白水社、1997年
ダニエル・J・リンデマン『リアリティ番組の社会学――「リアル・ワールド」「サバイバー」から「バチェラー」まで』、高里ひろ訳、青土社、2022年
トリーシャ・ローズ『ブラック・ノイズ』、新田啓子訳、みすず書房、2009年
S・クレイグ・ワトキンス『ヒップホップはアメリカを変えたか?――もうひとつのカルチュラル・スタディーズ』、菊池淳子訳、フィルムアート社、2008年

後藤明夫編『Jラップ以前――ヒップホップ・カルチャーはこうして生まれた』、TOKYO FM出版、1997年
ジャレット・コベック『ぜんぶ間違ってやれ――XXXテンタシオン・アゲインスト・ザ・ワールド』、浅倉卓弥訳、Pヴァイン、2020年
小松和彦『鬼と日本人』、角川ソフィア文庫、2018年
イアン・コンドリー『日本のヒップホップ――文化グローバリゼーションの〈現場〉』、上野俊哉監訳、田中東子、山本敦久訳、NTT出版、2009年
坂野信彦『七五調の謎をとく――日本語リズム原論』、大修館書店、1996年
坂本龍一『坂本龍一・全仕事』、山下邦彦編、太田出版、1991年
佐々木敦『テクノ/ロジカル/音楽論――シュトックハウゼンから音響派まで』、リットーミュージック、2005年
佐藤雄一「絶対的にHIP HOPであらねばならない」、『現代詩手帖』、思潮社、2012-2014年
椹木野衣『シミュレーショニズム――ハウス・ミュージックと盗用芸術』、洋泉社、1991年
――『テクノデリック――鏡でいっぱいの世界』、集英社、1996年
ミシェル・シオン『映画にとって音とはなにか』、川竹英克訳、勁草書房、1993年
柴那典『ヒットの崩壊』、講談社、2016年
島村一平編著『辺境のラッパーたち――立ち上がる「声の民族誌」』、青土社、2024年
ネルソン・ジョージ『ヒップホップ・アメリカ』、高見展訳、ロッキング・オン、2002年
シェイ・セラーノ『ラップ・イヤー・ブック――イラスト図解 ヒップホップの歴史を変えたこの年この曲』、小林雅明訳、DU BOOKS、2017年
菅谷規矩雄『詩的リズム――音数律に関するノート』、大和書房、1975年
DARTHREIDER『MCバトル史から読み解く日本語ラップ入門』、KADOKAWA、2017年
高木完『東京 IN THE FLESH』、イースト・プレス、2022年
田中雄二『電子音楽イン・ジャパン 1955~1981』、アスキー、1998年
アンドレイ・タルコフスキー『映像のポエジア――刻印された時間』、鴻英良訳、ちくま学芸文庫、2022年
ジェフ・チャン『ヒップホップ・ジェネレーション――「スタイル」で世界を変えた若者たちの物語』、押野素子訳、リットーミュージック、2007年
マーク・チャンギージー『〈脳と文明〉の暗号――言語・音楽・サルからヒトへ』、中山宥訳、講談社、2013年
長木誠司『戦後の音楽――芸術音楽のポリティクスとポエティクス』、作品社、2010年
塚田健一『アフリカ音楽の正体』、音楽之友社、2016年
都築響一『ヒップホップの詩人たち』、新潮社、2013年
デイヴ・トンプキンズ『エレクトロ・ヴォイス――変声楽器ヴォコーダー/トークボックスの文化史』、新井崇嗣訳、スペースシャワーネットワーク、2012年
戸矢学『鬼とはなにか――まつろわぬ民か、縄文の神か』、河出文庫、2024年
中右実編『音韻構造とアクセント』、研究社、1998年
中村明一『日本音楽の構造』、アルテスパブリッシング、2024年
エドマンド・バーク『崇高と美の観念の起原』、中野好之訳、みすず書房、1999年
馬場あき子『鬼の研究』、ちくま文庫、1988年
濱口竜介、野原位、高橋知由『カメラの前で演じること――映画「ハッピーアワー」テキスト集成』、左右社、2015年
濱田信義編『日本の図像　刺青』、PIE International、2023年
ロラン・バルト『第三の意味――映像と演劇と音楽と』、沢崎浩平訳、みすず書房、1984年

参考文献一覧

東浩紀『動物化するポストモダン――オタクから見た日本社会』、講談社、2001年
テオドール・W・アドルノ『アドルノ　音楽・メディア論集』、渡辺裕編、村田公一ほか訳、平凡社、2002年
アラン『芸術論20講』、長谷川宏訳、光文社古典新訳文庫、2015年
ECD『いるべき場所』、メディア総合研究所、2007年
いとうせいこう、Zeebra、般若、漢 a.k.a. GAMI、ANARCHY、MARIA、KOHH、T-Pablow『日本語ラップ・インタビューズ』、青土社、2017年
imdkm『リズムから考えるJ-POP史』、blueprint、2019年
韻踏み夫『日本語ラップ名盤100』、イースト・プレス、2022年
宇多丸（佐々木士郎）「B-BOYIZM」、『FRONT』、シンコー・ミュージック、1994-2007年
宇野維正、田中宗一郎『2010s』、新潮社、2020年
ポール・エドワーズ『HOW TO RAP――104人のラッパーが教えるラップの神髄』、池城美菜子訳、Pヴァイン・ブックス、2011年
大島純『MPC IMPACT! テクノロジーから読み解くヒップホップ』、リットーミュージック、2020年
大谷能生『歌というフィクション』、月曜社、2023年
大山エンリコイサム『アゲインスト・リテラシー――グラフィティ文化論』、LIXIL出版、2015年
岡崎正男『英語の構造からみる英詩のすがた――文法・リズム・押韻』、開拓社、2014年
ハンス・ウルリッヒ・オブリスト『ミュージック――「現代音楽」をつくった作曲家たち』、篠儀直子、内山史子、西原尚訳、フィルムアート社、2015年
加藤治郎『岡井隆と現代短歌』、短歌研究社、2021年
加藤典洋『アメリカの影』、講談社文芸文庫、2009年
金澤智『ヒップホップ・クロニクル』、水声社、2020年
金子兜太、いとうせいこう『他流試合――兜太・せいこうの新俳句鑑賞』、新潮社、2001年
柄谷行人『〈戦前〉の思考』、講談社学術文庫、2001年
――『定本 日本近代文学の起源』、岩波現代文庫、2008年
川原繁人『言語学的ラップの世界』、東京書籍、2023年
川本皓嗣『日本詩歌の伝統』、岩波書店、1991年
漢 a.k.a. GAMI『ヒップホップ・ドリーム』、河出書房新社、2015年
菊地成孔『アフロ・ディズニー エイゼンシュテインから「オタク＝黒人」まで』、文藝春秋、2009年
窪薗晴夫『音声学・音韻論 』、くろしお出版、1998年
窪薗晴夫、本間猛『音節とモーラ』、研究社、2002年
窪薗晴夫、溝越彰『英語学入門講座・第7巻　英語の発音と英詩の韻律』、英潮社、1991年
カーク・ウォーカー・グレイヴス『カニエ・ウェスト論《マイ・ビューティフル・ダーク・ツイステッド・ファンタジー》から読み解く奇才の肖像』、池城美菜子訳、DU BOOKS、2019年
ボリス・グロイス『流れの中で――インターネット時代のアート』、河村彩訳、人文書院、2021年
KRS-ONE『サイエンス・オブ・ラップ』、石山淳訳、ブルース・インターアクションズ、1997年
小泉文夫『合本 日本伝統音楽の研究』、音楽之友社、2009年
マーク・コステロ、デイヴィッド・フォスター・ウォーレス『ラップという現象』、佐藤良明監修、岩本正恵訳、白水社、1998年
E・ゴッフマン『行為と演技――日常生活における自己呈示』、石黒毅訳、誠信書房、1974年

本書は電子批評誌『ゲンロンβ』第1号（2016年1月）から
第40号（2019年8月）に連載された「アンビバレント・ヒップホップ」をもとに、
大幅な加筆を施したものです。

ゲンロン叢書｜016

アンビバレント・ヒップホップ

発行日　2025年2月20日　第1刷発行

著者　吉田雅史《よしだまさし》

発行者　上田洋子

発行所　株式会社ゲンロン
141-0031
東京都品川区西五反田2-24-4 2階
電話:03-6417-9230
FAX:03-6417-9231
info@genron.co.jp
https://genron.co.jp/

装幀　水戸部 功

組版　株式会社キャップス

印刷・製本　モリモト印刷株式会社

ISBN 978-4-907188-58-0 C0073